Stiftung Historisches Erbe der SBB
Fondation pour le patrimoine historique des CFF
Fondazione per il patrimonio storico delle FFS

www.sbbhistoric.ch

Umschlagvorderseite: Lokomotivführer und Heizer Sigi Liechti im Einsatz auf der A 3/5 705. Entstanden ist das Bild im Sommer 1997 anlässlich des Jubiläums «150 Jahre Schweizer Bahnen» im Depot Delémont.

Umschlagrückseite: Als am 11. Oktober 2002 zwischen Küngoldingen und Walterswil-Striegel dieses Bild entstand, war die A 3/5 705 noch nicht ganz hundert Jahre alt – trotzdem galt es, einen runden Geburtstag zu feiern: «100 Jahre Schweizerische Bundesbahnen» stand auf dem Programm, als die Lokomotive mit Jahrgang 1904 einen Jubiläums-Extrazug von Zofingen über Suhr nach Zürich HB zu ziehen hatte.

Das Erbe des Dampfzeitalters

A 3/5, TIGERLI, ELEFANT & CO.

Christian Zellweger
SBB Historic

AS Verlag

Ein herzlicher Dank für die grosszügige Unterstützung
bei der Publikation dieses Buches geht an:
RailAway AG, Luzern
Silo AG Wil, Wil
Silo Brunnen AG Brunnen, Brunnen

www.as-verlag.ch

© AS Verlag & Buchkonzept AG, Zürich 2004
Gestaltung: www.vonarxgrafik.ch, Heinz von Arx, Urs Bolz, Zürich
Lektorat: Karin Steinbach Tarnutzer, Zürich
Druckvorstufe: Matthias Weber, Zürich
Fotolithos: Photolitho AG, Gossau ZH
Druck: B&K Offsetdruck GmbH, Ottersweier
Einband: Josef Spinner Großbuchbinderei GmbH, Ottersweier
ISBN 3-909111-09-2

INHALT

Vorwort	7
A 3/5 705 – die «Eiserne Lady» wird 100 Jahre alt	9
Ed 2x2/2 196 – die Mallet-Lokomotive der SCB	29
Sechs Fragen an Sigi Liechti, Dampflokomotiv-Fachmann, Heizer und Lokomotivführer	38
Ec 3/3 5 – die sparsame Motorlokomotive	43
B 3/4 1367 – ein braver Knecht	51
Ec 2/5 28 «Genf» – der Methusalem von SBB Historic	59
Harald Navé, weltweit tätiger Ingenieur und Eisenbahnfotograf	68
E 3/3 – das «Tigerli» der SBB	73
Xrotm 100 – die Dampfschneeschleuder der Gotthardbahn	83
Roger Waller, Fachmann für moderne Dampftraktion	92
Eb 3/5 5819 – ein treuer «Habersack»	97
Die Erste im Lande – die Spanisch-Brötli-Bahn	105
Eb 2/4 5469 – lebendiges Schmuckstück der JS	117
Sechs Fragen an den Dampflokomotiv-Experten Lorenz Scherler	124
CZm 1/2 31 – der Dampftriebwagen der UeBB	129
C 5/6 2978 – «Elefant» und Arbeitspferd	141
Anhang	156

VORWORT

Für die Stiftung Historisches Erbe der SBB ist es nicht ganz selbstverständlich, dass sie ein Dampfbuch herausgibt, sind doch die Schweizer Bahnen vor allem für die Nutzung des «weissen Goldes», also der Elektrizität, bekannt. Die Schweiz besitzt denn auch eines der wenigen Bahnnetze der Welt, die praktisch komplett elektrifiziert sind.

Einige Gründe gibt es aber doch, eine Stiftungspublikation den Dampflokomotiven zu widmen. So besitzt die Stiftung dank der Voraussicht einiger SBB-Mitarbeiter eine repräsentative Sammlung der wichtigsten Typen der SBB und ihrer Vorläuferbahnen. Die meisten dieser Fahrzeuge sind betriebsfähig und erfreuen die Bevölkerung mit ihren Dampf- und Rauchfahnen, die eben doch für viele Eisenbahnfreunde die nostalgische Eisenbahn schlechthin bedeuten.

Im Jahr 2004 jährt sich auch die Geburtsstunde der Dampflokomotive zum 200. Mal: 1804 hatte der Engländer Richard Trevithick zum ersten Mal eine einigermassen gebrauchsfähige Dampflokomotive in einer Kohlengrube auf die Schiene gestellt. Und schliesslich ist auch unser Dampf-Paradepferd, die Schnellzugslokomotive A 3/5 705, vor hundert Jahren in der Schweizerischen Lokomotiv- und Maschinenfabrik SLM in Winterthur entstanden.

So stellt die vorliegende Publikation unsere dampfbetriebenen Fahrzeuge in Wort und vor allem auch in Bild vor, haben wir doch im Bildarchiv von SBB Historic verschiedene Perlen der Dampfzeit gefunden. Wie schon im ersten Buch der Stiftung über den Trans Europ Express RAe TEE II 1053 stehen aber auch die Menschen im Vordergrund. In verschiedenen Interviews ist es dem Autor Christian Zellweger abermals gelungen, die Gründe aufzuzeigen, weshalb Ingenieure, Lokomotivführer, Mechaniker, aber ebenso Eisenbahnfotografen der Faszination Dampf auch heute noch erliegen.

SBB Historic will getreu ihrem Stiftungsauftrag über die Geschichte der Eisenbahn informieren und auch über den engeren Kreis der Eisenbahn-Enthusiasten hinausgreifen. Vor Ihnen liegt also kein «Nietenzählerbuch», sondern eine Publikation, die auch bei Laien die Begeisterung für Dampfduft und Ölgeruch auslösen will. Für Typenzeichnungen und die Darstellung derjenigen SBB-Dampflokomotiven, die nicht erhalten wurden, verweisen wir auf die Publikation «SBB-Dampflokomotiven» von 1997, die bei SBB Historic weiterhin erhältlich ist. Und nicht zuletzt konnte ein grosser Teil der Pläne, nämlich jene aller Lokomotiven, die von den SLM gebaut wurden, im SLM-Archiv in Winterthur durch SBB Historic integral erhalten und der Öffentlichkeit weiterhin zur Verfügung gestellt werden.

Stiftung Historisches Erbe der SBB

Hans-Kaspar Dick, Präsident des Stiftungsrates
Erwin Mauron, Geschäftsleiter

9. Juli 1997: Im SBB-Depot Delémont kehrt nach einem aktiven Tag rund ums Jubiläum «150 Jahre Schweizer Bahnen» langsam wieder Ruhe ein. Bevor sich die Veteranen in die Rotonde zurückziehen und die Tore geschlossen werden, präsentieren sie sich allerdings noch einer Hand voll Fotografen. Im weichen und warmen Abendlicht haben sich die folgenden Triebfahrzeuge versammelt (von links nach rechts): CZm 1/2 31 (UeBB-Dampftriebwagen), Ed 2x2/2 196 (SCB-Mallet), Eb 3/5 5819 («Habersack»), B 3/4 1367, C 5/6 2978 («Elefant») und A 3/5 705.

A 3/5 705 – DIE «EISERNE LADY» WIRD 100 JAHRE ALT

1904 fertig gestellt und in Betrieb genommen, kann die Schnellzugs-Dampflokomotive A 3/5 705 im Jahr 2004 auf eine runde Zahl von Lebensjahren zurückblicken. Wir stellen das betagte SBB-Dampfross deshalb ins Zentrum dieses Buches und widmen ihm das erste Kapitel – Ehre, wem Ehre gebührt.

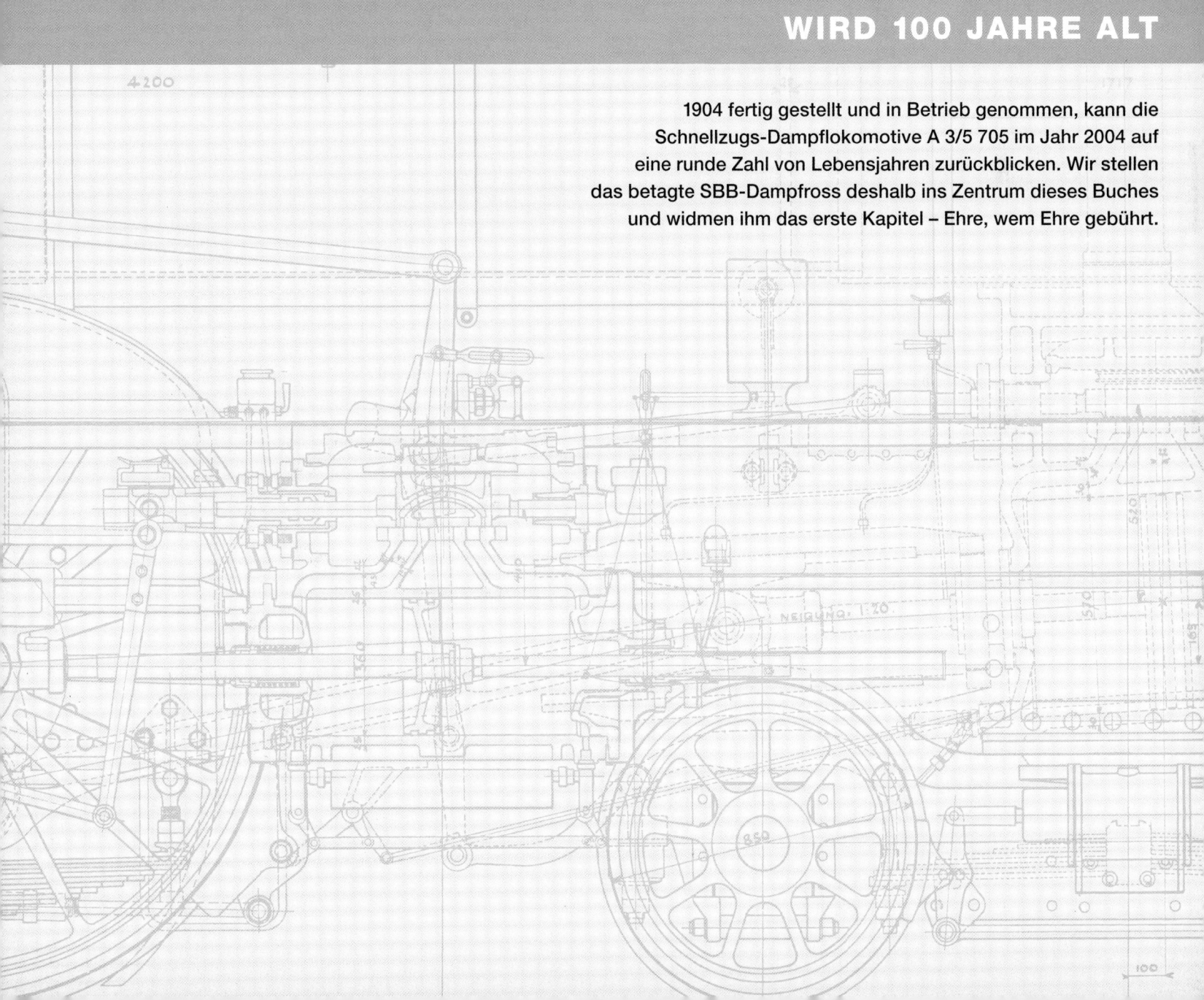

Seite 8: Fotogen, mit viel Dampf und Rauch, verlässt die A 3/5 705 den abendlichen Bahnhof Münsterlingen-Scherzingen und strebt mit ihrem Extrazug Romanshorn entgegen; 1. Oktober 1972.

Die A 3/5 der GB-Serie 931 bis 938 stammten alle aus dem Jahr 1908. Schon 1925 wurden alle Maschinen ausrangiert und verschrottet (oben).

Die A 3/5 der SBB-Serie 601 bis 649 entstanden zwischen 1907 und 1915. Damit stellten sie die jüngsten Maschinen dieses Typs dar. Trotzdem ist kein einziges Exemplar erhalten geblieben; Sargans, 17. Januar 1939 (unten).

Von 1904 bis 2004

Anno 1904 baute die damalige Schweizerische Lokomotiv- und Maschinenfabrik (SLM), Winterthur, das SBB-Dampfross A 3/5 705. Und niemand war sich damals bewusst, dass genau dieser Maschine das Privileg zufallen würde, hundert Jahre später als die einzig erhalten gebliebene Schnellzugs-Dampflokomotive der SBB, ja der ganzen Schweiz dazustehen. Apropos dastehen: Die A 3/5 705 kann mehr als nur das. Trotz ihres runden Jubiläums zeigt sich die Maschine bestens in Form – sie eilt im Jahr 2004 in alter Frische und samt historischem Wagenmaterial durch das Land.

A 3/5 in unterschiedlichen Varianten

Die SBB besassen oder beschafften im Laufe der Zeit unterschiedliche Typen von Schnellzugs-Dampflokomotiven des Typs A 3/5. So wiesen neben den Maschinen der 700er-Serie drei weitere Lokomotivserien ebenfalls die Achsfolge 2'C auf:

A 3/5 901 bis 930 ex Gotthardbahn: Als erste schweizerische Bahngesellschaft nahm die Gotthardbahn (GB) ab 1894 Schlepptenderlokomotiven mit der Achsfolge 2'C in Betrieb. Die bis 1905 beschafften Maschinen erhielten die GB-Nummern 201 bis 230, nach der anno 1909 erfolgten Verstaatlichung die SBB-Nummern 901 bis 930. Erbaut wurden alle durch die Schweizerische Lokomotiv- und Maschinenfabrik (SLM), Winterthur. Mit Ausnahme der Nr. 201, welche ein Dreizylinder-Triebwerk aufwies (Verbundbetrieb im Flachland, als Drilling auf Bergfahrt), besassen die Nummern 202 bis 230 einen vierzylindrigen Verbundantrieb. 1905 rüstete die GB versuchsweise eine Lokomotive mit dem Pielock-Dampftrockner aus. Zwölf Jahre später bauten die SBB den Maschinen A 3/5 925 bis 930 einen Schmidt-Überhitzer ein.

Als die SBB ab 1919 zügig ihre Hauptstrecken zu elektrifizieren begannen, wurden die einstigen Paradepferde der GB schnell überflüssig. Als Erster musste 1923 der dreizylindrige Einzelgänger 901 gehen, bis 1927 folgten auch die übrigen 29 Maschinen. Leider ist kein Exemplar erhalten geblieben – schade!

A 3/5 931 bis 938 ex Gotthardbahn: Im Jahre 1908 beschaffte die GB weitere acht Maschinen des Typs A 3/5: vier bei Maffei in München, vier als Lizenzbauten bei der SLM in Winterthur. Obwohl wiederum ein vierzylindriges Verbundtriebwerk zur Anwendung kam, unterschieden sie sich beträchtlich von der zuerst gelieferten Bauart – sowohl vom technischen Aufbau als auch vom optischen Erscheinungsbild her. Der ursprünglich eingebaute Dampftrockner nach Clench machte später dem Schmidt-Überhitzer Platz.

Bereits 1925 konnten die SBB vollständig auf die Dienste der mittlerweile abgewirtschafteten Lokomotiven verzichten und rangierten alle acht Einheiten aus. Auch hier ist kein Exemplar der Nachwelt erhalten geblieben – wirklich schade!

A 3/5 501 und 502 sowie 601 bis 649 der SBB: Wie schon die GB gingen auch die SBB der Frage nach, ob das Dreizylinder- oder das Vierzylinder-Triebwerk zu bevorzugen sei, und bestellten deshalb bei der SLM je zwei Drillings- und zwei Vierzylinder-Verbundmaschinen. Dem Stand der Technik entsprechend setzten die SBB nun auf Heiss- und nicht mehr auf Nassdampfmaschinen. Die Drillinge erhielten die Nummern 501 und 502, die Vierlinge die Nummern 601 und 602. Alle vier Einheiten stammen aus dem Jahre 1907. 1910 setzte die Serienfertigung ein – das Rennen für sich entschieden hatte die Vierzylinder-Verbundbauart. Bis 1915 entstanden daraufhin bei der SLM die Lokomotiven 603 bis 649.

Glücklich wurden die SBB mit den 600er-A-3/5 allerdings nicht. Sie nützten deshalb die sich nach dem Zweiten Weltkrieg ergebende Chance und verkauften ihre letzten 600er in die Niederlande. Die komplizierten Maschinen waren beim niederländischen Personal allerdings nicht sonderlich beliebt. Bereits nach wenigen Jahren wurden sie deshalb ausgemustert und abgebrochen. Von den formvollendeten 600er-A-3/5 hat somit keine einzige überlebt – schade, wirklich schade!

Auch die Privatbahn Jura–Simplon (JS) will eine A 3/5

Ende des 19. Jahrhunderts dominierten im schweizerischen Schnellzugsverkehr weitgehend Schlepptender-Dampflokomotiven der Achsfolgen 2'B und 1'C das Betriebsgeschehen. Lediglich die Gotthardbahn zeigte sich, wie vorgängig bereits erwähnt, innovativ und beschaffte ab 1894 in grösserem Umfang Maschinen des Typs 2'C.

Natürlich liebäugelten auch andere Privatbahnen mit derartigen Maschinen. So stand die Schweizerische Centralbahn (SCB) kurz vor der Beschaffung eines eigenen A-3/5-Typs. Der bevorstehenden Verstaatlichung wegen blieb der SCB-Entwurf jedoch in der Schublade liegen, und die SBB verfolgten das kurz zuvor von der Jura–Simplon-Bahn (JS) in die Realität umgesetzte Projekt weiter.

Die A 3/5 201 bis 230 der Gotthardbahn wurden im Zeitraum von 1894 bis 1905 geschaffen. Bereits im Jahre 1927 konnte man jedoch auf die letzte dieser Maschinen verzichten und übergab sie, wie vorher bereits alle anderen 29 Maschinen, dem Schrotthändler.

In der nächtlichen Halle des Hauptbahnhofs Zürich wartet die A 3/5 705 vor einem passenden Schnellzug auf den Abfahrtsbefehl. Links ist eine der damals brandneuen ICN-Kompositionen samt Expo-02-Werbeschriftzug zu erkennen; 11. Oktober 2002.

Schnellzug-Pacifics der GB und der BN

Im ersten und zweiten Jahrzehnt des 20. Jahrhunderts durfte man durchaus der Meinung sein, die nähere Zukunft gehöre weiterhin der Dampflokomotive. Gemäss einer erhalten gebliebenen Planskizze aus dem Hause Maffei, München, studierte man bereits den Übergang von der 2'C- zur 2'C1'-Achsfolge. Die der A 3/5 folgende Generation von Gebirgs-Schnellzugslokomotiven wäre also eine klassische «Pacific», eine A 3/6, geworden – siehe Zeichnung. Interessant an dieser Planskizze ist zudem ihr Entstehungsdatum: 15. Dezember 1910. Der 2'C1'-Entwurf muss also mehr als ein Jahr nach erfolgter Verstaatlichung der GB gezeichnet worden sein.

Was schlussendlich dazu führte, dass GB und SBB ohne gebirgsgängige Pacific blieben, kann heute nicht mehr mit letzter Sicherheit eruiert werden. Vermutlich haben gleich mehrere Faktoren dazu beigetragen, zum Beispiel
– die am 1. Mai 1909 erfolgte Verstaatlichung der GB,
– die erfolgreiche Aufnahme des elektrischen Betriebs auf der Bern–Lötschberg–Simplon-Bahn (BLS) im Jahre 1913,
– der Erste Weltkrieg und der damit verbundene Rückgang im Reisezugsverkehr,
– die sich anschliessende Elektrifizierung der Gotthardstrecke.

Was uns von der GB-Schlepptender-Pacific bleibt, ist eine rudimentäre Typenskizze – und die Vorstellung, dass SBB Historic, wäre die Geschichte anders verlaufen, sogar eine A 3/6 im Lokomotivbestand haben könnte.

Ungeachtet der nicht realisierten GB-Pacifics sind in der Schweiz aber doch noch Schnellzugs-Dampflokomotiven mit drei Trieb- und drei Laufachsen gebaut worden. Allerdings nicht für die GB oder die SBB, sondern für die Bern–Neuenburg-Bahn (BN). Die zwei anno 1913 entstandenen Schnellzugs-Tenderlokomotiven Ea 3/6 weisen jedoch nicht die klassische Pacific-Achsfolge 2'C1', sondern die Achsfolge 1'C2' auf (siehe Seite 41, unteres Bild). Leider blieb keine der bereits 1933 ausrangierten BN-Maschinen erhalten – die A 3/5 705 gilt somit, wie bereits erwähnt, als die letzte noch existierende Schnellzugs-Dampflokomotive der Schweiz.

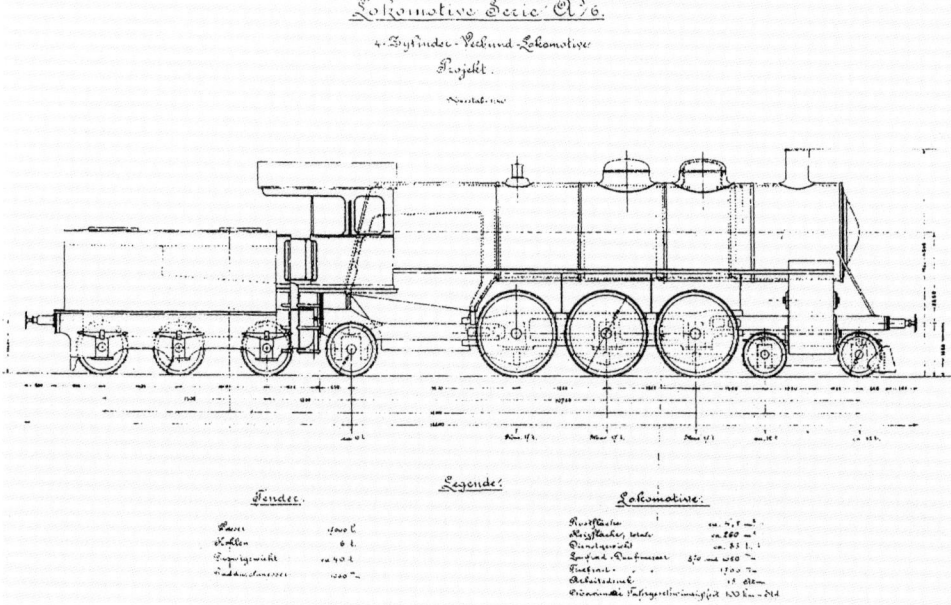

Die im Text erwähnte Planskizze einer Gotthardbahn-Pacific: Gemäss dem von Maffei, München, stammenden Entwurf wäre die A 3/6 mit einem lediglich dreiachsigen Tender gekuppelt gewesen – dies aus Rücksicht auf die kurzen Drehscheiben der Gotthardlinie. Der Triebraddurchmesser von 1700 Millimeter lag um 90 Millimeter über demjenigen der GB-A-3/5 sowie um 80 Millimeter unter demjenigen der 700er- und 600er-A-3/5.

Zuerst zwei Prototypen, dann die Serie

Knapp ein Jahr vor der Verstaatlichung konnte die JS im August 1902 ihre zwei A-3/5-Prototypen in Betrieb nehmen. Gekuppelt waren sie je mit einem vierachsigen Schlepptender. Bei Ablieferung trugen Lokomotiven und Tender noch die JS-Nummern 231 und 232, nach der am 1. Mai 1903 erfolgten Übernahme standen ihnen die SBB-Nummern 701 und 702 zu.

Schnell zeigte sich, dass die vom JS-Maschinenmeister Rudolf Weyermann geprägte Konstruktion einen grossen Wurf darstellte. Fast ebenso schnell wurde zudem klar, dass die seit Anfang 1902 existierenden SBB dringend eine grössere Anzahl derartiger Schnellzugslokomotiven benötigten. Es erstaunt deshalb nicht allzu sehr, dass die noch jungen SBB zielstrebig und sozusagen «ab Stange» den zwei Weyermann'schen A-3/5-Prototypen eine grosse Anzahl ähnlicher Maschinen folgen liessen: die von SLM in den Jahren 1904 bis 1909 gebauten A 3/5 703 bis 809. Im Jahr 1913 stiessen dann noch Nr. 810 und Nr. 811 dazu (ex 651 und 652 mit Brotankessel).

Naturgemäss unterscheiden sich die Serienlokomotiven teilweise etwas von den beiden Vorgängern. Entscheidende Änderungen mussten allerdings nicht mehr vorgenommen werden. Ins Auge fällt beim Betrachten alter Bilder hingegen die Tatsache, dass die Serien-A-3/5 mit zwei unterschiedlichen Tendern geliefert worden sind:
– 703 bis 748: vierachsige Tender (Baujahre 1904 bis 1906),
– 749 bis 811: dreiachsige Tender (Baujahre 1907 bis 1909).

Gefahren sind die Tender sowohl auf Scheiben- als auch auf Speichenrädern.

Im Gegensatz zu den regelmässig auch auf Bergstrecken im Einsatz stehenden A 3/5 der Gotthardbahn erhielten die für das Mittel- und das Flachland konzipierten 700er der SBB grössere Triebräder. Während diejenigen der GB-Maschinen 1610 Millimeter aufwiesen, kamen die Triebräder der SBB-Maschinen, und zwar sowohl der 700er als auch der 600er, auf 1780 Millimeter.

Umbau von Nass- auf Heissdampf

Im Gegensatz zu den jüngeren 600er-A-3/5 handelte es sich bei den 700er-Maschinen nicht um Heiss-, sondern noch um Nassdampfmaschinen. Nachdem die SBB gute Erfahrungen mit Heissdampflokomotiven gemacht hatten, beauftragte man die Hauptwerkstätte Biel damit, probehalber auch eine 700er, die 728, entsprechend herzurichten. Der 1912 durchgeführte Umbau scheint ein Erfolg gewesen zu sein, begann man doch ab 1916 damit, vermehrt A 3/5 des JS-Typs auf Heissdampf um-

Fotogen, aber unwirtschaftlich: Einem schweren Schnellzug sind zwei A 2/4 der Jura–Simplon-Bahn (JS) vorgespannt. Der Schritt zur A 3/5 drängte sich für die JS somit zwingend auf (oben).

Die zwei von der JS beschafften A-3/5-Prototypen 231 und 232 zeigten sowohl technisch als auch stilmässig alle Elemente, die bei der SBB-Serie A 3/5 703 bis 809 zur Anwendung gelangten (unten).

Als Hans Dellsperger am 7. November 1956 im Bahnhof Interlaken West dieses Bild von der A 3/5 705 aufnahm, konnte er noch nicht wissen, dass genau diese Maschine dereinst als einzige ihres Typs erhalten bleiben würde. Trotzdem erweckte die damals 52-jährige Dampflokomotive bereits das Interesse der per Fahrrad zum Ort des Geschehens geeilten Jugend. Bemerkenswert ist zudem der auf dem Vorplatz abgestellte pneubereifte Einachsanhänger des Verkehrsunternehmens STI (Steffisburg–Thun–Interlaken, oben).

Der Eisenbahnfotograf Hugo Hürlimann war rechtzeitig zur Stelle, als ein mit zwei (!) A 3/5 der 700er-Serie bespannter Güterzug durch den Bahnhof Wädenswil dampfte. Entstanden ist das Bild im September 1948 (unten).

Rechte Seite: Im Mai 1944, also während des Zweiten Weltkriegs, wird im Depot Lyss die A 3/5 799 mit Wasser versorgt. Typisch für die damalige Zeit ist der mit Holz und nicht mit Kohle gefüllte Tender. Links vom Wasserkran, direkt vor dem kleinen Depot, ist eine weitere A 3/5, vermutlich die Nr. 721, zu erkennen.

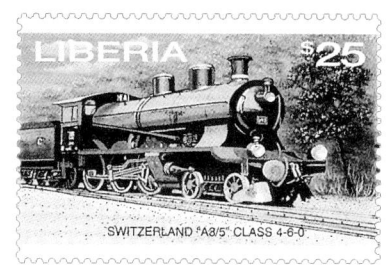

Die Kropfachse stellt ein Kernstück aller A 3/5 dar. Diejenige der Lokomotive 779 hat überlebt und kündet im Verkehrshaus in Luzern von einer Zeit, in der Dampflokomotiven mit aufwendigem Innentriebwerk gang und gäbe waren (oben).

Selbst in Liberia scheint man sich für unsere 700er-A-3/5 zu interessieren – zumindest als Vorlage für eine Briefmarke (oben rechts).

zurüsten. Insgesamt 68 Maschinen erhielten schlussendlich einen Überhitzer der Bauart Schmidt. Trotz der höheren Dampftemperaturen behielt man die Flachschieber bei. Die umgebauten Lokomotiven weisen eine um rund 10 Prozent erhöhte Leistungsfähigkeit auf.

De Glehn versus Von Borries

Wie schon die beiden JS-Prototypen 231 und 232 überzeugten auch die SBB-Serienlokomotiven 703 bis 809. Viel dazu beigetragen hat das bei den 700er- A-3/5 zur Anwendung gelangte Triebwerk nach Bauart De Glehn: Die zwei äusseren Hochdruckzylinder arbeiten auf die zweite Triebachse, die zwei leicht schräg angeordneten inneren Niederdruckzylinder auf die erste Triebachse. Namentlich die schweren Innenzylinder haben entscheidenden Einfluss auf die Laufruhe und stellen das eigentliche «Geheimnis» des De-Glehn-Triebwerks dar. So gilt denn der Massenausgleich bei der 700er als ausgesprochen geglückt, was sich besonders im hohen Geschwindigkeitsbereich positiv bemerkbar macht. Noch heute schwärmen Lokomotivführer und Heizer deshalb vom sagenhaften Laufkomfort der 700er-A-3/5.

Dagegen weisen die jüngeren 600er die Bauart von Borries auf: Sowohl die zwei inneren Hochdruckzylinder als auch die äusseren Niederdruckzylinder arbeiteten auf die erste Triebachse. Damit waren sowohl diese Achse als auch die dazugehörigen Gleitlager grösseren Beanspruchungen unterworfen als bei einer De-Glehn-Maschine.

100 Stundenkilometer – und etwas mehr!

Anlässlich einer am 16. November 1904 durchgeführten Extrafahrt gestand man der A 3/5 703 bewusst sogar etwas mehr als die erlaubten 100 Stundenkilometer zu; man liess sie zwischen Lausanne und Genf zeitweise mit 105 Stundenkilometern laufen. Hinter der Maschine, im Extrazug, befanden sich übrigens Mitglieder der SBB-General- und -Kreisdirektion sowie der damalige Bundespräsident Robert Comtesse und sein Bundesratskollege Josef Zemp. Zudem vermerkt die Literatur, dass anlässlich von Probefahrten mit den Prototypen noch schneller gefahren worden sei: Genannt werden 112 Stundenkilometer, erreicht zwischen Lausanne und Genf. Dabei seien die Maschinen sehr ruhig gelaufen – dem De-Glehn-Triebwerk sei Dank.

Arbeitsteilung

Bis 1914 setzten die folgenden SBB-Depots in grösserem Stil A 3/5 der 700er-Serie ein: Genf, Lausanne, Basel, Olten, Zürich, Romanshorn und St. Gallen. Nur zeitweise oder in kleinerer Zahl taten das die Depots von Bern, Biel, Delémont und Winterthur. Einzig während der Zeit des Ersten Weltkriegs kamen die 700er auf der noch nicht elektrifizierten Gotthardlinie zum Einsatz. Aber auch das nur hin und wieder.

Die Kriegsjahre 1917 und 1918 sowie die Zeit bis 1920 waren geprägt von dramatischen Einschränkungen beim innerschweizerischen Verkehr – Kohle galt als absolute Mangelware. Die SBB nutzten deshalb die Gunst der Stunde und vermieteten einen Teil der hierzulande arbeitslos herumstehenden Dampflokomotiven nach Baden, Württemberg und Bayern. Zahlreiche andere Maschinen wurden sogar verkauft und hauchten ihr Leben in Deutschland, Italien, Frankreich, Belgien, Ungarn, Polen, Lettland, Litauen, der Tschechoslowakei, Rumänien oder Griechenland aus.

Das Beladen mit neuen Holzvorräten war arbeitsintensiv. So auch am 25. Oktober 1944, als der dreiachsige Tender der A 3/5 770 im Depot Winterthur mit Nachschub bestückt wurde (oben).

Die handschriftlichen Notizen zu dieser Aufnahme besagen: «Dampfbetrieb auf der Broye-Linie, Heizen, Mai 1944.» Bei der Lokomotive handelt es sich vermutlich um eine 700er-A-3/5 (unten).

Folgende Doppelseite: Im Abendlicht des 6. Mai 2000 rollt die A 3/5 705 mit ihrem Schnellzug von Meggen in Richtung Merlischachen. Weil die Strecke leicht im Gefälle liegt, ist die Maschine überhaupt nicht gefordert und stösst deshalb keinerlei Dampfwolken aus. Im Hintergrund der Pilatus.

Steigt der Pegel des Bodensees über das Normalmass hinaus, holen sich die Züge im Raum Rorschach–Rorschach Hafen oftmals nasse «Füsse». Auf dieser historischen Aufnahme rauscht eine 700er samt Zug über die im Hochwasser versunkenen Gleise.

Wenn Mitte der Fünfzigerjahre der dieselgetriebene deutsche Schlafwagen-Gliedertriebzug «Komet» eines Defektes wegen ausfiel, musste jeweils eine herkömmliche Ersatzkomposition einspringen. Gezogen wurde sie von Basel nach Zürich und umgekehrt oftmals von einer A 3/5. Am 25. Mai 1956 fiel diese Ehre der Lokomotive 797 zu; bei Schlieren (oben).

Nicht ins Ausland gab man hingegen die 700er-A-3/5; sie blieben in der Schweiz. Dies vor allem aus zwei Gründen: Die 700er galten als sparsam, zudem eigneten sich die langen, aber schmalen Feuerbüchsen der 700er gut für die Holzfeuerung.

Ab 1920, als laufend SBB-Strecken unter Fahrdraht kamen, übernahmen die 700er vielerorts die Aufgaben der im Mittelland oftmals überforderten A 2/4. Auf nicht elektrifizierten Strecken mit anspruchsvollerem Profil oder vor Zügen mit angespanntem Fahrplan traf man die 700er hingegen ziemlich selten an. Das blieb die Domäne der 600er-A-3/5.

Die grossen Zeiten sind vorbei

Bereits 1923 trennten sich die SBB von den ersten 700er-A-3/5. Von den Ausrangierungen waren zunächst hauptsächlich die Nassdampflokomotiven betroffen. Auf die Heissdampfmaschinen konnten die SBB hingegen noch nicht verzichten. Ab 1930 tauchten die einstigen Paradepferde immer mehr in untergeordneten Einsatzgebieten auf. Vor Güter- und Hilfszügen waren sie nun genauso anzutreffen wie in der Reserve.

Weiter bergab ging es mit den 700ern während des Zweiten Weltkriegs. Insbesondere mit der Elektrifizierung der Broye-Linie Ende 1944 verloren die Maschinen ein weiteres klassisches Einsatzgebiet. Zu Hoffnungen Anlass gab indessen eine Anfrage der SNCF, welche die Übernahme von 15 Maschinen der Bauart A 3/5 prüfte. Die vom 8. bis zum 31. März 1945 dauernde Erprobung der A 3/5 808 vermochte aber nicht zu überzeugen, weshalb mit Verweis auf die ungenügend erscheinende Leistung das Geschäft nicht zustande kam.

Nach Kriegsende elektrifizierten die SBB weitere Nebenstrecken und entzogen damit den verbliebenen 700er-A-3/5 weitere Aufgaben. Als jedoch ab 1947 ein gewaltiger Verkehrsaufschwung einsetzte, lebten die flinken und gutmütigen Maschinen noch einmal auf. Zudem waren die SBB nach dem Dürresommer 1947, den leeren Stauseen und dem daraus resultierenden Strommangel dringendst auf Dampflokomotiven angewiesen. So kam es, dass im Winter 1947/48 die von Dampfrössern gezogenen Reisezüge sehr beliebt, da geheizt, waren, während in den elektrisch beförderten, aus Spargründen aber ungeheizten Zügen eisige Kälte und Zähneklappern herrschte. Als die SBB es in dieser Situation wagten, einem berühmten italienischen Sänger einen elektrisch geheizten Extrazug zur Verfügung zu stellen, gingen die Emotionen hoch – Künstler hin oder her.

100 Jahre A 3/5 705

Das Alter einer Lokomotive ist einfach zu bestimmen – so meint man vielleicht. Das vorliegende Beispiel lehrt uns jedoch, dass scheinbar einfache Fragen oftmals eine etwas kompliziertere Antwort verlangen. Im Falle der heutigen A 3/5 705 präsentiert sich die Sachlage folgendermassen:

– Die beiden Fabrikschilder tragen als Baujahr die Zahl 1904.
– Als Inbetriebsetzungsdatum gilt der 5. Mai 1904.
– Der Kessel stammt von der anno 1953 ausrangierten A 3/5 739 – Baujahr 1906.
– Das Fahrwerk gehörte bis Ende 1962 unter die A 3/5 778 – Baujahr 1908.

Aufgrund dieser Fakten könnte man das runde Jubiläum der A 3/5 705 eigentlich mehr als einmal feiern – manchem Eisenbahnfreund dürfte das bestimmt mehr als recht sein.

Als im Frühling 1958 bei einer Kartoffelflockenfabrik in Langenthal-Süd ein Heizkesseldefekt auftrat, stellten die SBB aushilfsweise ihre A 3/5 791 als Dampferzeuger zur Verfügung. Mit alltäglicheren Aufgaben beschäftigt ist hingegen der regulär im Einsatz stehende BDe 4/4 142 der VHB (Vereinigte Huttwil-Bahnen); 4. April 1958.

Zahlreichen A-3/5-freien Depots wurden nun wieder derartige Maschinen fest zugeteilt, sogar dem bis anhin 700er-losen Depot Erstfeld. Ab 1956 begann sich die Situation deutlich zu entspannen. Regelmässige Leistungen wurden seltener, dafür teilte man einzelnen Maschinen einen festen Platz vor dem örtlichen Hilfszug zu. Noch einmal Schnellzugsaufgaben übernahmen die 700er jeweils dann, wenn der brandneue deutsche Schlafwagen-Gliedertriebzug «Komet» Hamburg–Zürich–Hamburg einer technischen Panne wegen ausfiel: Die aus drei Schlafwagen und einem Speisewagen bestehende Ersatzkomposition wurde in solchen Fällen einer A 3/5 anvertraut. Gemäss einem Bericht in der Zeitschrift «Eisenbahn-Amateur» (EA) schaffte es die A 3/5 797 am 23. Mai 1956 sogar, von Zürich bis Effingen eine dreiminütige Verspätung einzuholen.

Am 1. Januar 1958 gehörten noch 16 A 3/5 zum SBB-Bestand. Anfang 1962 verdienten gerade noch zwei A 3/5 ihr Gnadenbrot bei den SBB: die Lokomotiven 705 und 778. Nachdem auch Nr. 778 im Dezember 1962 ausschied, fiel der 705 die Ehre zu, letzte A 3/5 geworden zu sein. Bis 1965 existierte zwar auch noch die Nr. 713, allerdings in erbärmlichem Zustand: Ihres Tenders beraubt, diente sie seit 1953 als Übungsobjekt für die Mannschaften der Hilfswagen. Dazu wurde die Lokomotive jeweils umgekippt sowie anschliessend übungshalber wieder aufgerichtet und ins Gleis gestellt.

Aus drei mach eins

Während von der Güterzugslokomotive C 5/6 «Elefant» oder der Eb 3/5 «Habersack» gleich mehrere Exemplare überlebt haben, gilt die A 3/5 705 als Unikat – und als die einzige noch existierende Schnellzugs-Dampflokomotive der Schweiz überhaupt.

Obwohl die A 3/5 705 ein Einzelstück darstellt, leben in ihr eigentlich drei 700er weiter:
– 1953 stellte man bei der A 3/5 705 fest, dass sich der Kessel samt Überhitzer in einem schlechten Allgemeinzustand befand. Man tauschte den Kessel deshalb gegen das gleichartige, aber besser erhaltene Exemplar der Abbruchlokomotive 739 aus.
– 1963 erfolgte ein weiterer Tausch; nun betraf er jedoch nicht den Kessel, sondern das Fahrwerk. Letzteres übernahm man von der im Vorjahr ausrangierten, aber weniger abgenützten und ausgeleierten A 3/5 778.

Streng genommen hätte die Maschine nun zur Nr. 778 mutieren müssen, war es bei den SBB doch üblich, dass sich die Lokomotivnummer an der Rahmennummer orientierte. Der beim damaligen Zugförderungs- und Werkstättedienst

Demnächst kippt sie um! Anschliessend wird die A 3/5 713 wieder aufgerichtet und ins Gleis gestellt. Das Prozedere dient zum Üben des Ernstfalls; Depot Bern, 25. März 1953 (Mitte).

Gut sind auf diesem «Typenbild» der A 3/5 713 die nachträglich montierten Abrollbügel beim Kessel und am Führerhaus zu erkennen; Depot Bern, 17. März 1953 (unten).

Noch Mitte der Fünfzigerjahre war das Tag für Tag fotografierbar – allerdings nur im Hochsommer: Frühmorgens dampfte jeweils eine A 3/5 samt Güterzug von Bern in Richtung Fribourg. Spezielle Beachtung verdient aber auch der direkt hinter der Lokomotive folgende alte Personenwagen; 25. Juli 1956 (oben).

Fast wie in alten Zeiten: Auf der bis heute ohne Fahrleitung gebliebenen Privatbahn Sursee–Triengen kommt die A 3/5 705 besonders gut zur Geltung; bei Triengen-Winikon, 6. Mai 2000 (unten).

Rechte Seite: Gemeinsam sind wir stark! Im Bahnhof Travers bereiten sich die B 3/4 1367 und die A 3/5 705 auf die bevorstehende Bergfahrt nach Les Verrières vor. Dabei sind Steigungen von bis 22 Promille zu bewältigen. Im Schlepp haben die beiden Maschinen einen von der deutschen Interessengemeinschaft Eisenbahn gemieteten Extrazug; 16. Juni 1997.

Die noch als Hilfszugslokomotive ihr Gnadenbrot verdienende A 3/5 778 posiert am 26. Februar 1959 vor fünf in der SBB-Hauptwerkstätte Zürich gebauten Hilfswagen des Typs I. Drei Jahre später wurde die Lokomotive als zweitletzte ihrer Gattung ausrangiert – ihr Fahrwerk jedoch blieb erhalten und leistet heute unter der A 3/5 705 Dienst (oben).

Rechte Seite: Fast nichts deutet darauf hin, dass dieses Bild erst im Sommer 1997 entstanden ist – kein gröberes Detail ist auszumachen, das die Idylle vor der Rotonde des Depots Delémont stören könnte. Lokomotivenseits nehmen am Stelldichein die A 3/5 705 und die C 5/6 2978 teil.

(ZfW) für einmal anders gefällte Entscheid macht aber durchaus Sinn: Die 705, nicht aber die 778, wurde ursprünglich mit dem Vierachstender abgeliefert. Mit seinen beiden Drehgestellen amerikanischer Bauart verhilft er der Maschine zu einem eleganten Aussehen. Der zur A 3/5 778 gehörende Dreiachstender wäre hingegen von einer ähnlichen Bauart gewesen, wie er schon bei der B 3/4 1367 und in etwas anderer Form auch bei den C 5/6 noch vorhanden ist. Dank diesem Entscheid können zukünftige Generationen nicht nur unterschiedliche Dampflokomotivtypen, sondern auch verschiedene Tenderbauarten studieren – live, im Massstab 1:1.

Die A 3/5 705 – ein betriebsfähiges Museumsstück

Nach der 1963 erfolgten Fahrwerksrevision stand die A 3/5 705 dem Depot Biel als ultimativ letzte Reserve zur Verfügung. Nachdem die Schweizerische Landesausstellung im Herbst 1964 ihre Pforten schloss, konnte man nun auch auf die A 3/5 705 verzichten. Erst 1972, als es «125 Jahre Schweizer Bahnen» zu feiern galt, reaktivierte man die Veteranin und setzte sie vor zahlreichen Extrazügen ein. Es folgten ein Aufenthalt im Verkehrshaus sowie 1990/91 die Einsätze zum Jubiläum «100 Jahre Jura–Simplon-Bahn».

1996, das Jubiläum «150 Jahre Schweizer Bahnen» stand vor der Tür, beschlossen die SBB, ihr Schnellzugsross gründlich revidieren zu lassen. Dazu wurde die in La Chaux-de-Fonds remisierte Lokomotive nach Zürich überführt und unter die Obhut der gleichermassen bewährten wie eingespielten Dampfgruppe der Depotinspektion Zürich gestellt. Unterstützung erhielt das Team zudem von Dampflokomotivexperten, die sich extern, zum Beispiel in der SBB-Hauptwerkstätte Biel, grosse Verdienste erworben hatten.

Viel Arbeit musste aber auch ins äussere Erscheinungsbild der A 3/5 705 gesteckt werden. Glücklicherweise entpuppten sich jedoch einige der Bleche als alte, originale Baubleche. Damit verfügte man über eine optische Basis, die als Grundlage für den zu spritzenden Farbton diente – neue Baubleche sind heute nämlich nicht mehr lieferbar. Nun konnte der A 3/5 705 weitgehend ein optisches Erscheinungsbild zurückgegeben werden, wie es früher üblich war, schrieben doch die damals gültigen Liefervorschriften eine derartige Kesselverschalung vor.

Zahlreiche Einsätze, sowohl im Jubiläumsjahr 1997 als auch später, haben bewiesen, dass die Mannen rund um die A 3/5 705 gleichermassen motiviert wie engagiert sind und ihr Handwerk verstehen.

A 3/5 705: Technische Daten

Länge über Puffer: 18 600 mm
Höhe über Kamin: 4490 mm
Dienstgewicht mit Tender: 110 t
Adhäsionsgewicht: 47 t
Triebraddurchmesser: 1780 mm
Höchstgeschwindigkeit vorwärts: 100 km/h
Höchstgeschwindigkeit rückwärts: 40 km/h
Bauart: Heissdampf, Vierzylinderverbund
Leistung: 1360 PS/1000 kW
Baujahr: 1904
Hersteller: SLM, Winterthur
Fabriknummer: 1550

Ed 2x2/2 196 – DIE MALLET-LOKOMOTIVE DER SCB

Dampflokomotiven der Bauart Mallet bewährten sich vorwiegend dort, wo enge Kurven zu durchfahren waren, wo es zudem Lasten zu schleppen gab oder grosse Steigungen zu bewältigen galt. Dieses Anforderungsprofil traf im 19. Jahrhundert mit Bestimmtheit auf die Strecke Olten–Läufelfingen–Sissach der SCB (Schweizerische Centralbahn) zu, die erste oder obere Hauensteinlinie also. Insgesamt beschaffte die SCB 28 Fahrzeuge der Bauart Mallet. Eine davon hat überlebt – die Ed 2x2/2 Nr. 196 der SCB.

Seite 28: Dampf und Rauch schaffen hin und wieder Situationen, bei denen sich das Fotografieren von der «falschen» Seite her lohnt. Zumindest am 14. September 2003 traf dies zu, als die Ed 2x2/2 196 mit einem herrlichen Zug des Dampfbahn-Vereins Zürcher Oberland durch die Station Ettenhausen-Emmetschloo schnaufte.

Die ehemaligen SCB-Mallet-Lokomotiven wurden von den SBB zuletzt im schneereichen Vallée de Joux eingesetzt, also zwischen Vallorbe und Le Brassus. Auf der kurvenreichen und bis zu 39 Promille steilen Strecke konnten die Maschinen noch einmal zeigen, zu was sie fähig waren. Hier posiert die Ed 2x2/2 7696, also die einstige SCB-Nr. 196 (!), anno 1925 für den Fotografen. Mit im Bild der mächtige Schneepflug Nr. 1 der Privatbahn Pont–Brassus; das Fahrzeug basiert auf dem Tender einer ehemaligen Bourbonnais-Dampflokomotive und wurde 1978 leider abgebrochen (oben).

Was ist eine «echte» Mallet-Lokomotive?

Die Ed 2x2/2 196 dürfte die interessanteste Dampflokomotive von SBB Historic sein – zumindest aus technischer Sicht. Dies deshalb, weil die Maschine der Gattung «Mallet» angehört. Eine Dampflokomotive muss mehrere Bedingungen erfüllen, damit sie als echte Mallet gilt:

1. Der Hauptrahmen ist inklusive seiner Achsen und Zylinder fest mit dem hinteren Teil des Lokomotivkessels verbunden; der Hauptrahmen reicht bis etwa in Kesselmitte. Das davor liegende Triebdrehgestell ist inklusive seiner Achsen und Zylinder beweglich mit dem Hauptrahmen verbunden, wobei sich der Kessel über Gleitflächen auf das Triebdrehgestell abstützt.

2. Die Lokomotive arbeitet nach dem Verbundprinzip: Der vom Kessel her zugeführte Dampf strömt zuerst in die hinteren Zylinder, die Hochdruckzylinder, dann wird er über bewegliche Leitungen in die vorderen Zylinder, die Niederdruckzylinder, geleitet. Erst jetzt wird der weitgehend entspannte Abdampf durch den Kamin ins Freie geleitet. Naturgemäss weisen die Hochdruckzylinder einen deutlich kleineren Durchmesser auf als die Niederdruckzylinder. Mallet-Lokomotiven haben deshalb vorne markant voluminösere Zylinder als hinten. Lediglich beim Anfahren können sie kurzzeitig ebenfalls mit Frischdampf gespeist werden.

Als geistiger Vater dieser Bauart gilt der Genfer Anatol Mallet; konkretisiert und zu Papier gebracht hat er seine Erfindung im «brevet français n° 162.836» vom 18. Juni 1884, eine Ergänzung folgte am 12. Juni 1885.

Weil das Verbundsystem ein integrierender Bestandteil von Anatol Mallets Konzept und Patent darstellt, gelten Lokomotiven, bei denen alle vier Zylinder dauernd mit Frischdampf gespeist werden, nicht als echte Mallets. Zu erkennen sind derartige Maschinen daran, dass ihre vier Zylinder einen identischen Durchmesser aufweisen. Davon abgesehen sind derartige Fahrzeuge jedoch wie eine echte Mallet-Lokomotive aufgebaut. Patentrechtlich allerdings war dieser kleine, aber feine Unterschied von Bedeutung. Insbesondere in Nordamerika sind im Laufe der Zeit sehr viele unechte Mallets, so genannte «Single-expansion articulated locomotives», entstanden. Der bekannteste Vertreter dieser Bauart war mit Sicherheit der «Big Boy» – die weltberühmten Giganten der Union Pacific wiesen die Achsfolge (2'D)D2' auf, leisteten rund 7000 PS, waren für 112 Stundenkilometer zugelassen (in der Realität wurde oftmals aber mit noch höheren Geschwindigkeiten gefahren), wogen inklusive Tender 543 Tonnen und massen von Kupplung zu Kupplung gemessen 40,51 Meter. Eine Dampflokomotive mit dieser Achsfolge, zugelassen für 112 Stundenkilometer, wäre in der Schweiz als A 2x4/6 bezeichnet worden.

Schmalspurige Mallets in der Schweiz

Lokomotiven der Bauart Mallet waren in der Schweiz nicht besonders zahlreich vertreten. Zwar beschafften im Laufe der Zeit mehrere Bahngesellschaften derartige Maschinen, allerdings lediglich in verhältnismässig geringen Stückzahlen.

Meterspurige Mallets standen bei der Landquart–Davos-Bahn, bei der Rhätischen Bahn, der Saignelégier–La-Chaux-de-Fonds-Bahn und bei der Yverdon–Ste-Croix-Bahn im Einsatz. Nach der Elektrifizierung der jeweiligen Bahngesellschaften wurden die meisten davon ins Ausland verkauft (Spanien, Brasilien, Madagaskar, Abessinien), hierzulande noch etwas weiterverwendet oder direkt ausrangiert und abgebrochen. Erhalten geblieben ist keine einzige davon. Bei den heute in der Schweiz wieder anzutreffenden Schmalspur-Mallets handelt es sich durchwegs um Lokomotiven aus ausländischen Beständen, zum Beispiel aus Deutschland oder aus Portugal.

Normalspurige Mallets in der Schweiz

Von den normalspurigen Bahnen setzten nur gerade deren zwei auf Lokomotiven der Bauart Mallet – und auch das nicht allzu umfangreich:

1. Die 1890 von Maffei, München, für die Gotthardbahn (GB) gebaute Ed 2x3/3 Nr. 151 war kein grosser Wurf, litt sie doch zeitlebens an ihrem zu klein dimensionierten Kessel. Kurzfristig konnte die 151 zwar eine beachtliche Zugkraft entwickeln, längerfristig neigte sie jedoch dazu, wegen Dampfmangels «ausser Atem» zu geraten. Die SBB, welche den Einzelgänger 1909 von der GB übernahmen und ihm die Nummer 7699 zuteilten, waren deshalb froh, als sie die Maschine anno 1917 nach Deutschland verkaufen konnten. Bei der dortigen Militärdirektion erhielt das ehemalige GB-Dampfross die Gattungsbezeichnung T13 sowie die Nummer 7900. Nach Kriegsende tauchte das Fahrzeug als Tkii 101 in Polen auf, wo sich seine Spuren dann allerdings verlieren.

Nach dem missglückten «Experiment» mit der Ed 2x3/3 151 beschaffte die GB keine weiteren Mallet-Lokomotiven mehr. Denkbar ist jedoch, dass eine ähnliche Maschine, ausgerüstet mit einem grösseren Kessel und konzipiert als Schlepptenderlokomotive, erfolgreicher gewesen wäre. Ob dann ebenfalls die Achsfolge (C)C zur Anwendung gekommen oder ob es sogar eine (1'C)C-Lokomotive geworden wäre, muss Spekulation bleiben.

2. Im Gegensatz zur GB, welche, wie erwähnt, lediglich eine einzige Mallet-Lokomotive beschaffte, standen bei der SCB (Schweizerische Centralbahn) insgesamt 28 derartige Maschinen im Einsatz:

– In den Jahren 1891 und 1893 stellte Maffei, München, insgesamt 16 Mallet-Maschinen für die SCB her. Dabei handelte es sich um Tenderlokomotiven mit der Achsanordnung (B)B. Bei der SCB trugen sie die Nummern 181 bis 196, bei den SBB die Nummern 7681 bis 7696. Eine davon, die Ed 2x2/2 7696, hat alle Wirrnisse der Zeit überstanden und stellt heute ein Schmuckstück der Stiftung SBB Historic dar.

– 1897 und 1900 liess sich die SCB weitere zwölf (B)B-Mallet-Maschinen bauen. Als Lieferant wurde nun jedoch nicht mehr Maffei, sondern die Schweizerische Lokomotiv- und Maschinenfabrik (SLM), Winterthur, verpflichtet. Zudem wendete sich die SCB vom Prinzip der Tenderlokomotive ab und bestellte die neuen Triebfahrzeuge als Schlepptenderlokomotiven. Die SCB teilte den Maschinen die Nummern 169 bis 180 zu, die SBB die Nummern 4601 bis 4612 sowie die Typenbezeichnung D 2x2/2. Bis Ende der Zwanzigerjahre sind alle zwölf Einheiten ausrangiert und abgebrochen worden.

Die SBB beschafften keine weiteren Mallets mehr. Die Frage, wie eine von den SBB für die Gotthardstrecke beschaffte Mallet-Lokomotive ausgesehen haben könnte, muss deshalb unbeantwortet bleiben. Im Ausland, speziell in Nordamerika, verlief die Entwicklung

Wie bereits das Bild auf Seite 30 belegt, war der Winter zu der Zeit, als die Mallet-Lokomotiven auf der Pont–Brassus-Bahn im Einsatz standen, ein echtes Thema. Auch die hier gezeigte Aufnahme unterstreicht dies, ist die Ed 2x2/2 7696 doch mit einem für SBB-Lokomotiven eher ungewöhnlich grossen Schneepflug ausgerüstet; Vallorbe, 14. Februar 1937.

So traf Hans Schneeberger am 9. Juni 1956 in Olten die Mallet-Lokomotive Ed 2x2/2 7696 an: Das Fahrzeug war im üblichen SBB-Schwarz gehalten, zudem zeigte sich das Führerhaus hinten in geschlossenem Zustand (links).

Eng mit den SCB-Mallet-Tenderlokomotiven Ed 2x2/2 verwandt sind die etwas später als Schlepptendermaschinen gebauten D 2x2/2. Weil Letztere ihre Kohlen- und Wasservorräte separat auf dem Tender mitführten, neigen sie deutlich weniger zum Schleudern als die Tenderlokomotiven (rechts).

Rechte Seite: Fast wie in alten Zeiten – zwei ehemalige SCB-Dampflokomotiven fördern gemeinsam eine stattliche Zahl von Wagen bei Sonceboz bergwärts. Während sich die Ec 2/5 28 «Genf» an der Zugspitze ins Zeug legt, gibt die Ed 2x2/2 196 als Schiebelokomotive ihr Bestes; Frühling 1958.

hingegen anders. Hier wurden die Mallets, sowohl die echten als auch die «falschen», eine entscheidende Stütze im schweren und schwersten Traktionsdienst. Aber auch andernorts, unter anderem in zahlreichen Ländern Europas, in Fernost, Südamerika und Afrika, standen Mallet-Lokomotiven teilweise während Jahrzehnten unermüdlich im Einsatz.

Die Ed 2x2/2

Anfang der Neunzigerjahre des 19. Jahrhunderts benötigte die SCB dringend eine grössere Anzahl Lokomotiven mit vier Triebachsen. Insbesondere für die Hauensteinlinie von Olten über Läufelfingen nach Sissach stellten derartige Triebfahrzeuge mittlerweile ein absolutes Muss dar. In Frage kam entweder eine herkömmliche Lokomotive mit vier gekuppelten Triebachsen oder eine der damals als das Modernste geltenden Mallet-Lokomotiven. Immerhin hatte die Gotthardbahn im Jahre 1890 ihre Ed 2x3/3 151 in Betrieb genommen, eine Maschine, die anlässlich ihrer Ablieferung weltweit Beachtung fand und bei ihrem Erscheinen als grösste Lokomotive Europas galt. Selbst Fachleute aus dem fernen Amerika studierten die Mallet-Maschine der GB genau – und verhalfen dieser Bauart zu Hause dann zu einer grossen Bedeutung.

Aber auch die SCB setzte auf die Mallets. 1891 bezog sie deshalb sechs derartige Lokomotiven, allerdings nicht mit sechs, sondern lediglich mit vier Triebachsen. Die Maschinen mit den Nummern 181 bis 186 bewährten sich leidlich, neigten aber, wie alle Tenderlokomotiven, bei abnehmenden Wasser- und Kohlenvorräten zum Schleudern. Speziell davon betroffen war jeweils das vordere, bei Vorwärtsfahrt naturgemäss ohnehin entlastete Triebwerk. Zum Einsatz kamen die sechs Mallets vorwiegend auf der Hauensteinlinie, und zwar hauptsächlich als Vorspann- und Schiebelokomotiven.

Übers Ganze gesehen muss die SCB mit den sechs Mallets einigermassen zufrieden gewesen sein, bestellte sie doch zehn weitere derartige Lokomotiven, die Nummern 187 bis 196, bei der Firma Maffei. Trotzdem unterschieden sich die 1893 gebauten Maschinen in zahlreichen Punkten von den vorher gelieferten Fahrzeugen. Dies vor allem deshalb, weil die SCB die nachbestellten Lokomotiven auch vor schweren Güterzügen auf den Anschlusslinien einsetzen wollte. Die Maschinen mussten deshalb deutlich grössere Wasser- und Kohlenvorräte mit sich führen. Damit jedoch die zulässige Achslast nicht überschritten wurde, musste sowohl am Kessel als auch am Fahrwerk Gewicht eingespart werden. Unter anderem wurde der Rahmen etwas leichter ausgeführt, die Achsabstände wurden verkürzt sowie die Rad- und Zylinderdurchmesser verkleinert. Demgegenüber wurde der Dampfdruck um 2 auf 14 atü erhöht. Daher neigten die nunmehr leichteren, aber leistungsfähigeren Lokomotiven noch mehr zum Schleudern. Von der ersten Serie unterschieden sich die letztgelieferten Maschinen zudem durch das hinten offene Führerhaus. Weil die Lokomotiven jedoch oftmals auch in Rückwärtsfahrt unterwegs waren, erhielten sie später eine schützende Rückwand. Der Kohlenkasten verblieb aber weiterhin ausserhalb des Führerstandes.

SCB-Mallets auf fremden Gleisen

Alle Mallet-Lokomotiven der SCB mutierten per 1. Januar 1902 zu SBB-Maschinen. Dabei kamen sie auch auf fremden Gleisen zum Einsatz.

Die 7691 leistete vom 30. März 1912 bis zum 24. Juni 1914 Dienst bei der Mittelthurgau-Bahn (MThB).

Die 7684 stand vom 17. April bis zum 31. Mai 1917 bei der MThB im Einsatz.

Die Nummern 7687, 7690, 7691 und 7696 verdienten bis zu ihrer jeweiligen Ausrangierung in den Jahren 1934, 1936 und 1938 auf der von den SBB betriebenen Privatbahn Pont–Brassus (PBr) ihr Gnadenbrot.

Das Fabrikschild der Ed 2x2/2 196 schafft Klarheit: Entstanden ist die Mallet-Maschine bei der renommierten bayerischen Lokomotivfabrik J. A. Maffei in München. Die unteren zwei Zahlen geben Aufschluss über die Fabriknummer (1710) sowie über das Baujahr.

Die 7682 und die 7692 verschlug es nach ihrer 1916 respektive 1917 erfolgten Ausrangierung ins Ausland, und zwar zur deutschen Heeresverwaltung, wo sie mit der Bezeichnung «Militär-Generaldirektion Brüssel, Klasse T9, Nr. 7051 und 7052» versehen und anschliessend wieder in Betrieb genommen worden sind. Gemäss Moser sind aber auch die drei Ed 2x2/2 7684, 7685 und 7694 «... ohne Zweifel... denselben Weg gegangen».

Deutsche Publikationen kommen hingegen zum Ergebnis, dass die SBB insgesamt nur drei und nicht fünf ausrangierte Ed 2x2/2 nach Deutschland verkauft haben.

Mehrere Ed 2x2/2, sämtliche D 2x2/2 und zahlreiche andere SBB-Lokomotivtypen leisteten zudem ab den Jahren 1917 oder 1918 als Mietlokomotiven Dienst in Deutschland. Abgerechnet wurde dabei über den Berliner Kriegsfonds; die SBB-Leihlokomotiven galten somit als im Kriegsdienst befindlich. Belegt sind Vermietungen von Lokomotiven der folgenden Serien:
– A 2/4 401 bis 420,
– A 3/5 901 bis 924,
– B 3/4 1471 bis 1495,
– C 3/3 2481 bis 2487,
– C 4/5 2701 bis 2732,
– C 5/6 2901 und 2902 – also nur die zwei Prototypen mit Vierlingstriebwerk!,
– D 3/3 3451 bis 3483 und 3601 bis 3624,
– D 4/4 4101 bis 4136,
– D 2x2/2 4601 bis 4612 (Schlepptender-Mallet),
– Ec 3/4 6513 bis 6529,
– Ed 2x2/2 7687 bis 7696 (Tender-Mallet).

Unter den nach Deutschland vermieteten SBB-Lokomotiven befand sich auch die Nr. 7696, also die ehemalige SCB-Lokomotive Nr. 196. Gemäss den vorliegenden Unterlagen war sie in Deutschland der Betriebswerkstätte Würzburg zugeteilt, zusammen mit der Ed 2x2/2 7691 und den Schlepptender-Mallets D 2x2/2 4603 und 4612. Die vier Maschinen sollen vorwiegend auf der Spessartstrecke nach Aschaffenburg eingesetzt worden sein, hauptsächlich vor schweren Güterzügen. Aber auch diverse D 4/4, C 4/5, A 3/5 und die beiden C 5/6 waren Würzburg zugeteilt. Im Laufe des Jahres 1919 kehrten die meisten von ihnen wieder in die Schweiz zurück, die letzten sieben SBB-Mietlokomotiven hingegen erst zwischen dem 6. und dem 19. Februar 1920 – «Die Nachweisung der Kosten für die Instandsetzung der Mietlokomotiven in den SBB-Werkstätten und deren Begleichung durch die bayerische Verwaltung ziehen sich noch Monate hin», schreibt dazu Albert Mühl im «Lok-Magazin». Interessant ist diesbezüglich der folgende, überlieferte Hinweis: Das Personal, welches mit dem Reinigen der aus Deutschland zurückgekehrten Dampflokomotiven beschäftigt war, habe über Hautausschläge an den Händen geklagt. Als Verursacher dieser Allergien habe man die kriegsbedingten minderwertigen Schmiermittel vermutet.

Die Ed 2x2/2 Nr. 196

Die Ed 2x2/2 Nr. 196 wurde 1893 von der Firma J. A. Maffei, München, gebaut und mit der Nummer 196 an die SCB abgeliefert. Dabei ist sie mit grösster Wahrscheinlichkeit auch der bereits

Mallet-Doppeltraktion nur beschränkt erlaubt

Weil keine zweite Ed 2x2/2 mehr existiert, ist auch eine früher wichtige Vorschrift bedeutungslos geworden: In Doppeltraktion war es nämlich verboten, zwei Mallets Rauchkammertüre gegen Rauchkammertüre zu kuppeln. Dies deshalb, weil in engen Kurven und bei eingefederten Puffern die weit nach vorne reichenden Kolbenstangen der Niederdruckzylinder miteinander kollidiert wären. Aktuell würde diese Vorschrift erst dann wieder, wenn wider Erwarten in Belgien oder Deutschland mindestens eine der im Ersten Weltkrieg an die «Militär-Generaldirektion Brüssel» verkauften Ed 2x2/2 zum Vorschein käme – oder wenn ein eisenbahnbegeisterter Multimillionär eine derartige Dampflokomotive nach alten Maffei-Plänen in Auftrag gäbe.

Lokomotivdepot Basel im Jahr 1958 – was für eine Augenweide: Während sich die zwei Veteranen Ec 2/5 28 «Genf» und Ed 2x2/2 196 für das Jubiläum «100 Jahre obere Hauensteinlinie» bereithalten, sind im Hintergrund die zwei Wagen des Hilfszuges sowie die dazugehörige C 5/6 zu erkennen. Ganz rechts ragt noch die Frontpartie einer Ae 3/6 II ins Bild.

damals ziemlich betagten Stütztenderlokomotive Ec 2/5 Nr. 28 «Genf» begegnet. Letztere, ebenfalls eine SCB-Maschine, gehörte nämlich noch bis zur 1898 erfolgten Ausrangierung zum aktiven Bestand – während fünf Jahren bestand also die Möglichkeit, dass sich die beiden Lokomotiven trafen. Von 1899 an war eine derartige Begegnung nicht mehr realisierbar, fristete doch die «Genf» fortan ein Schattendasein als Dampferzeuger. Erst 60 (!) Jahre später sollten derartige Treffen wieder möglich sein. Beide Veteranen haben nämlich bis heute überlebt. Zudem wurden sie auf das Jubiläum «100 Jahre obere Hauensteinlinie» aus ihrem Mauerblümchendasein erlöst, revidiert, betriebsfähig hergerichtet und weitgehend in ihren SCB-Ablieferungszustand zurückversetzt. Am 27. April 1958 bespannten sie dann gemeinsam den Jubiläumszug und kündeten von einer Zeit, in der die kürzeste Bahnverbindung von Basel nach Olten über Läufelfingen führte. Seither stellen die Ec 2/5 28 «Genf» und die Ed 2x2/2 196 zwei einzigartige Prunkstücke dar.

Die heute allgemein verwendete Typenbezeichnung «Ed 2x2/2» erhielt die Mallet-Lokomotive übrigens erst anlässlich der Verstaatlichung der SCB im Jahre 1902 – bis dahin galt die Bezeichnung «C 4». Zudem wechselte anno 1902 auch die Lokomotivnummer, und zwar von 196 in 7696.

Wie bereits vorgängig erwähnt, leistete die Ed 2x2/2 7696 um 1918 als Mietlokomotive Dienst in Bayern. Nach ihrer Rückkehr aus Deutschland setzte bei den SBB die Elektrifizierung des Streckennetzes ein, und zwar so zügig, dass relativ schnell auf zahlreiche Dampfmaschinen verzichtet werden konnte. Nicht aber auf die Ed 2x2/2 7696: Gemeinsam mit der Lokomotive 7687 erlebte sie noch das Jahr 1938, dann wurden auch die letzten zwei SBB-

Im Rahmen der Feierlichkeiten «150 Jahre Schweizer Bahnen» gelangte am 24. Mai 1997 die SCB-Mallet Ed 2x2/2 196 für einen Tag auf ihre einstige Stammstrecke zurück. Soeben überquert die 104-jährige Maschine den bekannten Viadukt bei Rümlingen.

Mallets ausrangiert. Während die 7687 zerlegt und dem Hochofen zugeführt wurde, blieb der 7696 die letzte Fahrt zum Schrotthändler erspart. Rund 20 Jahre lang durfte sich der Oldtimer ausruhen, bevor er, wie zuvor erläutert, in der zweiten Hälfte der Fünfzigerjahre erneut fit gemacht wurde.

Nachdem die Lokomotive im Frühling des Jahres 1958 bewiesen hatte, dass mit ihr wieder zu rechnen ist, fand sie im 1959 eröffneten Verkehrshaus der Schweiz eine neue Heimat. Hin und wieder darf sie ihren Alterssitz jedoch verlassen, um nach einem sorgfältig durchgeführten Gesundheits-Check und einer allfälligen Revitalisierung vor einen Zug gespannt zu werden. So nahm sich 1992 die fachlich bestens geeignete Dampflokgruppe der Oensingen–Balsthal-Bahn (OeBB) des Veteranen an. Nach gelungener Revision schnaubte die Maschine während einiger Zeit vor Extrazügen über die kurze und ziemlich flach trassierte OeBB. So richtig gefordert wurde die Mallet deshalb erst wieder im Jahre 1997, zum 150. Geburtstag der Schweizer Bahnen. Als Höhepunkte galten dabei die eintägige Rückkehr auf die obere Hauensteinlinie am 24. Mai, der Einsatz als Schiebelokomotive auf der Gotthard-Nordrampe am 30. August sowie die Pendelfahrten zwischen der Station Würzenbach (direkt neben dem Verkehrshaus) und dem Bahnhof Küssnacht am Rigi im Sommer und Herbst 1997. Anschliessend kehrte die Ed 2x2/2 196, sehr zum Bedauern der OeBB-Dampflokgruppe, zurück ins Verkehrshaus. Mittlerweile ist aber auch dieser Museumsaufenthalt Geschichte, und die Mallet befindet sich von neuem in der Obhut des OeBB-Dampfteams. Ein Highlight stellte dabei der mehrwöchige Ausflug zum Dampfbahn-Verein Zürcher Oberland (DVZO) dar: Zusammen mit passenden Wagen erfreute der 110-jährige Veteran im Frühherbst 2003 die Herzen der Reisenden und der Eisenbahnfotografen (siehe Seite 28). Aber auch die Fahrt über die fahrdrahtlose Strecke von Büren an der Aare nach Solothurn Mitte Juni des gleichen Jahres schaffte bleibende Erinnerungen – die Mallet leistete der damals 99-jährigen A 3/5 705 Vorspann (siehe Seite 37 oben).

Ed 2x2/2 196: Technische Daten

Länge über Puffer: 10 400 mm
Höhe über Kamin: 4300 mm
Dienst- und Adhäsionsgewicht: 59 t
Triebraddurchmesser: 1200 mm
Höchstgeschwindigkeit vorwärts: 55 km/h
Höchstgeschwindigkeit rückwärts: 55 km/h
Bauart: Nassdampf, Vierzylinderverbund, System Mallet
Leistung: 700 PS/515 kW
Baujahr: 1893
Hersteller: Maffei, München
Fabriknummer: 1710

Was ist schöner als eine Dampflokomotive von SBB Historic? Zwei Dampflokomotiven von SBB Historic! Diesem Fotografenmotto folgend schleppen am 15. Juni 2003 die A 3/5 705 und die Ed 2x2/2 196 gemeinsam einen Extrazug über die fahrleitungslose Strecke Büren an der Aare–Solothurn. Entstanden ist das Bild zwischen Büren an der Aare und Rüti bei Büren (oben).

Morgentoilette für eine alte Dame: Vor dem Depot des Dampfbahn-Vereins Zürcher Oberland (DVZO) legt die Mannschaft fachkundig und liebevoll Hand an «ihre» Ed 2x2/2 196. Gleichentags wird die Mallet-Maschine vor bestens passenden Wagen sowie mit viel Rauch fotogen über die DVZO-Strecke dampfen (siehe Seite 28).

Sechs Fragen an Sigi Liechti, Dampflokomotiv-Fachmann, Heizer und Lokomotivführer

Sigi Liechti, aktiver Lokomotivführer bei den SBB, trägt in seiner Freizeit Gegenstände aus der guten alten Eisenbahnzeit zusammen. Bevor die Objekte seiner Leidenschaft allerdings aus- und aufstellbar sind, muss zuerst kräftig Hand an sie gelegt werden. Dies deshalb, weil die meisten davon jahrzehntelang der Witterung ausgesetzt waren und/oder kräftig genutzt wurden. Zudem befinden sich die Zeugen der Vergangenheit oftmals in verrostetem, lieblos überstrichenem, verbeultem, modernisiertem, defektem oder unvollständigem Zustand. Lediglich Abstauben hilft in solchen Fällen nicht weiter und bringt den Charme verflossener Epochen keinesfalls zurück. Bevor derartige «Ruinen» wieder aussehen wie damals und funktionieren, ist Arbeit, viel Arbeit, angesagt. Gefragt ist deshalb eine gehörige Portion Fachwissen, handwerkliches Können, Ausdauer, ein grosses Beziehungsnetz sowie eine nie erlahmende Begeisterung. Als Lohn der Arbeit winkt dafür eine Sammlung, die Freude, viel Freude, bereitet. Ausserdem pflegt und fährt Sigi Liechti gern ältere Triebfahrzeuge.

Fragen und Antworten

Sigi Liechti, mit Jahrgang 1950 bist du zu jung, um in der Schweiz noch Dampflokomotiven in regelmässigen und hochwertigen Einsätzen erlebt zu haben. Trotzdem ist es offensichtlich, dass dich diese nostalgisch anmutende Technik fasziniert. Aber auch ältere elektrische Triebfahrzeuge können dich begeistern sowie alles, was mit der Eisenbahn von damals zu tun hat. Hast du für dieses enorme Interesse eine plausible Erklärung?

Das wird mit meiner Kindheit zu tun haben. Aufgewachsen bin ich nämlich in der Nähe einer Bahnlinie, und zwar hier im Raum Brugg/Turgi. Hin und wieder dampfte damals sogar noch ein dampfgeführter Zug an unserem Garten vorbei – für mich stellte das jeweils ein Erlebnis der besonderen Art dar. Zudem kann ich mich an einen entgleisten Wagen erinnern, zu dessen Bergung ein Hilfszug samt A 3/5 eingesetzt wurde.

Hinzu kam, dass ich jeweils einen Teil der Schulferien in Deutschland, bei den Eltern meiner Mutter, verbrachte – auch sie wohnten nahe einer Bahnlinie. Hier beherrschten Dampfloks die Szene, Ferientag für Ferientag. Klein Sigi war fasziniert

Sigi Liechti, Herr über rund 3000 Pferdestärken – so viel kann die ehemalige französische Dampflokomotive 141 R 1244 leisten. Entstanden sind die Aufnahmen anlässlich der Gotthardfahrt vom 6. September 1997 im Bahnhof Mendrisio.

von diesen fauchenden und speienden Ungetümen. Man stelle sich vor: Anfänglich war ich noch ein kleiner Knirps; die deutschen Maschinen mit ihren vergleichsweise grossen Kesseln und den fremdartigen Windleitblechen müssen mir riesig und geheimnisvoll vorgekommen sein.

Ich begann deshalb Bücher über Dampflokomotiven zu lesen. Allerdings war die Auswahl noch nicht so vielfältig wie heute. Dafür stellte jede Publikation eine Bereicherung dar, so auch die hervorragend bebilder-

ten sowie verständlich und gemütvoll geschriebenen Werke von Karl-Ernst Maedel. Eine Offenbarung war für mich zudem die Zeitschrift «Lok-Magazin», sozusagen die ideale Ergänzung zu den erwähnten Büchern. Speziell faszinierten mich die fundierten Berichte eines Arnold Haas, der mir die Dampflokomotiven der USA näher brachte. Zudem stellte er interessante Quervergleiche zu europäischen Konstruktionen an. Wer diese Artikel sowie das Haas-Buch «Dampflokomotiven in Nordamerika» gelesen hatte, wusste auch als Autodidakt schon eine ganze Menge.

1970, nach der Mechanikerlehre, liess ich mich bei den SBB zum Lokomotivführer ausbilden. Dabei schwärmten einige der Kollegen für den im Ausland noch aktiven Dampfbetrieb und nahmen mich ins deutsche Rottweil sowie nach Crailsheim mit. Aber auch nach Österreich, zur Erzberglinie, pilgerten wir. Die mit schweren Güterzügen sich bergwärts kämpfenden Dampfzahnradloks boten ein einmaliges Schauspiel, zudem stellten sie hochinteressante Konstruktionen dar. Dabei durfte ich auch als «Passagier» im Führerstand mitfahren.

Noch «heisser» wurde es im deutschen Münsterland auf der Strecke Rheine–Emden, als ich auf einer ölgefeuerten 41er selbst am Regler stehen durfte. Ebenfalls im Einsatz standen dort die bärenstarken, dreizilindrigen 44er sowie die schnellen und ebenfalls dreizilindrigen 01.10. Geheizt habe ich damals auch eine ölgefeuerte 44er, einen «Jumbo» also.

Das Heizen von kohlengefeuerten Maschinen wurde mir hingegen im anderen Deutschland, in der damaligen DDR, beigebracht, und zwar auf Maschinen der Baureihen 52 und 03. Dabei lernte ich zahlreiche Eisenbahner aus dem «Arbeiterparadies» kennen und schätzen – Bekanntschaften und Freundschaften, die teilweise bis heute Bestand haben.

Du arbeitest heute an der Revision sowie am Unterhalt mehrerer Maschinen mit. Zudem leistest du auf recht unterschiedlichen Dampflokomotiven Dienst. Wie kam es dazu?

Bei den SBB befand sich im Jahr 1977 die Eb 3/5 5819 in Revision. Durchgeführt wurden diese Arbeiten weitgehend vom Personal des Depots F in Zürich, also nicht von Lokomotivführern. Trotzdem fing ich Feuer und meldete meine Ambitionen als Heizer an. Dabei blieb es allerdings nicht, denn ich wollte multifunktionell einsatzfähig sein: also heizen, fahren und revidieren. Zumindest der Traum vom Heizen und Fahren ging relativ zügig in Erfüllung, und ich konnte beim damaligen Depotinspektor die entsprechenden Zusatzprüfungen ablegen.

Meinen nächsten Schritt stellte das Mitarbeiten an den zu revidierenden Maschinen dar, galt es doch, nach der Eb 3/5 5819 die B 3/4 1367 aufzuarbeiten. Glücklicherweise durfte das Revisionsteam auf die Unterstützung des damaligen Werkführers Aimé Corbat zählen. Ein Mann, dem wir auch die Wiederinbetriebnahme des einzigartigen

Vier Lokomotivveteranen von SBB Historic legen im Bahnhof Schwyz eine Verschnaufpause ein. Entstanden ist das Bild der B 3/4 1367, A 3/5 705, Be 4/6 12320 und Ae 3/6 II 10439 am Abend des 22. Mai 2004.

Dampftriebwagens CZm 1/2 31 der Uerikon–Bauma-Bahn zu verdanken haben.

Dann, 1996, wurde im Hinblick auf das Jubiläum «150 Jahre Schweizer Bahnen» die Wiederinbetriebnahme der A 3/5 705 an die Hand genommen. Unterstützung erhielt unser Team von der SBB-Hauptwerkstätte (HW) Zürich sowie von externen Experten, zum Beispiel aus der HW Biel. Nach gelungener Revision leistete die Maschine im Jubiläumsjahr 1997 zahlreiche viel beachtete Einsätze. Seither lassen

Sigi Liechti im Garten seines Hauses, inmitten seiner mustergültig revidierten Schätze: links ein Läutewerk der Königlich Sächsischen Staatseisenbahnen, im Hintergrund ein altes SBB-Rangiersignal («Sagbock»).

wir dem Veteranen die notwendige Zuwendung zukommen. Hie und da lodert es deshalb sogar wieder in seiner Feuerbüchse.

Ein weiteres Betätigungsfeld stellt für mich der Verein «Mikado 1244» dar. Der Name stammt von der französischen Dampflok 141 R 1244, die 1946 von Montreal Locomotive Works, Kanada, nach Plänen aus den USA gebaut wurde. Hier amte ich als technischer Leiter und freue mich jeweils, den 3000-PS-Kraftprotz auch fahren oder heizen zu dürfen – wie 1997 mit einem Schnellzug über den Gotthard. Momentan (2004) befindet sich die Lok in Revision. Mittlerweile ist eine weitere Maschine zum Verein gestossen, und zwar die einstige Ae 4/7 11026 der SBB. Nach einer Jungkur in unserer Werkstätte zeigt sich die Elektrolokomotive mit Baujahr 1934 (SLM, BBC) wieder topfit. Stationiert sind beide Maschinen in Brugg.

Früher habe ich zudem an der deutschen 23 058 der Eurovapor mitgearbeitet und sie teilweise auch gefahren oder geheizt. Diese Tätigkeiten musste ich aus Zeitgründen leider aufgeben. Selbstverständlich bin ich aber weiterhin Mitglied bei der Eurovapor, der Europäischen Vereinigung zur Erhaltung betriebsfähiger Dampflokomotiven.

Wir gehen von folgender, fiktiver Annahme aus: 1917 haben sich die SBB vom geplanten Elektrifizierungsprogramm zurückgezogen und noch einmal voll und ganz der Dampftraktion verschrieben. Wie hätte sich dann, deiner Meinung nach, die Situation weiterentwickelt?

Ich kann mir zwei Szenarien vorstellen. Erstens: Die SBB bleiben beim Güterzug-Fünfkuppler mit Schlepptender und verfolgen nicht den Weg des Sechskupplers. Dafür gehen sie beim Achsdruck bis an die Grenze von 20 Tonnen und wählen eine Bauart mit grossem und somit verdampfungsfreudigem Stehkessel – also Lokomotiven der Achsfolge 1'E1', besser sogar 1'E2'. Dieser Weg hätte allerdings enorme Kosten bei der Infrastruktur ausgelöst, beispielsweise neue Drehscheiben. Die Verstärkung aller Brücken hingegen wurde beim Übergang zum elektrischen Betrieb ohnehin notwendig.

Ähnlich könnte die Entwicklung bei den Reisezugslokomotiven ausgesehen haben: Hier wäre ein leistungsfähiger Vierkuppler denkbar gewesen, eine 1'D1', besser noch eine 1'D2'. Mit diesem Szenario wäre es möglich geworden, sowohl bei den Güter- als auch bei den Reisezügen die Zuglokomotive von Basel bis nach Chiasso durchlaufen zu lassen.

Zweitens: Für die Bergstrecken hätten sich schwere Gelenklokomotiven der Bauart Mallet (Verbundtriebwerk) oder Articulated (Vierlingtriebwerk) angeboten, und zwar als Schlepptendermaschinen.

Garratts wären weniger in Frage gekommen, haftet ihnen doch der Nachteil an, dass mit fortschreitender Fahrt die Wasser- und Brennstoffvorräte abnehmen, womit auch das Adhäsionsgewicht sinkt. Demgegenüber würde für die Garratts sprechen, dass sich ihre Feuerbüchsen optimal gestalten lassen, muss doch bei der Konstruktion auf keine störenden Achsen Rücksicht genommen werden.

Die A 3/5 705 der SBB wird 2004 runde hundert Jahre alt. Wie beurteilst du mit dem Wissensstand von heute die Leistung der damaligen Ingenieure?

Über die 705 bin ich des Lobes voll. Ihre Laufruhe ist grossartig, selbst bei 100 Stundenkilometern liegt die Maschine wie ein Brett im Gleis. Dies ist zum grössten Teil das Verdienst des hervorragend ausgeglichenen Vierzylinder-Triebwerks nach De Glehn. Mit der beim Innentriebwerk vorhandenen Joy-Steuerung besitzt das Fahrzeug zudem eine technische Besonderheit. Vor rund hundert Jahren kam sie zwar auch bei ausländischen Konstruktionen erfolgreich zur Anwendung, heute hingegen stellt diese Steuerung eine Rarität dar. Vom Unterhalt her positiv hervorzuheben ist die vergleichsweise problemlose Zugänglichkeit des Innentriebwerks – vor allem beim Schmieren weiss ich das jeweils sehr zu schätzen. Als nicht selbstverständlich ist ausserdem die Tatsache zu werten, dass sich die Flachschieber, trotz des später erfolgten Umbaus der Lokomotive auf Heissdampf, weiterhin bewährt haben.

Lobend kann ich mich ausserdem zum Kessel äussern, selbst wenn die Feuerbüchse eher etwas klein geraten ist. Dafür ist sie lang und schmal – eine thermisch gute Form.

Wenn ein eisenbahnbegeisterter Multimillionär dich fragen würde, welche verschwundene schweizerische Dampflok du ihm als Nachbau empfehlen würdest: Was wäre deine Wahl?

Für mich müsste es etwas Schnelles, Grosses, Leistungsfähiges und «Modernes» sein. Zudem sollte die Maschine optisch und betrieblich eine gute Figur machen – ich möchte ja damit fahren. Also: Ich würde dem Mann die Ea 3/6 der Bern–Neuenburg-Bahn empfehlen. Von diesen schweren Schnellzugs-Tenderlokomotiven wurden anno 1913 lediglich zwei Exemplare gebaut, die jedoch bereits Mitte 1928 nicht mehr benötigt und 1933 abgebrochen wurden. Mich beindrucken diese über ein Vierlingstriebwerk verfügenden Maschinen sehr, auch wenn ich viel zu jung bin, um sie noch erlebt zu haben. Weil die Ea 3/6 vorwärts und rückwärts mit mindestens 90 Stundenkilometern verkehren dürfte, wäre sie eine ideale Museumslokomotive, existieren heute doch vielerorts keine Drehscheiben mehr.

Angenommen, du könntest für einen Tag in die Vergangenheit zurückkehren: Für welche Epoche, für welchen Ort würdest du dich entscheiden?

Ich möchte diesen Tag in den USA verbringen. Leider kenne ich die dortigen Bahnen nur aus Filmen und Büchern. Am liebsten möchte ich jedoch bei der New York Central (NYC) mit dabei sein, und zwar zu der Zeit, als die gewaltigen «Niagaras» im Einsatz standen, also Ende der Vierziger- und Anfang der Fünfzigerjahre. Diese 2'D2'-Giganten mit einer Zylinderleistung von rund 7000 PS stellen meiner Meinung nach den ultimativen Höhepunkt im Bau von Dampflokomotiven dar. Als offizielle Höchstgeschwindigkeit galten für diese zweizylindrigen Maschinen 193 Stundenkilometer, wobei dieser Wert auch mit 22 Pullmanwagen (1600 Tonnen) mühelos erreicht und eingehalten werden konnte; inoffiziell sollen die Lokomotiven aber noch schneller gewesen sein! Im Führerstand mitfahren, wenn möglich sogar am Regler stehen zu dürfen, das wär's. Leider ist keine der 27 NYC-Niagara erhalten geblieben. Wie Arnold Haas dazu treffend bemerkte, hatten die Maschinen nur einen einzigen Fehler, und den konnte man ihnen nicht verzeihen – sie waren Dampflokomotiven!

Sigi Liechti
Geboren: 17. März 1950 im Zeichen des Fisches
Zivilstand: verheiratet
Weitere Hobbys und Leidenschaften: Früher betrieb er Leichtathletik und tauchte; geblieben ist das Interesse an antiken Kulturen sowie an der Industriearchäologie.

Sie stellen für den hier porträtierten SBB-Lokführer den Höhepunkt der herkömmlichen Dampflokomotivtechnik dar; zudem möchte er auf ihnen mitgefahren sowie am Regler gestanden sein: die gewaltigen «Niagara»-Maschinen der New York Central (oben).

Falls der Nachbau einer historischen Schweizer Lokomotive zur Diskussion stünde, würde Sigi Liechti dieses Fahrzeug empfehlen: die schnelle Ea 3/6 der Bern–Neuenburg-Bahn, Nr. 31 oder 32 (unten).

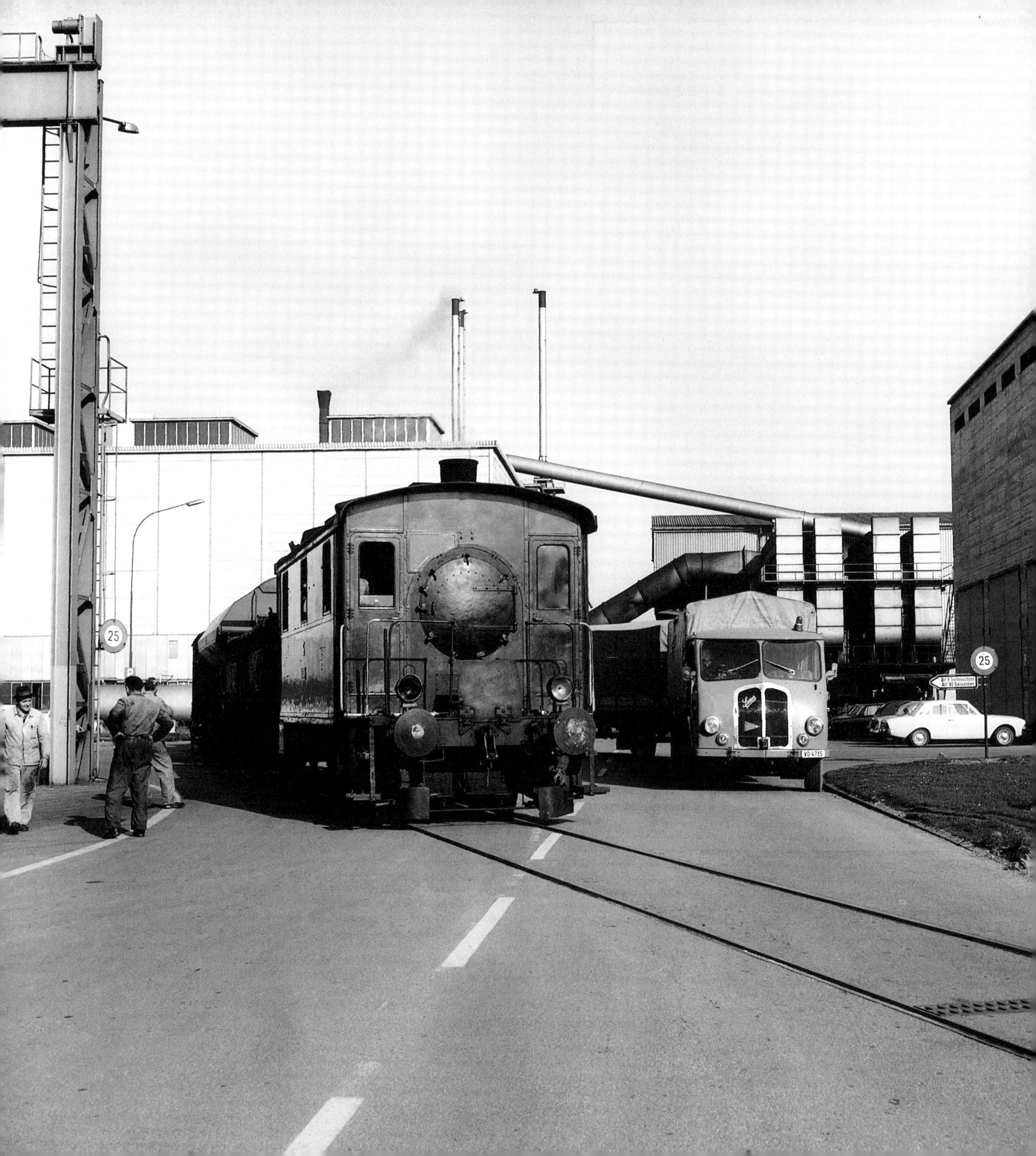
25
25
VD 4715

Ec 3/3 5 – DIE SPARSAME MOTORLOKOMOTIVE

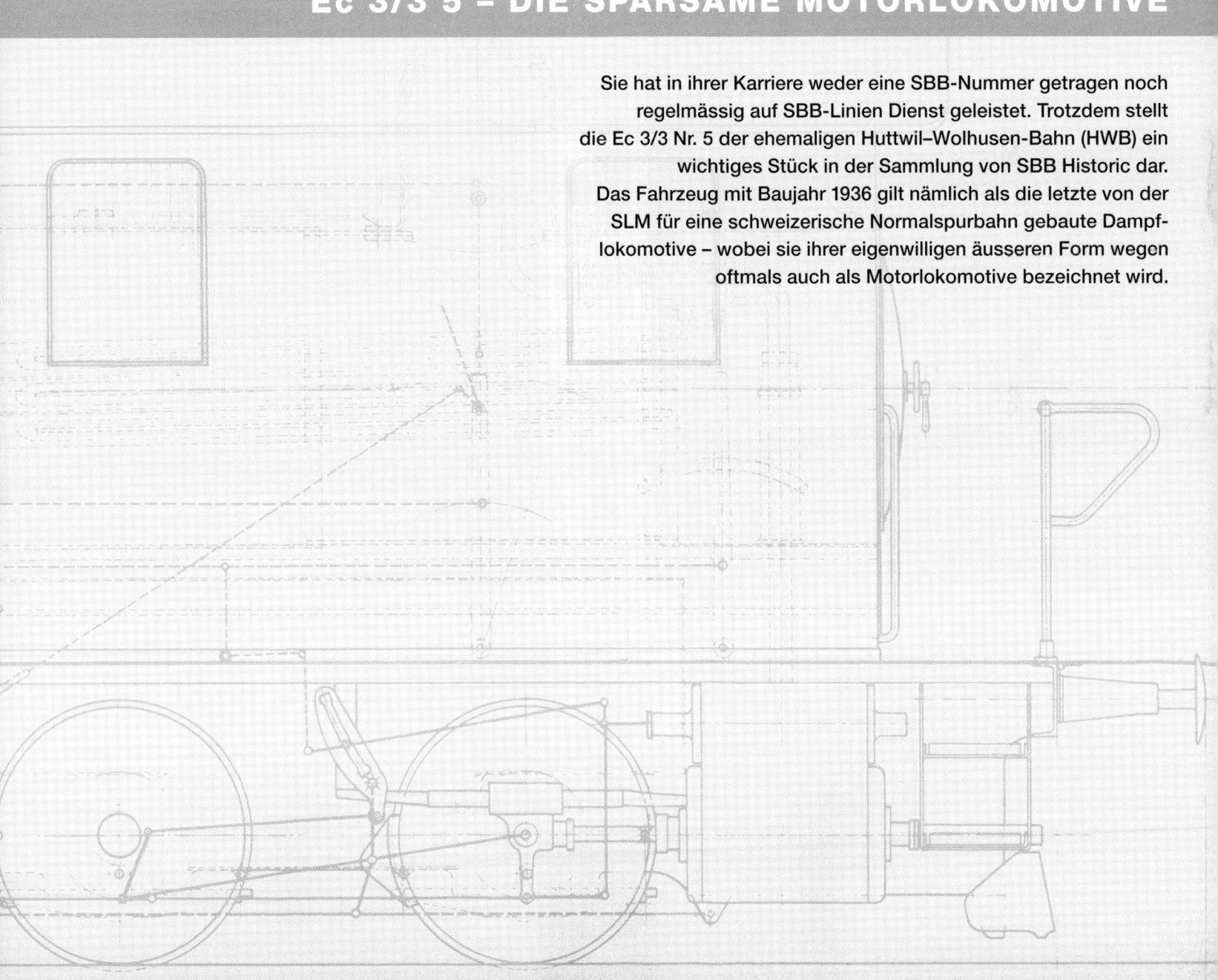

Sie hat in ihrer Karriere weder eine SBB-Nummer getragen noch regelmässig auf SBB-Linien Dienst geleistet. Trotzdem stellt die Ec 3/3 Nr. 5 der ehemaligen Huttwil–Wolhusen-Bahn (HWB) ein wichtiges Stück in der Sammlung von SBB Historic dar. Das Fahrzeug mit Baujahr 1936 gilt nämlich als die letzte von der SLM für eine schweizerische Normalspurbahn gebaute Dampflokomotive – wobei sie ihrer eigenwilligen äusseren Form wegen oftmals auch als Motorlokomotive bezeichnet wird.

Seite 42: Einen grossen Teil ihres aktiven Lebens verbrachte die Ec 3/3 5 der Huttwil–Wolhusen-Bahn nicht auf ihrer ursprünglichen Heimstrecke, sondern als Werklokomotive bei der Firma Sulzer in Oberwinterthur. Mittlerweile weiss man, dass dieser Einsatz entscheidend zum Überleben der Motorlokomotive beigetragen hat. Als am 3. März 1966 im Werksgelände Oberwinterthur dieses Bild aufgenommen wurde, stand das Schicksal der Maschine allerdings noch in den Sternen.

Die Ec 3/3 5 der Huttwil–Wolhusen-Bahn (HWB) hatte zwei kleine und etwas ältere Schwestern, die Motorlokomotiven Ed 2/2 1 und 2 der Langenthal–Huttwil-Bahn (LHB). Während die HWB-Maschine dank glücklicher Umstände erhalten blieb, sind beide LHB-Lokomotiven den Weg alles Irdischen gegangen. Herbert Stemmler lichtete die Ed 2/2 1 am 25. August 1965 noch kurz vor ihrem Ende bei der Sursee–Triengen-Bahn ab (oben).

Von Bähnchen und Bahnen

Der Schweiz haftet der Ruf an, dass ihr Eisenbahnnetz als Erstes nahezu vollständig elektrifiziert worden ist. Als Gründe dafür werden in «Lokomotiven und Triebwagen im Verkehrshaus der Schweiz» genannt: « ... das Fehlen eigener, in genügender Menge vorhandener natürlicher Kohle und Erdölvorräte, aber auch die Verfügbarkeit von Wasserkräften zur Erzeugung elektrischer Energie. Zudem versprach die konsequente elektrische Traktion grosse betriebliche und wirtschaftliche Vorteile, die sich besonders auf den vielen steigungsreichen Strecken bemerkbar machen sollten. Der Kohlenmangel gegen Ende und kurz nach dem Ersten Weltkrieg sowie die steigenden Kohlenpreise in den Zwanziger- und Dreissigerjahren führten zu einer beschleunigten Elektrifikation, so dass bereits 1939 rund 93 Prozent der Transportleistungen unserer Bahnen mit elektrischer Traktion erbracht wurden.» Das sukzessive Vordringen der Elektrolokomotiven und -triebwagen fand dabei sowohl bei den SBB als auch bei den Privatbahnen statt.

Nicht alle Regionen konnten allerdings gleichermassen am Fortschritt teilhaben. Letzterem stand nämlich oftmals die missliche finanzielle Lage der örtlichen Bahnunternehmen entgegen. Im Raum Huttwil waren davon gleich vier Gesellschaften mit ihren normalspurigen Linien betroffen, und zwar die Langenthal–Huttwil-Bahn (LHB), die Huttwil–Wolhusen-Bahn (HWB), die Ramsei–Sumiswald–Huttwil-Bahn (RSHB) und die Huttwil–Eriswil-Bahn (HEB). Nachdem bereits 1927 die HEB in der LHB aufgegangen war, fand 1944 die grosse Fusion zur allumfassenden VHB (Vereinigte Huttwil-Bahnen) statt. Unverzüglich wurde nun die Elektrifikation des Netzes an die Hand genommen. Bis zum Abschluss dieser Arbeiten hatte allerdings noch die Dampftraktion das Sagen.

Sparen, sparen, sparen

Die vier Bähnchen und Bahnen rund um Huttwil waren nie auf Rosen gebettet, führten sie doch mehrheitlich durch mässig besiedeltes Gebiet mit einem ziemlich beschränkten Verkehrsaufkommen. Sparen gehörte deshalb zum Alltag und zwang die Bahngesellschaften, sich über kostengünstige Betriebsformen Gedanken zu machen. Als Folge dieser Überlegungen wurden deshalb zwischen 1912 und 1915 vier einmännig zu bedienende Dampftriebwagen des Typs CZm 1/3 respektive CFZm 1/3 beschafft. Als Vorbild diente eine erstmals 1910 an die Privatbahn Régional Saignelégier–Glovelier gelieferte Konstruktion, als Lieferant kam die Schweizerische Lokomotiv- und Maschinenfabrik (SLM) in Winterthur zum Zuge. Einer der Huttwiler Dampftriebwagen stand übrigens ab November 1932 während sechs Monaten bei den SBB im Versuchseinsatz. Seine Übernahme scheiterte dann aber an der zu geringen Höchstgeschwindigkeit von 45 Stundenkilometern. Zwei der vier Dampftriebwagen erwiesen sich nach 20-jährigem Betriebseinsatz als massiv abgewirtschaftet, weshalb sie 1931 respektive 1932 ausrangiert und in kombinierte Personen-/Gepäckwagen umgebaut wurden; 1945 und 1946 ereilte die zwei übrig gebliebenen Exemplare dann das gleiche Schicksal.

Als Ersatz für die zwei zuerst ausgemusterten Dampftriebwagen orderte die LHB Anfang der Dreissigerjahre zwei zweiachsige so genannte Motorlokomotiven. Die als Ed 2/2 bezeichneten und 1931 von der SLM gebauten Maschinen erwiesen sich als wesentlich leistungsfähiger und deutlich robuster als die vier alten Dampftriebwagen. Als «Muster» dienten die drei in den Jahren 1910, 1911 und 1917 nach deutschen Vorbildern entstandenen Motorlokomotiven der Sensetalbahn, Bauart «Glaskasten». Sie alle besassen einen Kastenaufbau, welcher den Kessel teilweise (Sensetalbahn) oder vollständig (LHB) umfasste. Seitlich des Kessels befand sich auf beiden Seiten ein Durchgang, von denen einer als Führerstand ausgebildet war. Wie zuvor bereits die Dampftriebwagen konnten auch die LHB-Motorlokomotiven einmännig bedient und gefahren werden. Die Maschinchen galten zudem als sparsam und rassig. Auf einer Steigung von 23 Prozent konnte eine Anhängelast von 75 Tonnen mit 25 Stundenkilometern befördert werden. Das Arbeiten im Führerstand galt hingegen als sehr anstrengend. Nach der Elektrifikation der Huttwiler Bahnen gelangte eine Ed 2/2 zur Papierfabrik Landquart, wo sie als Werklokomotive Dienst leistete und 1962 abgebrochen wurde. Die andere Motorlokomotive wurde vorerst an die Firma Brown Boveri & Cie. (BBC) vermietet, gelangte anschliessend zur Sursee–Triengen-Bahn, von wo aus sie 1965 den Weg zum Schrotthändler antreten musste. Somit hat weder von den vier Dampftriebwagen noch von den zwei Ed 2/2 ein Exemplar überlebt.

Ec 3/3 5 – die grosse Motorlokomotive

Weil sich die zwei kleinen Motorlokomotiven der LHB bestens bewährten, hingegen eine 1930 von der Bern–Neuenburg-Bahn übernommene Eb 3/4 kaum zu überzeugen vermochte, entschloss sich die HWB dazu, auch eine Motorlokomotive zu erwerben – allerdings nicht mit zwei, sondern mit drei Triebachsen. Entsprechend dem Achsdruck von 13,5 Tonnen stieg das Dienstgewicht auf 40,5 Tonnen. Zudem wurden die Heizfläche und der Dampfdruck erhöht sowie die ganze Maschine entsprechend stärker gebaut. Als Baujahr gilt 1936.

Aufbau und Ausrüstung der als Ec 3/3 5 bezeichneten HWB-Maschine entsprach weitgehend den bereits erwähnten zweizylindrigen und mit einem Überhitzer ausgerüsteten Ed 2/2 der LHB. Die Ec 3/3 5 war deshalb ebenfalls mit einem den Kessel umfassenden Kasten versehen, die Führerstände befanden sich vorne und hinten im rechten Seitengang. Über die Gründe, welche zu dieser Form führten, wurde oft schon spekuliert, so in «Lokomotiven und Triebwagen im Verkehrshaus der Schweiz»: «Diese so genannten Motorlokomotiven fielen besonders durch ihr Erscheinungsbild auf, das, vielleicht als Reverenz an die elektrische Traktion verstanden, vielmehr an eine Diesellokomotive oder eine Elektrolokomotive ohne Dachstromabnehmer erinnerte als an eine konventionelle Dampflokomotive.»

Damals wie heute vertraut sich der Zirkus Knie dem Transportmittel Eisenbahn an. Das war schon am 5. Juli 1938 so, als der Knie-Extrazug bei Gondiswil einen Fotohalt einlegte. Während als Zuglokomotive die Ec 3/3 5 eingeteilt ist und die Ed 3/4 12 Vorspann leistet, steht die Ed 3/4 16 am Zugschluss als Schiebelokomotive im Einsatz.

Längere Zeit weilte die äusserlich aufgefrischte, aber nicht mehr betriebstüchtige Ec 3/3 5 als Gast im Verkehrshaus der Schweiz in Luzern. Erst im Hinblick auf das Jubiläum «150 Jahre Schweizer Bahnen» wurde die Maschine wieder betriebstüchtig aufgearbeitet und kehrte 1997 aktiv auf die Schienen zurück.

Rechte Seite: Hier, im seitlichen Führerstand der HWB-Motorlokomotive, bleibt nicht allzu viel Platz für den Lokomotivführer und Heizer in Personalunion. Zudem wird berichtet, dass es im Sommer gut und gerne um die 60 Grad warm werden kann. Entstanden ist das Bild am 3. März 1966, zu jener Zeit also, in der die Ec 3/3 5 bei der Firma Sulzer in Oberwinterthur als Werklokomotive im Einsatz stand.

Der mit einem Überhitzer ausgerüstete Dampfkessel verfügte über eine halbautomatische, nach dem Schwerkraftprinzip funktionierende Feuerung. Letztere ermöglichte es dem ohne Heizer fahrenden Lokomotivführer, mit wenigen Handgriffen das Feuer mit Kohle zu beschicken. Dazu öffnete er den über der Feuerbüchse sitzenden trichterartigen Kohlebehälter und liess das schwarze Brenngut dosiert auf den Kipprost fallen. Nötigenfalls konnte er die Kohlen – es handelte sich meistens um in Eiform gepresste Eierkohlen – mit Schaufel oder Haken noch besser verteilen. Die Nachspeisung des Kesselwassers erfolgte in der Regel durch eine selbsttätig arbeitende Kolbenpumpe mit Vorwärmer – zumindest von dieser Tätigkeit war der sonst viel beschäftigte Lokomotivführer also befreit. Der Behälter mit Frischwasser befand sich zwischen den seitlichen Rahmenblechen und fasste rund 3,5 Kubikmeter. Um einen leichteren Kurvenlauf zu ermöglichen, wiesen die Räder der mittleren Achse um 5 Millimeter geschwächte Spurkränze auf. Weil die Motorlokomotive in der Regel nicht gewendet wurde und somit rückwärts genauso oft wie vorwärts im Einsatz stand, erhielt sie vorne und hinten eine Sandstreuvorrichtung.

Gemäss Vorschrift mussten die einmännig bedienten Motorlokomotiven auch während der Fahrt vom Zug aus erreichbar sein. Sie verfügten deshalb beidseitig über eine Plattform samt Geländer und abklappbarem Übergangsblech. Die ursprünglichen Petrollampen machten 1941 einer elektrischen Beleuchtung Platz.

Auf einer Steigung von 23 Promille durfte der Ec 3/3 5 eine Anhängelast von 220 Tonnen zugemutet werden. Durchschnittlich benötigte die Maschine 9 Kilogramm Kohle je Kilometer – also lediglich 2 Kilogramm mehr als die nur rund halb so leistungsfähigen Ed 2/2.

Von der HWB zur Stiftung SBB Historic

Nachdem das zur VHB fusionierte Netz der Huttwiler Bahnen elektrifiziert worden war, konnte ab Mitte 1946 auf die mit Kohle und Wasser betriebenen Triebfahrzeuge verzichtet werden. 1947 wurde deshalb die erst elfjährige Ec 3/3 5 an die Firma Sulzer, Winterthur, verkauft, wo sie noch bis um 1970 im Werksareal und auf den Anschlussgleisen im Einsatz stand. Schlussendlich lief aber auch hier die Zeit für den interessanten Einzelgänger ab, und es gab kein Gnadenbrot mehr zu verdienen.

Dann, im September 1972, wurde die Maschine fürs «Dampflokifest» in Degersheim aufgeboten, angeheizt und auf die Reise geschickt. Ein Siederohrbruch bereitete ihrem aktiven Leben dann jedoch ein jähes Ende, worauf sie abgestellt, 1977 ausrangiert, aber nicht abgebrochen wurde. Später nahm sich die Werkstätte Oberburg der Emmental–Burgdorf–Thun-Bahn (EBT) des Patienten an und versetzte die Ec 3/3 5 weitgehend in den Ursprungszustand zurück. Auf die Reparatur des Dampfkessels wurde dabei allerdings verzichtet, genauso wie auf die funktionstüchtige Instandsetzung der Führerstandsarmaturen. Ab 1982 fand die äusserlich

E 3/3, Ed 3/3 oder Ec 3/3?

Gemäss aktuellen Unterlagen ist die Ec 3/3 Nr. 5 für 60 Stundenkilometer zugelassen, und zwar in beiden Fahrtrichtungen. Abweichend davon bezeichnet Alfred Moser die Lokomotive als E 3/3, die Höchstgeschwindigkeit wird mit 45 Stundenkilometern angegeben. Letzteres liesse auch die Bezeichnung Ed 3/3 zu – eine Bezeichnung, welche im 1997 erschienenen Taschenbuch-Festführer «150 Jahre Schweizer Bahnen» denn auch tatsächlich verwendet wurde.

Mehr verwirrend denn klärend ist zudem die Tatsache, dass laut Moser die sehr ähnlich gebauten, allerdings lediglich zweiachsigen Lokomotiven für 55 Stundenkilometer zugelassen waren. In der Fachliteratur werden sie entweder als E 2/2 (Moser) oder als Ed 2/2 («Die Vereinigten Huttwil-Bahnen» von Otto Schuppli) bezeichnet. Letzterer bezeichnet die dreiachsige HWB-Lokomotive hingegen klar als Ec 3/3. So wird die Lokomotive übrigens auch in den durch das Verkehrshaus der Schweiz herausgegebenen Publikationen genannt.

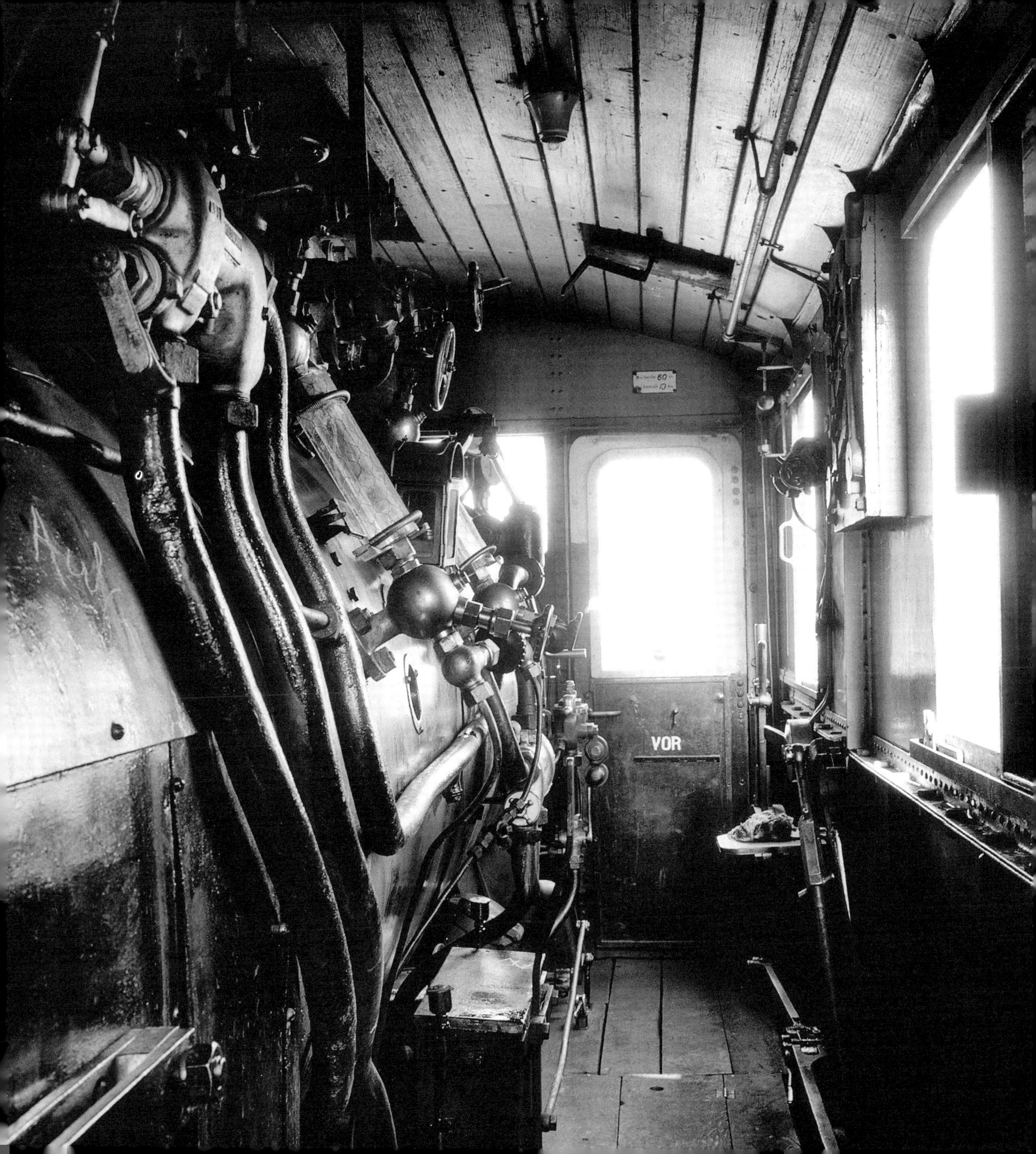
VOR

Im Sommer 1997 dampfte die Ec 3/3 5 mit passenden Wagen zwischen Küssnacht am Rigi und dem temporär erstellten Verkehrshaus-Bahnhof (Würzenbach) hin und her. Bei Merlischachen verläuft die Strecke dabei teilweise nahe am Ufer des Vierwaldstättersees (links).

Lokomotivtreffen in Küssnacht am Rigi: Der HWB Ec 3/3 5 leistet die österreichische «Licaon» Gesellschaft. Letztere, benannt nach dem Arkadierkönig Lykaon der griechischen Sagenwelt, entstand 1851 in Wien als Schlepptendermaschine und wurde 1872 zur Rangierlok umgebaut (Achsfolge 1B); 21. August 1997 (rechts).

wieder perfekt aussehende Motorlokomotive in Luzern, im Verkehrshaus der Schweiz, einen Ehrenplatz und eine dauerhafte Bleibe – so meinte man zumindest damals.

1996 kündigte sich das Fest «150 Jahre Schweizer Bahnen» an. Im Rahmen der umfassenden Vorbereitungen wurde dabei unter anderem die Frage gestellt, ob es möglich wäre, die VHB-Motorlokomotive dem statischen Museumsdasein zu entreissen und ihr wieder Leben einzuhauchen. Dafür sprachen gleich mehrere Gründe:
– Die Ec 3/3 5 rundet, zusammen mit dem ebenfalls betriebsfähigen Dampftriebwagen der Uerikon–Bauma-Bahn, diversen konventionellen Tenderlokomotiven sowie mehreren Personen-, Gepäck- und Güterwagen das Thema «Fahrzeuge für normalspurige Nebenbahnen» zu einem harmonischen Ganzen ab.
– Die Ec 3/3 5 vertritt einen zwar nie in grossen Stückzahlen gebauten, eisenbahngeschichtlich aber hochinteressanten Fahrzeugtyp: die kostensparende Einmann-Dampflokomotive für Nebenstrecken.
– Die Ec 3/3 5 stellt die letzte noch existierende Motorlokomotive der Schweiz dar.
– Die Ec 3/3 5 wird selbst von Laien als optisch aussergewöhnliche Dampflokomotive wahrgenommen.
– Der Ec 3/3 5 fällt mit Baujahr 1936 und der SLM-Fabriknummer 3610 die Ehre zu, als letzte von der SLM für eine schweizerische Normalspurbahn gebaute Dampflokomotive zu gelten.

Gute Gründe reichen allerdings nicht aus, um einer lädierten Dampflokomotive wieder Leben einzuhauchen. Dazu ist neben viel Fachwissen auch eine gehörige Portion handwerkliches Können gefragt – sowie ein Geldgeber. Weil jedoch die SBB und die fürs Jubiläum gewonnenen Sponsoren finanziell bereits mehr als «ausgebucht» waren, drohte die Revitalisierung der HWB-Motorlokomotive zu scheitern. Als Retter in der Not sprang daraufhin ein privater Eisenbahnfreund in die Bresche und ermöglichte mit einem namhaften Betrag die betriebsfähige Herrichtung des einzigartigen Fahrzeugs. Auf des Geldgebers Grosszügigkeit weist heute lediglich eine gravierte Metalltafel hin – diskret im Innern des Fahrzeugs angebracht, genauso wie es der engagierte, aber zurückhaltende Spender gewünscht hat.

Nachdem die Modalitäten zwischen dem Verkehrshaus, den fürs Jubiläum federführenden SBB, dem Sponsor und der Eurovapor-Sektion Emmental geregelt waren, nahmen sich fachkundige Dampflokomotivfreunde unverzüglich der Maschine an. Nach vollendeter Arbeit durfte die Ec 3/3 5 dann aktiv am vielfältigen Programm des Jubiläumsjahres 1997 teilnehmen, unter anderem an der gleichermassen denkwürdigen wie gigantischen Triebfahrzeugparade im Lausanner Rangierbahnhof Denges-Préveranges sowie an den öffentlichen Pendelfahrten zwischen der Station Würzenbach (direkt neben dem Verkehrshaus) und dem Bahnhof Küssnacht am Rigi. Anschliessend wurde die Motorlokomotive in Huttwil stationiert und konnte gelegentlich auf den ihr altbekannten Linien angetroffen werden. Mittlerweile hat sie ihr Stammnetz wieder verlassen und legt in Erstfeld Zeugnis davon ab, dass Dampflokomotiven auch anders als sonst üblich aussehen können.

Rechtlich gesehen gehört die Ec 3/3 5 der Stiftung SBB Historic – wo sie das jüngste Dampfross des Fahrzeugparkes darstellt.

Ec 3/3 5: Technische Daten

Länge über Puffer: 9120 mm
Höhe über Kamin: 4100 mm
Dienst- und Adhäsionsgewicht: 40,5 t
Triebraddurchmesser: 1030 mm
Höchstgeschwindigkeit vorwärts: 60 km/h
Höchstgeschwindigkeit rückwärts: 60 km/h
Bauart: Heissdampf, Zwilling
Leistung: 600 PS/440 kW
Baujahr: 1936
Hersteller: SLM, Winterthur
Fabriknummer: 3610

Das «Huttwiler-Föifi», wie die HWB-Motorlokomotive Ec 3/3 5 von den Eisenbahnfreunden auch genannt wird, überquert mit einem Besucher-Extrazug südlich von Erstfeld die Reuss. Die fahrdrahtlose Strecke führt zu einer Baustelle des Gotthard-Basistunnels und wird im Normalfall nur von Güterzügen und Diesellokomotiven befahren; 30. August 2003 (oben).

Am «Dampflokfest Sumiswald» macht die HWB Ec 3/3 5 eine gute Figur, stand die anno 1936 erbaute Maschine doch am Anfang ihrer Karriere hier in der Gegend im Alltagseinsatz. Bereits 1945/46, als alle Linien elektrifiziert wurden, war damit aber Schluss; Bahnhof Sumiswald, 13. August 2000 (unten).

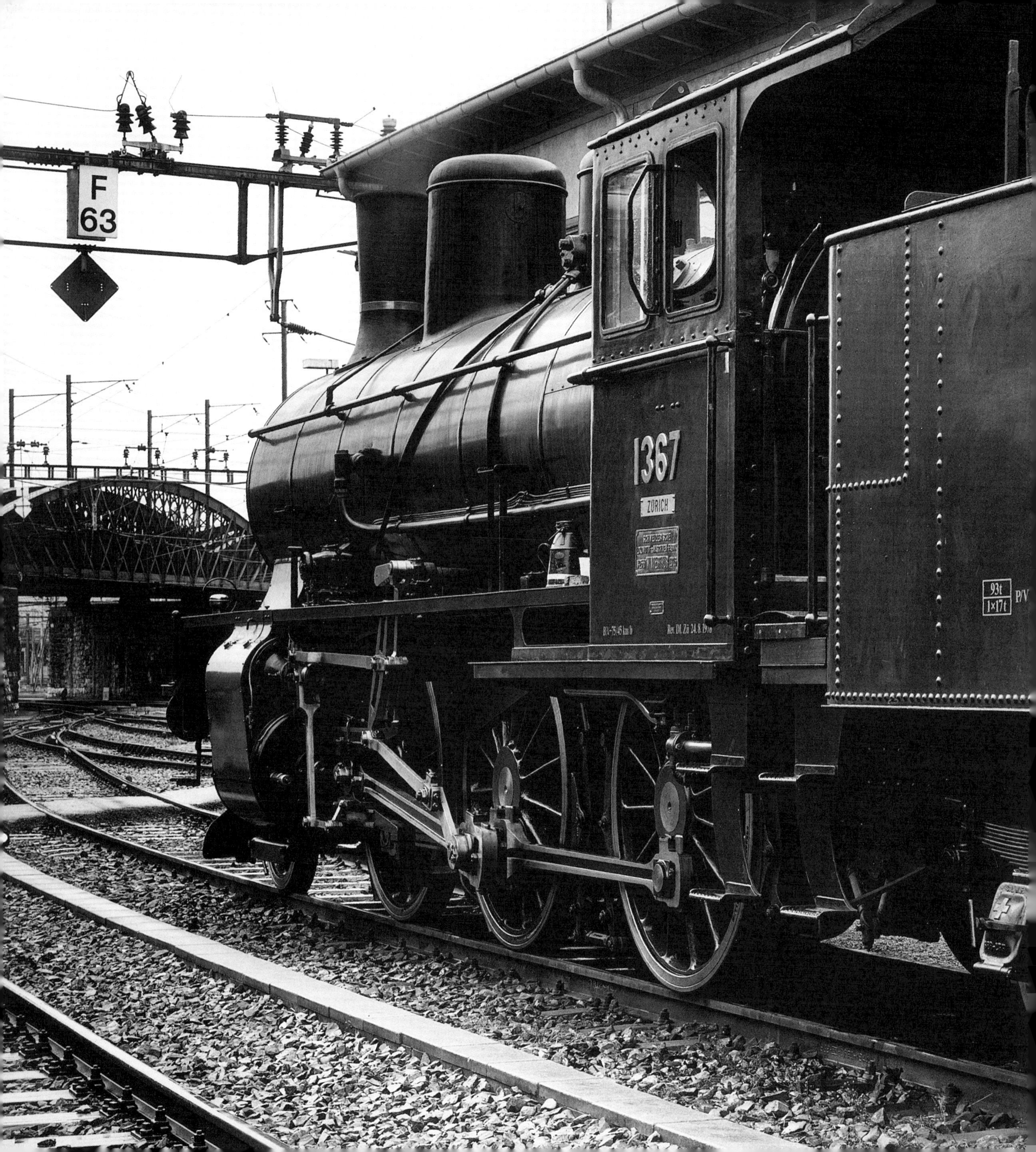
F
63
1367
ZÜRICH
93t
1×17t
P/V

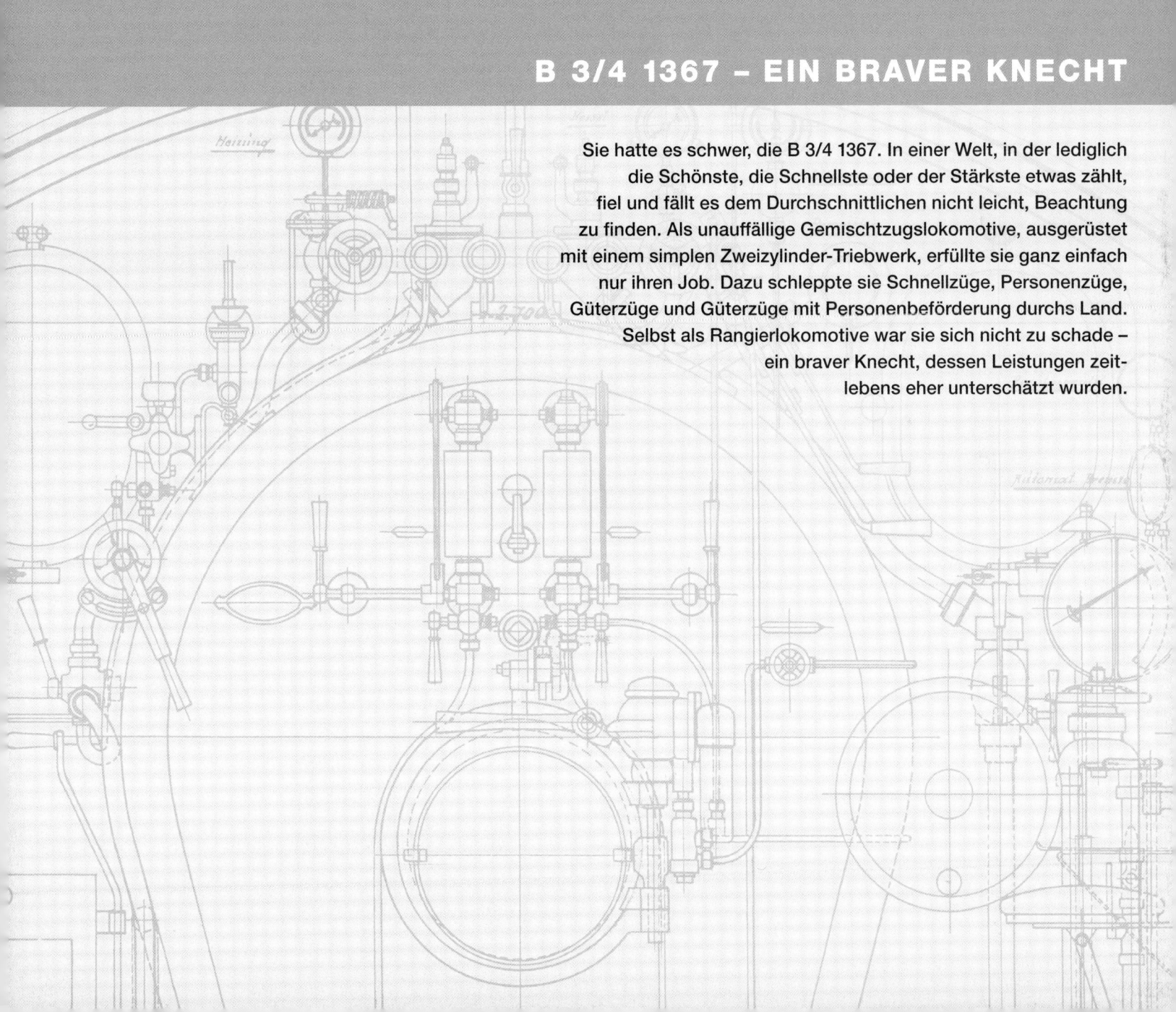

B 3/4 1367 – EIN BRAVER KNECHT

Sie hatte es schwer, die B 3/4 1367. In einer Welt, in der lediglich die Schönste, die Schnellste oder der Stärkste etwas zählt, fiel und fällt es dem Durchschnittlichen nicht leicht, Beachtung zu finden. Als unauffällige Gemischtzugslokomotive, ausgerüstet mit einem simplen Zweizylinder-Triebwerk, erfüllte sie ganz einfach nur ihren Job. Dazu schleppte sie Schnellzüge, Personenzüge, Güterzüge und Güterzüge mit Personenbeförderung durchs Land. Selbst als Rangierlokomotive war sie sich nicht zu schade – ein braver Knecht, dessen Leistungen zeitlebens eher unterschätzt wurden.

Seite 50: Am 4. April 1997 führte noch eine Fachwerkbrücke über die Gleise des Vorbahnhofs Zürich und bildete zusammen mit der im Depot F wartenden B 3/4 1367 ein harmonisches Ganzes. Geblieben sind die Lokomotive und ihr Depot, die altehrwürdige Brücke hingegen hat einer modernen Betonkonstruktion Platz gemacht.

Sie gehören zur Vorgeschichte der anno 1916 entstandenen B 3/4 1367: Die oben links abgebildete Maschine stammt aus einer von 1896 bis 1902 gebauten Serie der Privatbahn Jura–Simplon, die von den SBB sogar noch bis 1907 nachbeschafft wurde. Alle wiesen ein Dreizylinder-Verbundtriebwerk auf. Die oben rechts zu sehende Lokomotive ist Teil einer von 1892 bis 1896 gebauten Serie der Schweizerischen Centralbahn. Zur Anwendung kam ein einfaches Zweizylinder-Triebwerk.

Die B 3/4 1367 und ihre Vorgeschichte

Die ersten zwei Dampflokomotiven der Spanisch-Brötli-Bahn wiesen die Achsfolge 2'A, die nachfolgenden zwei Exemplare bereits die Achsfolge 2'B auf. Die Maschinen mit zwei gekuppelten Triebachsen zeigten sich als recht brauchbar und genügten fürs Erste einmal. Aber auch die später von diversen Bahnen beschafften Lokomotiven mit den Achsfolgen B, 1B und 1'B bewährten sich, zumindest was den Reisezugsbetrieb im Flach- und im Mittelland anbelangte.

Als die Reisezüge immer schwerer wurden, stiessen Lokomotiven mit zwei Triebachsen jedoch schnell an ihre physischen Grenzen. Oftmals waren sie sogar massiv überfordert. Als Abhilfe boten sich die folgenden Lösungsmöglichkeiten an: Entweder spannten die Bahnverwaltungen zwei ältere Lokomotiven vor ihre Wagenschlange, oder sie beschafften neue und zugkräftigere Triebfahrzeuge. Weil auf Dauer die unwirtschaftliche Doppeltraktion nicht der Weisheit letzter Schluss sein konnte, lag es nahe, Lokomotiven mit drei Triebachsen zu bestellen. Naturgemäss wurde dabei anfänglich eher auf die simple Achsfolge C, also auf den Typ «Bourbonnais», gesetzt. Diese Bauart bewährte sich denn auch hervorragend, und zwar sowohl vor Reise- als auch vor Güterzügen. Selbst auf Gebirgsstrecken, wie zum Beispiel der Gotthardbahn, waren sie anfänglich häufig anzutreffen.

Als die Reisezüge immer noch schwerer wurden und die Flach- und Mittellandstrecken höhere Geschwindigkeiten erlaubten, stiess aber auch der Bourbonnais-Typ an seine Grenzen. Wollten die Bahnen das Traktionsproblem zufriedenstellend lösen, kamen sie um die Beschaffung eines neuen Lokomotivtyps nicht mehr herum. Vier Triebachsen waren zwar noch nicht unbedingt erforderlich, etwas höhere Achslasten sowie eine führende und bewegliche Laufachse hingegen schon – die Achsfolge 1'C also.

Privatbahn-Vorfahren

Ab 1885, also noch weit vor der 1902 einsetzenden Verstaatlichung, begannen die damaligen Privatbahnen, Lokomotiven mit der Achsfolge 1'C in Betrieb zu nehmen – sowohl als Tender- als auch als Schlepptendermaschinen.

Eine besonders gut gelungene Variante stellten dabei die von der Jura–Simplon-Bahn (JS) ab 1896 beschafften Schlepptenderlokomotiven B 3/4 301 bis 363 sowie 371 bis 375 dar. Diese Nassdampfmaschinen verfügten über ein dreizylindriges Verbundtriebwerk, wobei der innenliegende Hochdruckzylinder auf die erste, die beiden äusseren Niederdruckzylinder hingegen auf die zweite Triebachse arbeiteten. Ihrer Höchstgeschwindigkeit von 75 Stundenkilometern und ihrer relativ grossen Zugkraft wegen eigneten sich die Lokomotiven sowohl für Einsätze im Flach- und im Mittelland als auch auf Bergstrecken. Alfred Moser bezeichnet die Lokomotiven unter anderem als Mixed-Maschinen, deutsche Publikationen verwenden den Begriff «Gemischtzug-Schlepptenderlokomotive». Bis zum Auftauchen der A 3/5 wurden die JS-B-3/4 sogar im Schnellzugsdienst verwendet. Das schwere Triebwerk setzte diesem Vorhaben allerdings einen beträchtlichen Eigenwiderstand entgegen – zumindest bei Geschwindigkeiten über 60 Stundenkilometern.

Alfred Moser und die B 3/4

Alfred Moser, der berühmte Lokomotivführer, Dampflokomotivhistoriker und Buchautor, fasste die Qualitäten und Schwächen der B 3/4 1301 bis 1369 folgendermassen zusammen: «Diese Maschine stellte den Mustertyp einer Gemischtzuglokomotive für alle Verhältnisse dar; mit ihrer grossen Leistung gab sie das mit diesem Typ Erreichbare aus und übertraf die Dreizylindermaschine an Einfachheit, Zugkraft, Beweglichkeit und Wirtschaftlichkeit, an letzterer besonders auch im Unterhalt. Dagegen war ihr Lauf unter Dampf, den im System liegenden Ursachen gemäss, ein harter und stossender, was zu vermehrten Lagererneuerungen führte.»

Ein mit der B 3/4 1361 bespannter Reisezug, eventuell sogar ein (Militär-)Extrazug, legt am 4. November 1940 im Bahnhof Romont einen Halt ein. Neben dem Lokomotiv- und Zugspersonal der SBB sind vor allem Armeeangehörige auszumachen. Beinahe schon dramatisch wirkt aus heutiger Sicht der Soldat mit aufgesetztem Stahlhelm (oben).

Blick in den «Stangengarten» der SBB-Hauptwerkstätte Bellinzona – der Ausdruck «Stangengarten» stammt von den meistens recht zahlreich dort abgestellten Lokomotiven mit Stangenantrieb: Neben mehreren Be 4/6 wartet am 8. Mai 1957 auch der Krokodil-Prototyp Ce 6/8 I 14201 (vorne links) auf eine notwendige Reparatur oder Revision. Nicht mehr zum Leben erweckt wird die B 3/4 1348, steht doch der bereits seit zwei Jahren ausrangierten Maschine nur noch der Abbruch bevor (unten).

B 3/4 in Frankreich

Kaum bekannt war bis anhin, dass einige wenige B 3/4 gegen Ende des Zweiten Weltkrieges sogar auf französischem Boden zum Einsatz kamen: Gemäss einem noch vorhandenen Schriftstück war am 21. und 31. August 1944 je ein Zug über die am südlichen Ufer des Genfersees gelegene Bahnstrecke Le Bouveret–St-Gingolph–Evian-les-Bains zu führen. Mit Rücksicht auf die Steigungen von bis zu 15 Promille und auf die vermutlich eingeschränkten Rangiermöglichkeiten im Bahnhof Evian bespannten die SBB die Kompositionen sowohl vorne als auch hinten mit je einer B 3/4. Dabei wurde festgelegt, dass beide Schlepptender in Richtung des Zuges blicken mussten. Ebenfalls vorgeschrieben wurde, dass die Spitzenlokomotive des ersten Zuges einen Güterwagen des Typs M6 vor sich her zu schieben habe. Dies aus zwei Gründen: Einerseits «... pour un sondage sommaire de l'état de la voie et des aiguilles ...» (... zur Überprüfung des Zustandes des Gleises und der Weichen ...), andererseits «... aucun train n'avait circulé sur le tronçon St. Gingolph–Evian depuis le mois de juin 1944, et la région n'était pas sûre» (... weil auf dem Abschnitt St-Gingolph–Evian seit Juni 1944 kein Zug mehr gefahren ist und die Gegend nicht sicher ist). Letzteres könnte damit zu tun gehabt haben, dass die erwähnten Züge verwundete Deutsche zur Internierung in die Schweiz brachten und damit gerechnet werden musste, dass die französische Widerstandsbewegung das zu verhindern suchte – dies muss im Zusammenhang mit dem Verbrechen von St-Gingolph gesehen werden: Als Racheakt für von der Résistance getötete deutsche Soldaten richteten SS-Truppen im französischen Teil des Grenzstädtchens unter der Zivilbevölkerung ein bis heute nicht vergessenes Massaker an.

Nichtsdestotrotz muss die JS diese Lokomotiven geschätzt haben, nahm sie doch von 1896 bis Ende 1902 immerhin 68 derartige Maschinen in Betrieb. Aber auch die jungen SBB wussten diesen Lokomotivtyp zu schätzen und beschafften in den Jahren 1902 bis 1907 weitere 79 Einheiten. Mit insgesamt 147 Exemplaren, den Nummern 1601 bis 1747, stellte diese Bauart schlussendlich die grösste Dampflokomotivserie der SBB dar. Abgesehen von der erstgelieferten Lokomotive, welche noch mit einem zweiachsigen Tender gekuppelt war, wurden alle übrigen Maschinen mit einem dreiachsigen Schlepptender abgeliefert. Dabei kam bis zur Nr. 1690 der JS-, ab Nr. 1691 der SBB-Typ mit 16 Kubikmeter Wasserinhalt zur Anwendung.

Die zügige Elektrifizierung der SBB-Hauptstrecken brachte die B 3/4 der JS schon recht früh um Brot und Arbeit, weshalb bereits im Jahre 1923 die Ausrangierungen einsetzten. Die letzten fünf Maschinen wurden 1945 in die Niederlande verkauft, wo sie noch bis 1948/49 im Einsatz standen. Anschliessend wurden auch sie allesamt verschrottet.

Zuerst zwei SBB-Prototypen

Eigentlich waren die SBB mit den dreizylindrigen Nassdampf-B 3/4 der JS-Bauart recht zufrieden. Ungeachtet dessen machte sich das Bahnunternehmen Gedanken, wie eine einfacher gebaute Lokomotive der gleichen Achsfolge aussehen könnte. 1905 beschaffte man deshalb zwei Versuchslokomotiven mit einem simplen Zweizylinder-Triebwerk, das jedoch mit Heissdampf betrieben wurde – die B 3/4 1301 und 1302. Unverändert von der JS-Bauart übernommen wurden Achsstand, Raddurchmesser, Kesselabmessung und Gesamtgewicht sowie Zylinderdurchmesser und Kolbenhub des Aussentriebwerks. Die radial einstellbare Laufachse war von der Bauart Adams, das Gewicht des wegfallenden Innentriebwerks wurde in etwa durch dasjenige des Überhitzers kompensiert. Der B-3/4-Typ der 1300er-Serie gilt übrigens als erste Heissdampflokomotiv-Bauart der Schweiz, welche bereits ab Fabrik einen Schmidt'schen Rauchrohrüberhitzer erhielt. Die daraus resultierende höhere Dampftemperatur bedingte auch die erstmalige Anwendung von Kolbenschiebern anstelle der bisher sonst üblichen Flachschieber.

1'C-, 3/4-, 2-6-0- oder «Mogul»-Lokomotiven

Hierzulande werden Lokomotiven mit der Achsfolge 1'C durch die Bruchzahl 3/4 definiert. In England hingegen hat sich für ein 1'C-Triebfahrzeug die Bezeichnung «2-6-0» durchgesetzt, während in Amerika der Begriff «Mogul» geläufig ist. Gemäss dem 1924 erschienenen Buch «Die Dampflokomotive in entwicklungsgeschichtlicher Darstellung ihres Gesamtaufbaus» von J. Jahn nahm als erste Bahngesellschaft der Welt die amerikanische New Jersey Railroad derartige Mogul-Maschinen in Betrieb – anno 1857.

B 3/4 der SBB-Bauart

Die SBB müssen mit den zwei Prototypen zufrieden gewesen sein, denn bereits zwei Jahre später setzte die Serienlieferung ein. Zwischen 1907 und 1916 wurden insgesamt 67 derartige Lokomotiven gebaut, und zwar die B 3/4 1303 bis 1369. Von den zwei Versuchslokomotiven unterschieden sie sich hauptsächlich im Fahrwerksbereich, wurde doch die Laufachse zusammen mit der ersten Kuppelachse in ein Helmholtz-Winterthur-Gestell zusammengefasst. Damit konnte die Laufachse je 50 Millimeter seitlich auslenken, die Triebachse je 20 Millimeter.

Die zwei im Jahre 1905 entstandenen B-3/4-Lokomotiven haben offenbar dermassen überzeugt, dass sie auch Einfluss auf die Bestellung anderer Lokomotiv-Bauarten hatten. So entschlossen sich die SBB dazu, die zwischen 1904 und 1906 gebauten Vierzylinder-Verbundmaschinen C 4/5 2701 bis 2732 nicht mehr weiter zu beschaffen, sondern zukünftig auch hier auf das simple Zweizylinder-Triebwerk zu setzen. Die zwischen 1907 und 1912 entstandenen C 4/5 2601 bis 2619 sind deshalb als einfache Zweizylinderlokomotiven ausgeliefert worden.

Alle 69 B 3/4 waren mit einem dreiachsigen Tender gekuppelt, ab der Nr. 1350 kam der Normaltender der C 4/5 2601 bis 2619 sowie der C 5/6

Eine B 3/4 nähert sich von Altdorf her kommend dem Eisenbahnerdorf Erstfeld. So sieht normalerweise das Blickfeld des Lokomotivführers aus, ist doch der Platz rechts hinter dem Kessel dem Mann am Regulator und am Steuerungshandrad vorbehalten. Im Hintergrund, über dem Dampf- und Sanddom, leuchtet die schneebedeckte Kleine Windgälle, ganz rechts ist das hauptsächlich vom Rangierdienst benützte Auszugsgleis erkennbar.

4. Januar 1956: Drei Jahre vor ihrer Ausrangierung begegnet die B 3/4 1346 im Bahnhof Killwangen-Spreitenbach einem entgegenkommenden Leichtschnellzug. Als Zugpferd ist eine der damals erst rund fünfjährigen Re 4/4 vorgespannt.

zur Anwendung, allerdings mit lediglich 16 Kubikmeter Wasserinhalt beziehungsweise einem Fassungsvermögen von 6 Tonnen Kohle.

Die Elektrifizierung – der Anfang vom Ende

Wie schon die A 3/5 bekamen auch die B 3/4 1301 bis 1369 die zügige Elektrifizierung des SBB-Streckennetzes sehr direkt zu spüren. Demzufolge konnten die SBB bereits im Jahre 1934 auf die ersten Exemplare dieser Lokomotivbauart verzichten und rangierten sie aus.

Weil die SBB während und nach dem Zweiten Weltkrieg laufend Strecken elektrifizierten, nahm der Bedarf an betriebstüchtigen B 3/4 immer mehr ab.

Einen Höhepunkt in der Geschichte der B 3/4 stellte bis 1947 jeweils der im August stattfindende Pferdemarkt von Saignelégier dar. Weil die privaten Chemins de fer du Jura (CJ) den zusätzlichen Verkehr nicht mit eigenen Lokomotiven bewältigen konnten, stellten die SBB jeweils mehre B 3/4 zur Verfügung. Dabei kamen auf der steigungsreichen CJ-Nebenlinie bis zu drei Maschinen an einem einzigen Reisezug zum Einsatz: zwei an der Spitze, die dritte am Schluss als Schiebelokomotive! Nachdem jedoch im Frühling 1948 der Umbau der Strecke Glovelier–Saignelégier von Normal- auf Schmalspur samt deren Elektrifizierung einsetzte, fand dieses Dampfspektakel ein jähes Ende. Zwar ist der Grossanlass geblieben, Extrazüge, für deren Bergfahrt drei B 3/4 benötigt werden, sind jedoch aus den jurassischen Freibergen verschwunden – Tempi passati!

1955 standen lediglich neun der einstmals 69 Maschinen noch im Dienst. Ende 1959 war ihre Zahl sogar auf drei geschrumpft. 1960 «erwischte» es die Nr. 1329, ein Jahr später war die Nr. 1312 an der Reihe. Als letztes Exemplar blieb somit die Lokomotive 1367 übrig.

B 3/4 1367

Bereits vor ihrer Ausserdienststellung war vorausschauend bestimmt worden, dass die B 3/4 1367 nicht abgebrochen werden, sondern erhalten bleiben sollte. Vorsorglich wurde sie deshalb von 1964 bis 1977 in Vallorbe remisiert. 1977 setzte dann ihre Wiederinbetriebnahme ein. Dazu wurde die Lokomotive nach Zürich überführt und in der dortigen Depotinspektion fachkundig aufgearbeitet. Seither kann die B 3/4 1367 aktiv genutzt werden, zwischendurch erhielt sie aber auch Gastrecht im Verkehrshaus der Schweiz in Luzern. Anfang 1998 weilte die Maschine für längere Zeit wieder im Depot Zürich, wo neue Rauch- und Siederohre eingebaut wurden.

Seit 2002 gehört die B 3/4 1367 zum Bestand der Stiftung SBB Historic. Als historisches Triebfahrzeug stellt sie, geschichtlich, technisch und betrieblich gesehen, eine Art Verbindungsglied zwischen der schnellen A 3/5 705 und der elefantenstarken C 5/6 2978 dar – genau wie damals, als alle drei Lokomotivtypen noch tagtäglich bei den SBB im Einsatz standen und munter über unsere Gleise rauchten und dampften.

B 3/4 1367: Technische Daten

Länge über Puffer: 16 275 mm
Höhe über Kamin: 4265 mm
Dienstgewicht mit Tender: 94 t
Adhäsionsgewicht: 45 t
Triebraddurchmesser: 1520 mm
Höchstgeschwindigkeit vorwärts: 75 km/h
Höchstgeschwindigkeit rückwärts: 40 km/h
Bauart: Heissdampf, Zwilling
Leistung: 990 PS/730 kW
Baujahr: 1916
Hersteller: SLM, Winterthur
Fabriknummer: 2557

Die Strecke von Eglisau nach Stein-Säckingen gehört eher zu den unbedeutenden SBB-Linien und führt deshalb ein ziemliches Schattendasein. Taucht dann jedoch «alle paar Schaltjahre» ein von der B 3/4 1367 geführter Schnellzug auf, stellt das ein ziemlich aussergewöhnliches Ereignis dar; bei Zweidlen, 29. Mai 1999 (oben).

Als am 3. September 1981 das Jubiläum «100 Jahre Gotthardbahn» zu feiern war, nahmen unter anderem auch die B 3/4 1367 und die Ce 6/8 III 14305 daran teil. Im damals noch nicht modernisierten Bahnhof Erstfeld geben sich die beiden Veteranen mit Baujahr 1925 (Krokodil) und 1916 (Dampflokomotive) ein Stelldichein (unten).

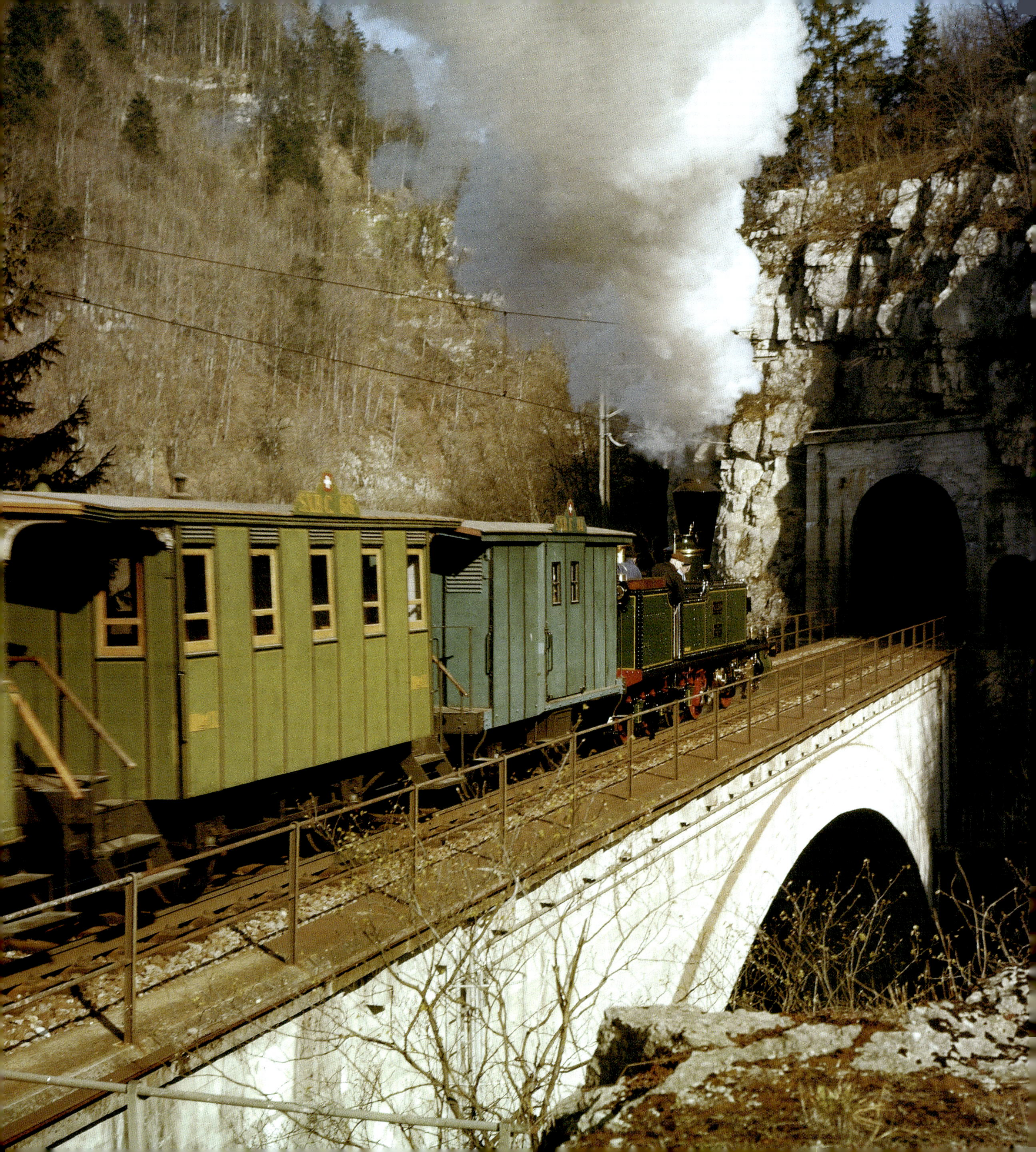

Ec 2/5 28 «GENF» –
DER METHUSALEM VON SBB HISTORIC

Methusalem: Nach dem Wörterbuch handelt es sich dabei um einen sehr alten Mann. Im übertragenen Sinn trifft diese Definition auch auf die anno 1858 gebaute Dampflokomotive Ec 2/5 Nr. 28 «Genf» zu. Zudem gilt die Maschine als letzter schweizerischer Vertreter der so genannten Stütztenderlokomotiven – ein Porträt des ältesten Original-Triebfahrzeugs von SBB Historic und der Schweiz.

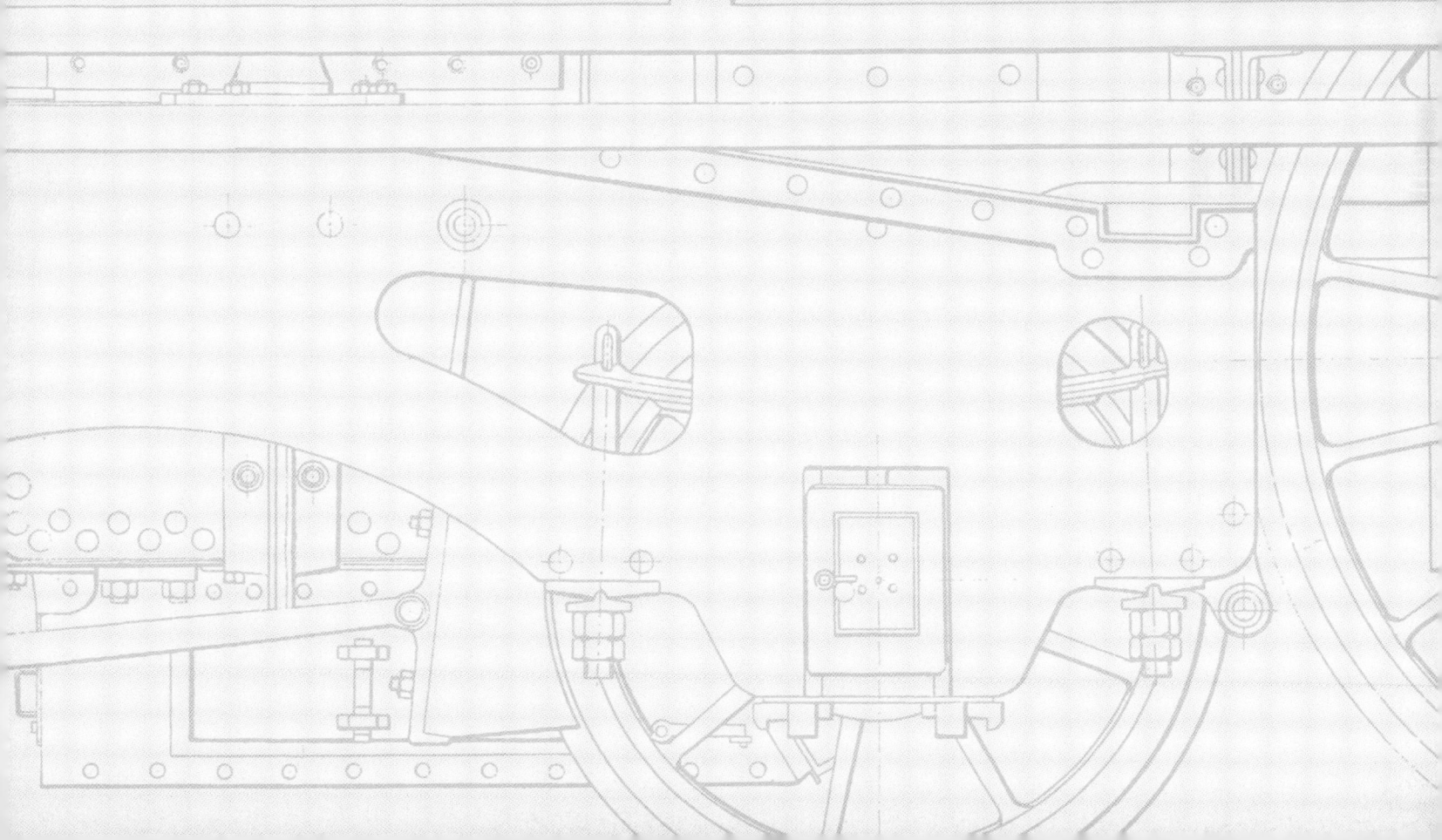

Seite 58: Die im alten Glanz erstrahlende Ec 2/5 28 «Genf» dampft oberhalb von Biel in Richtung Sonceboz-Sombeval. Entstanden ist die Aufnahme zwischen der Kreuzungsstation Mahlenwald und der Haltestelle Frinvillier-Taubenloch; Frühling 1958.

Typenbild der Ec 2/5 4 «Olten»: Obwohl die «Olten» anlässlich der Verstaatlichung im Jahre 1902 noch die SBB-Nummer 6998 erhielt und sich bis 1905 halten konnte, hat nicht sie, sondern die bereits 1898 ausrangierte Schwesterlokomotive «Genf» überlebt. Das Bild dokumentiert übrigens die im Laufe der Zeit an den Maschinen vorgenommenen wichtigsten Änderungen: Montage von Puffern und Schraubenkupplungen, geänderte Kaminform, Anbringen einer Luftpumpe samt den dazugehörigen Einrichtungen für die Druckluftbremse sowie Aufbau eines einfachen Führerhauses (oben).

Die Semmeringbahn macht den Anfang

Auch wenn die 1882 eröffnete Gotthardbahn Kultstatus geniesst, den Titel «erste Gebirgsbahn Europas» darf sie keinesfalls für sich in Anspruch nehmen. Viel eher trifft dieses Prädikat auf die Semmeringbahn zu, welche anno 1854 den Betrieb aufnahm und Wien mit Graz verbindet. Noch älter ist die bereits 1850 fertig gestellte Geislinger Steige zwischen Stuttgart und Ulm; sie gilt jedoch lediglich als kurze Steilrampe und nicht als Gebirgsbahn.

Zurück zur Semmeringbahn, die seit dem 2. Dezember 1998 als Unesco-Weltkulturerbe gilt: Weil die von Carl Ritter von Ghega erbaute Linie sowohl Steigungen von bis zu 25 Promille als auch Radien von lediglich 189 Metern aufweist (in einem Fall sogar 175 Meter), waren die Lokomotivkonstrukteure aufs Äusserste gefordert – damals wie heute. Mitte des 19. Jahrhunderts löste Wilhelm Freiherr von Engerth (1814–1884) das Traktionsproblem mit einer speziellen Konstruktion, der Stütztenderlokomotive. Der Fairness halber muss allerdings gesagt werden, dass Wilhelm Engerth dazu auf bereits bekannte Ideen zurückgriff. Sein Verdienst ist, dass er diese Ideen zu einem Ganzen vereinigte. Herbert Dietrich bringt das in seiner Arbeit «Die Engerth-Lokomotiven – Ursprung und Wandlung einer Idee» auf den Punkt: «Dabei kann er [Engerth] nur bedingt als Erfinder angesehen werden, eher als Ideenbringer. [...] Solche Symbiosen waren in der Geschichte der Technik und insbesondere der Eisenbahn nichts Ungewöhnliches, wie man [heute] weiss.»

Die ersten Engerth-Stütztenderlokomotiven

Doch zurück zu den von Cockerill und der Maschinenfabrik Esslingen für die Semmeringbahn gebauten Maschinen: Bei diesen als Engerth-Stütztenderlokomotiven in die Geschichte eingegangenen Konstruktionen stützte sich der weit nach hinten reichende Lokomotivrahmen auf den beweglich mit ihm verbundenen (Stütz-)Tender ab. Zudem stellte eine Zahnradkonstruktion die Verbindung zwischen der hintersten Lokomotivtriebachse und der vordersten Tenderachse her. Letztere wiederum war über Kuppelstangen mit der hinteren Achse des Stütztenders verbunden. Beide Fahrzeughälften wiesen somit ausschliesslich Triebachsen auf: die Lokomotive deren drei, der Stütztender deren zwei. Weil die Zahnradübertragung jedoch in keiner Art und Weise zu befriedigen vermochte, wurde bereits ab der fünften Semmeringlokomotive darauf verzichtet – unter Einbusse von Zugkraft natürlich. Dergestalt vereinfacht stand den Stütztenderlokomotiven von Engerth dann aber eine passable bis bemerkenswerte Zukunft bevor – auch in der Schweiz. Dazu beigetragen hat mit Bestimmtheit der Lokomotiv- und Eisenbahnpionier Niklaus Riggenbach, nahm er doch Ende 1853 oder Anfang 1854 als Beobachter der Schweizerischen Centralbahn (SCB) an der Inbetriebsetzung der ersten Engerth-Lokomotiven am Semmering teil. Zudem verbanden ihn berufliche und freundschaftliche Bande mit Emil Kessler, der damals die Maschinenfabrik Esslingen leitete. Kennen und schätzen gelernt hatten sie sich jedoch bereits im Jahr 1840 in Karlsruhe, in der Maschinenfabrik Emil Kessler.

Engerth-Stütztenderlokomotiven auch in der Schweiz

Nach den Erfolgen am Semmering beschafften zahlreiche Bahnunternehmungen Engerth-Stütztenderlokomotiven, so auch mehrere schweizerische Gesellschaften. Insgesamt wurden hierzulande 108 derartige Maschinen in Betrieb genommen. Weil zwei anno 1881 ausrangierte, aber nicht abgebrochene Lokomotiven der VSB (Vereinigte Schweizerbahnen) im Jahr 1895 unter Verwendung der Rahmen, der Tenderuntergestelle und von Reservestücken neu aufgebaut und wieder in Betrieb genommen wurden, ist in der Literatur teilweise auch von 110 Einheiten die Rede.

Die meisten Engerth-Stütztenderlokomotiven, immerhin 60 Einheiten, standen bei der Schweizerischen Centralbahn (SCB) im Einsatz. Sie verteilten sich auf die folgenden Bauarten (der Einfachheit halber verwenden wir die ab 1902 geläufige Bezeichnung):

– 26 Personenzugslokomotiven des Typs Ec 2/5, erbaut in den Jahren 1854 bis 1858, 400 PS, 60 Stundenkilometer (vorwärts),
– 17 Schnellzugslokomotiven des Typs Eb 2/4, erbaut 1857 bis 1872, 350 PS, 75 Stundenkilometer (vorwärts),
– 17 Güterzugs- und Vorspannlokomotiven des Typs Ed 3/5, erbaut 1858 und 1859, 370 PS, 45 Stundenkilometer (vorwärts).

57 der insgesamt 60 Lokomotiven entstanden in Esslingen, drei in der SCB-Hauptwerkstätte Olten.

Bis 1859 wurde bei der SCB mit Holz geheizt, danach mit Steinkohle. Als Folge davon machte bis 1864 der voluminöse und konische Kamin einer schlanken und zylindrischen Bauart Platz. Gemäss Geschäftsbericht soll er sich günstig auf den Brennmaterialverbrauch ausgewirkt haben.

Ein weiter Umbau betraf den Wechsel der Zug- und Stossvorrichtungen: Das ursprüngliche simple System mit Öse, Stecknagel und Kuppelstück wurde gemäss Beschluss der SCB-Verwaltung im Jahre 1861 aufgegeben, und zwar zugunsten des so genannten «elastischen englischen Kupplungssystems mit Schraubenkupplungen und Federpuffern». Dessen allgemeine Einführung zog sich dann aber bis ins Jahr 1873 hin.

Weitere Änderungen betrafen unter anderem das Anbringen eines einfachen Führerhauses mit Dach, die Montage von Seitentüren beim Führerstand, der mehrheitliche Einbau neuer Kessel, das Ausrüsten der Ed 3/5 mit einer Gegendruckbremse, die sukzessive Ein-

Paul Winter, hier am Regler der bergwärts schnaufenden Ec 2/5 5 «Genf», haben alle Eisenbahnfreunde sowie die Stiftung SBB Historic viel zu verdanken. Der weisshaarige Mann sorgte nämlich mit einigen gleichgesinnten SBB-Mitarbeitern beizeiten dafür, dass heute eine sehenswerte Sammlung von Originalfahrzeugen existiert. Dazu zog Paul Winter jeweils dezent – oder auch kräftig, je nach Situation – an den richtigen Fäden im Unternehmen SBB; Buckten, 26. August 1978.

Ehre, wem Ehre gebührt: Auch Eugène Fontanellaz soll erwähnt werden, wenn es um die Rettung von historischem Rollmaterial geht. Selbst wenn der 1946 verfügte Abbruch der Stütztender-Dampflokomotive «Speiser» heute kaum mehr nachvollziehbar ist – letztendlich kann dieser Entscheid nicht nur Fontanellaz angelastet werden. Am 27. April 1958 jedenfalls liess es sich der gleichermassen beharrliche wie unbequeme Mann nicht nehmen, zeitweise selbst am Regler der über den Hauenstein dampfenden Ec 2/5 28 zu stehen (oben).

Rechte Seite: Als am 15. Mai 1955 die «Genf» auf einem Strassenrollschemel durch das Städtchen Yverdon gezogen wurde, richteten sich alle Blicke auf die bereits 97-jährige Dampflokomotive. Heute würde vermutlich auch die damals hochmoderne Strassenzugmaschine aus dem Hause FBW gleichermassen bestaunt.

führung der Druckluftbremse, der Einbau von Geschwindigkeitsmessern und, mit Ausnahme der Güterzugslokomotiven Ed 3/5, das Montieren der Einrichtungen für die Dampfheizung. Zudem tauschte man ab 1864 die über Exzenter angetriebenen Speisepumpen gegen Injektoren aus. Nun konnte das Nachspeisen des Kesselwassers auch im Stillstand erfolgen – bis dahin mussten die Lokomotiven zum Nachspeisen bewegt werden.

Ec 2/5 28 «Genf» – keine ist so alt wie sie!

Wie bereits erwähnt, gilt die aus dem Jahr 1858 stammende Ec 2/5 28 «Genf» als das älteste Original-Triebfahrzeug von SBB Historic, aber auch der Schweiz. Diese Stellung verdankt die Ec 2/5 28 dem fatalen Umstand, dass die anno 1857 gebaute Engerth-Stütztenderlokomotive Eb 2/4 15 «Speiser» bis Anfang 1946 überlebte, dann aber für den Nachbau der Spanisch-Brötli-Bahn geopfert wurde.

Doch zurück zur Ec 2/5 28 «Genf», der anno 1858 von der damals renommierten und weit herum bekannten Maschinenfabrik Emil Kessler in Esslingen (Württemberg) gebauten Stütztenderlokomotive. Während die beiden Triebachsen in einem Innenrahmen gelagert sind, weist der dreiachsige Tender einen Aussenrahmen auf. Die zweizylindrige Maschine verfügt über eine Steuerung der Bauart Stephenson. Sowohl die Spindelhandbremse als auch die um 1890 eingebaute automatische Westinghouse-Bremse wirkten über hölzerne (!) Bremsklötze auf die hinteren beiden Achsen des Stütztenders.

Zum Einsatz kam die «Genf» sowohl im Mittelland als auch auf der bis zu 26 Promille steilen SCB-Strecke Olten–Läufelfingen–Sissach, am oberen Hauenstein also. Laut Geschäftsbericht haben die Ec 2/5 auf den Rampenstrecken jedoch erhebliche Schwierigkeiten bereitet, und ihr Betrieb sei nur mit «der Verwendung der geschickteren Lokomotivführer» durchführbar gewesen – genau das hatte Niklaus Riggenbach vorausgesagt und deshalb vehement empfohlen, für die Bergstrecke dreifach gekuppelte Lokomotiven zu beschaffen. Die SCB wusste denn auch die 17 in den Jahren 1858 und 1859 gebauten Ed 3/5 sehr zu schätzen. Als die Ed 3/5 am Berg das Zepter übernahmen, konnten die Ec 2/5 wieder ins Mittel- und Flachland zurückkehren. Am Hauenstein wurden sie nur noch für leichtere Züge und als Vorspannlokomotiven genutzt. Grundsätzlich zeigte sich aber, dass sowohl die Ec 2/5 als auch die Ed 3/5 ein gemeinsames Handicap aufwiesen: Sie trugen die Wasservorräte auf der Lokomotive und nicht auf dem Stütztender mit. Weil bei anstrengender Bergfahrt der Wasserverbrauch jedoch gross war, sank das Adhäsionsgewicht der hart arbeitenden Lokomotiven derart schnell, dass sie je länger, je mehr zum Schleudern neigten. Oft musste daher zum unwirtschaftlichen Vorspanndienst gegriffen werden.

Ursprünglich waren die Ec 2/5 für 60 Stundenkilometer zugelassen (Vorwärtsfahrt), 1902 reduzierten die SBB diesen Wert für die wenigen damals noch existierenden Lokomotiven auf 55 Stundenkilometer. Beim Rückwärtsfahren lag der erlaubte Maximalwert bei 25 Stundenkilometern.

1898 ausrangiert

Weil die Ec 2/5 28 bereits 1898, also noch vor der 1902 erfolgten Verstaatlichung der SCB, ausrangiert wurde, trug sie nie eine SBB-Nummer. Trotzdem ist die Lokomotive bis auf den heutigen Tag erhalten geblieben. Dies ist primär dem Umstand zu verdanken, dass sie nach ihrer Ausrangierung ein neues Wirkungsfeld fand: Fortan diente die einstmals stolze «Genf» in der SCB- respektive der späteren SBB-Hauptwerkstätte Olten als Dampferzeuger – und verwahrloste zusehends. Irgendwann erbarmte man sich ihrer und überstellte sie ins Depot St-Maurice. Dort wartete sie, zusammen mit der «Speiser», auf bessere Zeiten.

Dann, 1947, an der Mustermesse in Basel, anschliessend am Jubiläum «100 Jahre Schweizer Bahnen», glänzte der

Salon
CAPITOLE
a fête à Henriette
ECUSSON
VAUDOIS
P-7026
7026

Fast wie in alten Zeiten: Völlig ungeschützt vor Wind, Schnee und Regen unterzieht das Personal der SBB-Hauptwerkstätte Biel die «Genf» einer (Probe-)Fahrt; 16. Februar 1990 (oben).

Rechte Seite: Nach rund 60-jährigem Unterbruch kommt die Ec 2/5 28 «Genf» endlich wieder zum Einsatz – und hat Durst, der am Wasserkran gelöscht wird. Entstanden ist das Bild im April des Jahres 1958, der Ort der Aufnahme wurde hingegen nicht überliefert. Die Szenerie links im Hintergrund spricht allerdings für das Depot Delémont.

Veteran beinahe wieder im Ursprungszustand des Jahres 1858: mit demontiertem Führerhaus also, befreit von beinahe allen später angebrachten «Zutaten»; allerdings mit weiterhin schlankem Kamin und in nicht betriebstüchtigem Zustand. Seither kündet die «Genf» von einer Zeit, in der Lokomotiven weder Federpuffer noch Schraubenkupplungen besassen, kein Führerhaus dem Personal Schutz vor Wind und Wetter bot sowie Züge mit einer durchgehenden Luftbremse ziemlich unvorstellbar schienen. Geschweige denn, dass die damaligen Lokomotiven einen Teil ihres Dampfes für das Heizen von Personenwagen zur Verfügung gestellt hätten. Nach gelungenem Fest überführten die SBB am 11. Oktober 1947 das Schmuckstück am Schluss eines Güterzuges nach Erstfeld. Nun wurde es wieder ruhig um die «Genf» – der Mohr hatte seine Schuldigkeit getan.

Von neuem in der Öffentlichkeit aufgetreten ist die Ec 2/5 28 am 15. Mai 1955. Anlass war das Bahnjubiläum «100 Jahre Yverdon–Bussigny». Dazu wurde die altehrwürdige Lokomotive auf einem Strassenrollschemel durch das schmucke Bäderstädtchen Yverdon gezogen – das Dampfross dampfte also (noch) nicht. Bilder von diesem Anlass belegen zudem, dass die «Genf» weiterhin einen zylindrischen und somit unpassend modernen Kamin trug.

Dann, am 27. April 1958, galt es das Jubiläum «100 Jahre obere Hauensteinlinie» zu feiern – keine Lokomotive eignete sich besser dazu als die ebenfalls 100-jährige «Genf». Vorgängig musste allerdings umfassend Hand an die Maschine gelegt werden, sollte doch die wieder auferstandene «Genf» nicht nur

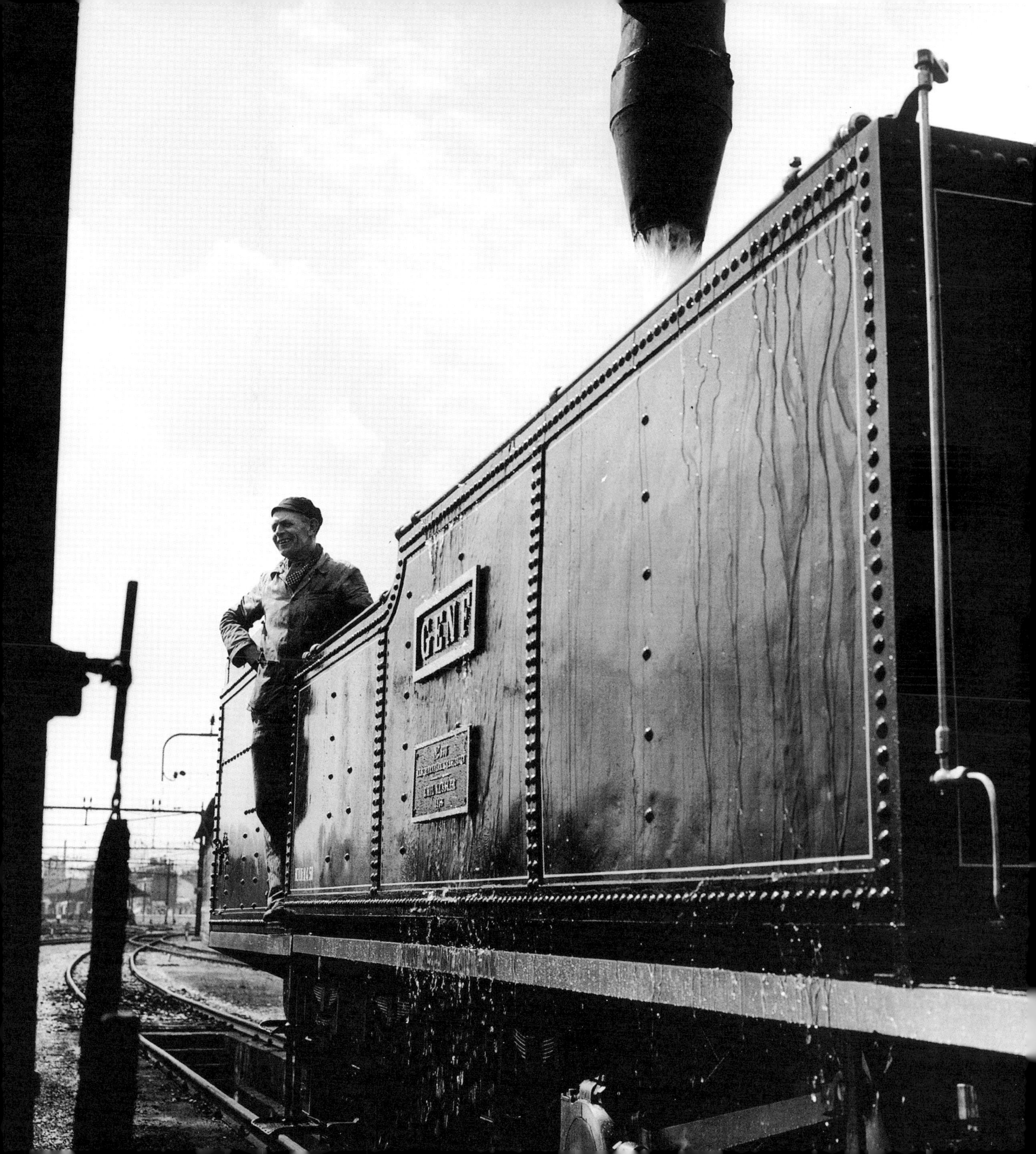
GENF

Als am 27. April 1958 das Jubiläum «100 Jahre obere Hauensteinlinie» gefeiert wurde, stand die ebenfalls hundertjährige Ec 2/5 28 «Genf» völlig im Mittelpunkt des Geschehens – das mit 65 Lenzen direkt noch junge Mallet-Dampfross Ed 2x2/2 196 hielt sich als Schiebelokomotive im Hintergrund; entstanden ist das Bild im Bahnhof Läufelfingen.

rollfähig, sondern auch betriebsfähig sein. Die anspruchsvolle Aufgabe, aus einer jahrzehntelang nicht mehr im Einsatz gestandenen Lokomotive wieder ein aktives Dampfross zu machen, fiel schlussendlich der SBB-Hauptwerkstätte (HW) Biel zu – Biel galt damals als *die* Anlaufstelle für zu reparierende und zu revidierende Dampflokomotiven.

Mit von der Partie am oberen Hauenstein war aber auch die ebenfalls revidierte SCB-Mallet-Lokomotive Ed 2x2/2 196. Während die Ec 2/5 28 an der Spitze des Extrazuges ihre Arbeit verrichtete, leistete die Mallet am Zugschluss Dienst, als Schiebelokomotive also. Einer Laune des Schicksals ist es zuzuschreiben, dass die «Genf» bereits hundert Jahre früher, am 1. Mai 1858, den Eröffnungszug durch den knapp 2,5 Kilometer messenden Hauenstein-tunnel führen durfte. Letzterer galt damals als der längste schweizerische Eisenbahntunnel.

Ein weiteres Mal aktiv zum Einsatz kam die Ec 2/5 28 im folgenden Jahr. Dazu entnehmen wir dem «Eisenbahn-Amateur» 9/1959: «Anlässlich der 100-Jahr-Feier Turgi–Waldshut (erste durchgehende Eisenbahnverbindung Deutschland–Schweiz) verkehrten auf dieser Strecke am 22. und 23. August Jubiläumszüge, bestehend aus der SCB-Lok ‹Genf›, 2 VSB-C, 2 offenen Nordbahn-C, 1 GB-Halbsalonwagen und 1 SCB-C4. Die Fahrzeuge wurden teilweise den Beständen des VHS entnommen.»

Ebenfalls im Jahr 1959 teilten die SBB dem historisch wertvollen Veteranen ein bis anhin unbekanntes «Depot» zu – das neu eröffnete Verkehrshaus der Schweiz (VHS) in Luzern. Seither wurde die älteste erhalten gebliebene Originallokomotive der Schweiz nur wenige Male aus dem Museum geholt und auf grosse Fahrt geschickt, etwa 1978. Freunde der Dampflokomotive mögen das zwar bedauern, mit Rücksicht auf das fortgeschrittene Alter des Fahrzeugs ist diese Massnahme jedoch verständlich. So gaben Risse in den gusseisernen Rädern zu Sorgen Anlass und mussten von einem Fachmann geschweisst werden. Vorsorglich vom legendären Paul Winter Ende der Fünfzigerjahre in Auftrag gegebene Bandagen erwiesen sich mittlerweile ebenfalls als äusserst nützlich. Die «Genf» zeigt sich somit noch ziemlich rüstig. Trotzdem muss pfleglich mir ihr umgegangen werden – ehret und schonet das Alter!

Ec 2/5 28 «Genf»: Technische Daten

Länge über Stossbalken: 9540 mm
Höhe über Kamin: 4280 mm
Dienstgewicht: 47 t
Adhäsionsgewicht: 28 t
Triebraddurchmesser: 1375 mm
Höchstgeschwindigkeit vorwärts: 55 km/h
Höchstgeschwindigkeit rückwärts: 25 km/h
Bauart: Nassdampf, Zwilling
Leistung: 400 PS/295 kW
Baujahr: 1858
Hersteller: Maschinenfabrik
        Esslingen, Esslingen
Fabriknummer: 396

Mächtig und fotogenlegt sich die Ec 2/5 28 «Genf» ins Zeug, als es am 27. August 1978 galt, den zum Jubiläum «120 Jahre obere Hauensteinlinie» verkehrenden Extrazug von Sissach nach Läufelfingen zu schleppen; bei Sissach.

Zwanzig Jahre früher, am 27. April 1958, kämpft sich die «Genf» bei misslichstem Wetter über den Rümlinger Viadukt die Hauenstein-Nordrampe bergwärts. Die schiebende Mallet ist ob des vielen Dampfes kaum zu sehen (unten).

Harald Navé, weltweit tätiger Ingenieur und Eisenbahnfotograf

Frohgemut geniesst Harald Navé seinen (Un-)Ruhestand. Hier wartet er, ausgerüstet mit einer 6-x-7-Mittelformat- und einer Kleinbildkamera, auf einen nostalgischen Gotthard-Extrazug der Stiftung SBB Historic; bei Capolago-Riva S. Vitale, 22. Mai 2004.

Einen Anstoss für diese Publikation stellte ein im Sommer 2003 geführtes Gespräch zwischen Harald Navé und dem Buchautor dar – ein Meinungsaustausch, der sich um die Frage drehte, welche Möglichkeiten sich böten, den 100. Geburtstag der SBB-Schnellzugs-Dampflokomotive A 3/5 705 gebührend zu feiern. Als daraufhin die Idee Gestalt annahm, ein Buch über alle Dampffahrzeuge der Stiftung SBB Historic herauszugeben, lag der Gedanke nahe, die vielseitigen Aktivitäten von Harald Navé den Lesern näher vorzustellen.

Der Weltenbürger mit Jahrgang 1935 und Wohnsitz in der Schweiz gilt als einer der ganz Grossen unter den Eisenbahnfotografen; Schwerpunkt seines globalen Schaffens ist die Dampftraktion. Aber auch die Technik ganz allgemein sowie Land und Leute vermögen ihn immer wieder von neuem zu faszinieren. Wir wollten von Harald Navé speziell wissen, wie sein besonderes Interesse für Lokomotiven aus dem Hause SLM (Schweizerische Lokomotiv- und Maschinenfabrik) entstanden ist:

Mitte des vergangenen Jahrhunderts Eisenbahnfotografie zu betreiben hiess vielerorts, mit Verboten und der Polizei fertig zu werden. Zudem trennten mich Landesgrenzen, unter anderem der Eiserne Vorhang, von interessanten Lokomotiven und Bahnen mit Bezug zur österreichischen Vergangenheit. Meine ersten Auslandsaktivitäten im mittlerweile italienisch gewordenen Südtirol sowie in Jugoslawien waren deshalb weder einfach noch risikolos.

Nachdem ich mein Ingenieurstudium in Wien erfolgreich abgeschlossen hatte, empfand ich das sich dort bietende Umfeld als genügend erkundet. Es zog mich weiter hinaus. Bei Ebbe in der Kasse sowie den damals noch sehr hohen Reisekosten war dieser Wunsch jedoch kein einfaches Vorhaben. Wohin? Das war die grosse Frage. Glücklicherweise half nun der Zufall weiter: Die Wahlvorlesung in Wien über elektrische Bahnen war an den bei Brown Boveri & Cie. (BBC) tätigen und an der ETH in Zürich lehrenden Prof. Dr. Karl Sachs delegiert worden. Seine Ausführungen über die Pionierzeit der elektrischen Traktion sowie über die führenden schweizerischen Lokomotivbauer, allen voran BBC und SLM, dienten als Fingerzeig. Ein Bewerbungsschreiben nach Baden an die BBC brachte mir den Schlüssel zu einem Eisenbahnparadies und öffnete mir in der Folge das Tor zur weiten Welt.

Schweizer Dampfbetrieb – die grosse Überraschung

Ich wagte meinen Augen nicht zu trauen, als ich schon in den ersten Tagen meines Aufenthaltes in Zürich neben dem Backsteinbau des Depots F die A 3/5 778 auf Reservefeuer vor dem Hilfszug entdeckte. Weitere Köstlichkeiten erwarteten mich im so genannten Kohlendreieck. Zudem standen gerade noch die letzten mit Dampf betriebenen SBB-Strecken in Betrieb. Aber dort fuhr leider keine der wunderbaren, für mich bislang unbekannten De Glehns, die mir wie Wesen aus einer anderen Welt vorkamen – gleichaltrige Schnellzugslokomotiven waren aus dem Bestand der mir bis dahin bekannten Bahnen längst verschwunden. Beeindruckende Betriebsaufnahmen dieser ihrer Zeit vorauseilenden edlen Maschine einzufangen war beschlossene Sache.

Aber auch die noch beinahe vollständig vorhandene C-5/6-Serie erweckte mein reges Interesse. Wo sonst konnte man damals noch Vierzylinderverbund-Fünfkuppler im schweren Betrieb sehen? In Österreich waren beispielsweise die zeitgenössischen Gölsdorf-Lokomotiven längst Geschichte.

Alpintechnik im Dienste der Eisenbahnfotografie: Der Fluhtunnel der Brienz–Rothorn-Bahn zwischen Geldried und Planalp bietet mehrere Fotostandpunkte, allerdings in brüchigem oder rutschgefährdetem Gelände. Abseilen und Sicherung der Position waren daher für die Aufnahme der bergwärts dampfenden Zahnradlokomotive H 2/3 Nr. 2 angesagt. Das Umlenkrohr am Kamin der 1891 von der SLM gebauten Maschine ist übrigens aufgeklappt, wodurch der Rauch hauptsächlich nach hinten wegströmt – nur wenige Augenblicke später war der Fotostandpunkt deshalb in dicke, undurchdringliche Schwaden gehüllt; 17. Oktober 1971.

Schon nach wenigen Monaten folgte ein neuer Höhepunkt: Dampffahrt auf der RhB mit der G 4/5, Landwasserviadukt inklusive. Bei dieser Gelegenheit wurde der Grundstein zu einem weiteren Ziel gelegt: die nach Spanien verkauften G 4/5 zu besuchen und den von der SLM exportierten Lokomotiven nachzustellen.

Weiter in die Welt hinaus
Meinem rastlosen Geist war es bei inzwischen daniederliegendem Dampfbetrieb in der Schweiz zu eng geworden. Vor allem seit ich herausgefunden hatte, dass es in Frankreich, bei der SNCF, noch kräftig dampfte. So bewarb ich mich um einen einjährigen Studienaufenthalt bei der Tochtergesellschaft in Le Bourget bei Paris. Von dieser weiter westlich gelegenen Basis aus war es nicht mehr so schwierig, über Spanien bis Portugal und nach Grossbritannien vorzustossen. Neben den vielen fotografischen Leckerbissen, die dort auf dem Menü standen, liessen sich auch die noch fahrenden SLM-Produkte bewundern. An dieser Stelle ist ein Dank an Karl Wyrsch angebracht, der mir Spanien zugänglich machte.

Im Jahr 1966 verliess ich erstmals Europa. Das Hauptziel dieser Reise stellte die Zahnradbahn über das Libanongebirge dar: eine Domäne von SLM-Zahnradlokomotiven.

Mehrere Firmenwechsel dienten dem Ziel, Freizeit zu gewinnen und die Weltläufigkeit zu verbessern. Reisen in Sachen Eisenbahn konnte man noch nicht tellerfertig einkaufen; sie mussten erarbeitet werden. So absolvierte ich erstmals 1969 einen Interkontinentalflug. Eine Ecke des Himalajagebirges sowie die Darjeelingbahn waren meine Ziele.

Das Interesse an fremden Kulturen, Sprachen und Landschaften, der Alpinismus und schliesslich das Pilotieren von Flugzeugen liessen sich harmonisch und nützlich sowohl in die beruflichen als auch in die bahnorientierten Tätigkeiten einbinden. So hätte ich ohne alpinisti-

Heizerschulung bei den SBB am 17. März 1962: Dazu wurde die in Biel beheimatete A 3/5 705 vor den «Stücker» 6948 Olten–Biel gespannt. Das Personal hat Harald Navés Wunsch befolgt und Dampf, gemischt mit dunklem Rauch, produziert. Als Spielverderber entpuppte sich hingegen der Südwind, der bis wenige Augenblicke zuvor den störenden Leckdampf der Innenzylinder weggedrückt hatte; bei Lengnau (oben).

Viele Jahre lang standen ehemalige G 4/5 der RhB (Rhätische Bahn) bei der spanischen Ferrocarril de la Robla im Einsatz. Am 30. Juli 1962 leistete die 1952 verkaufte Lokomotive Nr. 106 «Manuel Oraa» der ehemaligen tunesischen Pacific Nr. 185 Vorspann vor dem Correo (Postzug) Nr. 502 Bilbao–León (unten).

sche und fliegerische Aktivitäten wohl kaum jemals Bahnen in den entlegensten Winkeln der Welt wie Spitzbergen, Feuerland und Nordaustralien besucht. Und ohne jahrelanges berufliches Engagement in Südamerika wären mir dessen oft versteckte Eisenbahnen fremd geblieben.

Rück- und Ausblick
Der historische Fahrzeugpark der schweizerischen Eisenbahnen hat mir bei den zahlreichen Ausfahrten viel Freude bereitet und erlaubt, etwas vom Glanz der Blütezeit der Bahn bildlich in unsere Zeit herüberzuholen. Blitzblanke Lokomotiven mit stolzem Personal, welche die Fahrgäste zur Spitze des Zuges locken, gibt es nur noch bei Extrazügen.

Das Flugzeug, welches uns das Erkunden ferner Länder erheblich vereinfacht, ist als billiges Massentransportmittel zum «Sargnagel» vieler Züge oder ganzer Bahnsysteme geworden. Ein Übriges bewirkte der technische Fortschritt im Strassenverkehr. Der Prestigeverfall auf dem Personalsektor steht aber auch bei der Luftfahrt vor der Türe: Der «Captain» mutierte wie der «Meister» zum anonymen, neuerdings sogar hermetisch isolierten Systembetreiber.

Aber auch der planmässige Dampf-Grossbetrieb wird im Jahre 2004 – auf der Ji-Tong-Linie Chinas – zu Ende gehen und damit weltweit eine Epoche des Bahnbetriebs. Die Freude der Menschen an lebend und hart arbeitenden vorgeführten Dampflokomotiven scheint indessen ungebrochen zu sein. Das zeigte uns zum Beispiel die SBB-Geburtstagsfahrt der A 3/5 705 im Mai 2004 am Gotthard.

Aber auch Aktivitäten von jenseits des Atlantiks lassen aufhorchen: Die Canadian Pacific Railway hat nach beinahe 50 Jahren totaler Abstinenz eine ihrer wenigen erhalten gebliebenen Dampflokomotiven zurückgekauft, selbst instand gesetzt und wieder in Betrieb genommen. Die mächtige Hudson (Achsfolge 2'C2' mit Boosterachse, Baujahr 1930) fuhr mit rund 700 Tonnen am Zughaken alleine über die Gebirgsstrecken des Westens. Im Kommunikationssystem der Bahn meldet sich der Engineer der Dampfmaschine mit «Passenger 2816 West» oder «East», was Vorrang vor Güterzügen gewährt. Der Einsatz erfolgt einerseits vor Benefizzügen mit dem Ziel, die Präsenz der Bahn in der Öffentlichkeit zu markieren, andererseits vor Luxuszügen für gut betuchte Leute.

Fazit: Wer mit der Zeit geht und weder mit Scheuklappen noch dogmatisch eingeengt lebt, dem wird die Eisenbahn auch in Zukunft mehr als nur eine Transportmöglichkeit von A nach B bieten.

Harald Navé
Geboren: 6. September 1935 im Zeichen der Jungfrau
Zivilstand: ledig
Weitere Hobbys und Leidenschaften: Neben den bereits erwähnten alpinistischen und fliegerischen Aktivitäten ist noch das Tauchen sowie das Velofahren zu nennen.

Auf der Suche nach Made-in-Switzerland-Raritäten bis in die hintersten Ecken der Welt: In Tjibatu befanden sich die letzten indonesischen (1'C)C-Mallets. Gebaut wurden sie um 1927 von der SLM in Winterthur und von Werkspoor in den Niederlanden; Oktober 1979 (linke Seite oben).

SLM-Dampflokomotive für gemischten Reibungs- und Zahnradbetrieb im Libanon: Am 15. Juni 1966 führt die A 31 der Beirut–Damaskus-Bahn einen Zug von Rayak zum Baiderpass. Die Spurweite beträgt 1050 Millimeter. Ein Detail am Rande: Die orientalische Gastfreundschaft gebot es, dass der Depotchef von Rayak Harald Navé zum Abendessen in sein Haus einlud (linke Seite unten).

«Passenger 2816 West» der Canadian Pacific, ein Charterzug, hat am Morgen des 30. April 2004 Savona am Kamloopssee erreicht. Mit ihrer 2'C2'-Achsfolge gehört die 2816 zur Hudson-Klasse (oben).

Fahrgäste – ein eher vernachlässigtes Thema der Bahnfotografie: Bei einem Besuch in Myanmar (Burma) weckte der kleine Schwarzfahrer am letzten Wagen eines Zuges die Aufmerksamkeit Harald Navés (unten links).

Dampfbetrieb einmal anders: In Vancouver (BC), Kanada, steht seit 1977 diese einzigartige Dampfuhr. Angetrieben wird sie von Gewichten, welche eine Kolbendampfmaschine mittels Förderband hebt. Alle 15 Minuten ertönen Signale aus den vier Dampfpfeifen – besonders melodiös zur vollen Stunde; Juni 1999 (unten rechts).

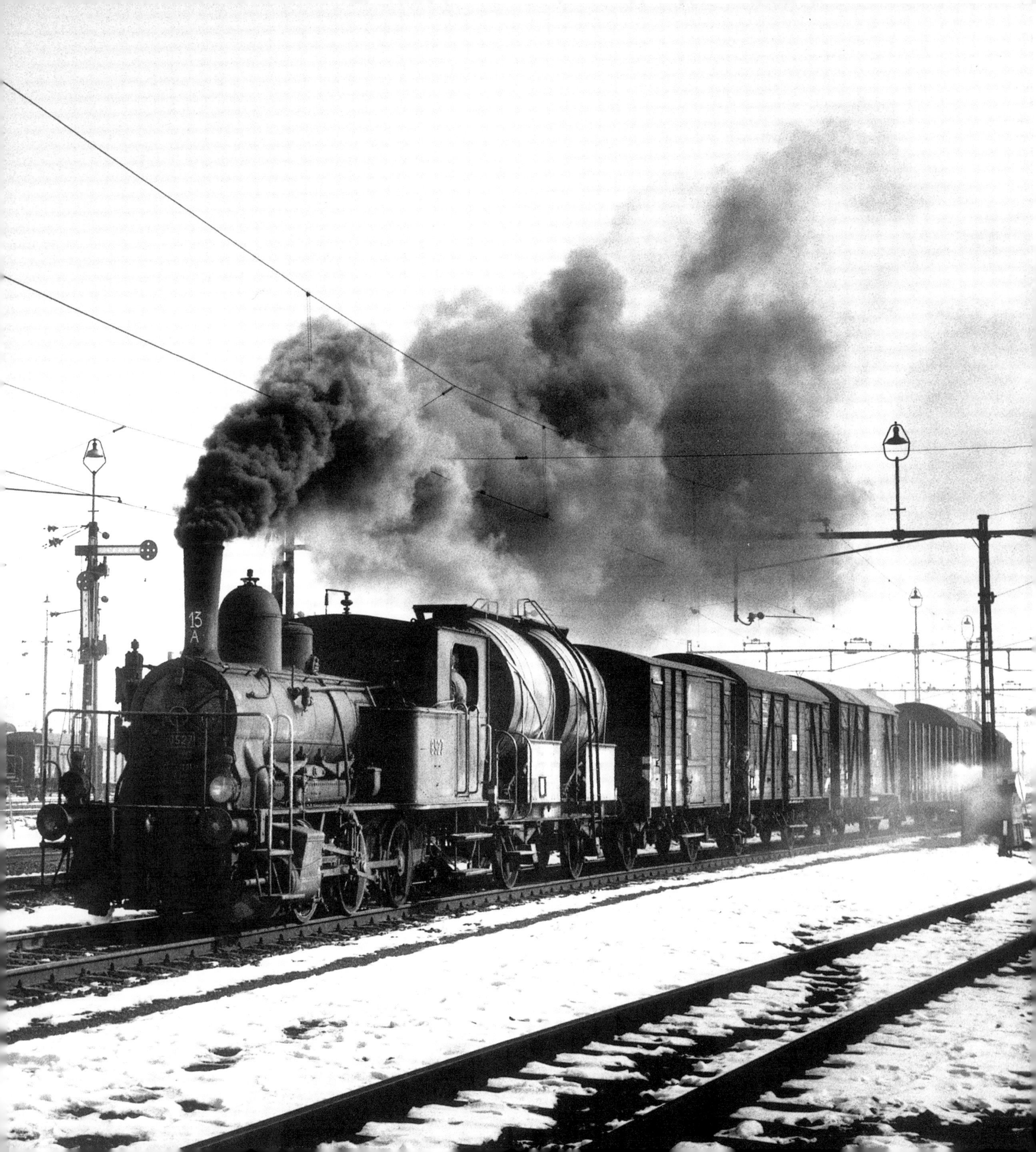
13
A

E 3/3 – DAS «TIGERLI» DER SBB

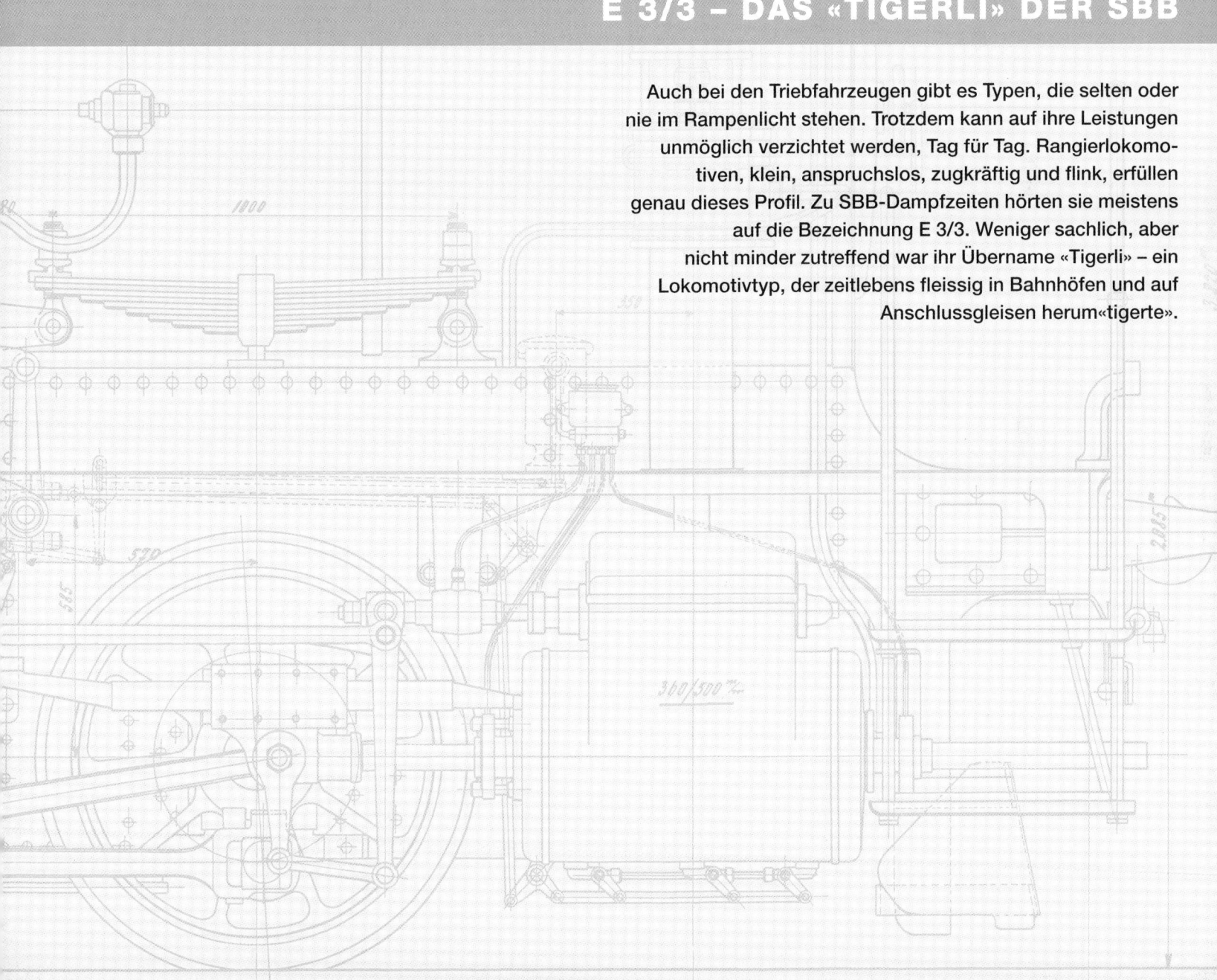

Auch bei den Triebfahrzeugen gibt es Typen, die selten oder nie im Rampenlicht stehen. Trotzdem kann auf ihre Leistungen unmöglich verzichtet werden, Tag für Tag. Rangierlokomotiven, klein, anspruchslos, zugkräftig und flink, erfüllen genau dieses Profil. Zu SBB-Dampfzeiten hörten sie meistens auf die Bezeichnung E 3/3. Weniger sachlich, aber nicht minder zutreffend war ihr Übername «Tigerli» – ein Lokomotivtyp, der zeitlebens fleissig in Bahnhöfen und auf Anschlussgleisen herum«tigerte».

Seite 72: So stimmungsvoll konnten die SBB Anfang der Sechzigerjahre noch sein: Neben dem prächtig qualmenden «Tigerli» E 3/3 8527 springen der hinter dem Dampfross folgende Weinfasswagen P 527 350, das Semaphorsignal sowie der links davon teilweise noch sichtbare Güterzugsbegleitwagen («Sputnik») ins Auge; Zürich, 26. Februar 1963.

Typenbild der E 3/3 8462: Das Bild dokumentiert eine Lokomotive der ersten Serie, also eine Maschine ohne vordere Plattform für das Rangierpersonal und mit kurzem Achsstand.

Die SBB beschaffen E 3/3

Die Geschichte der unscheinbaren SBB-Rangierlokomotiven E 3/3 «Tigerli» ist schnell und einfach erzählt – so meint man vielleicht. Die Realität jedoch sieht um einiges vielfältiger und komplizierter aus.

Nach der Verstaatlichung besassen die SBB einen Lokomotivpark, der sich durch eine enorme Vielfalt an Fahrzeugtypen auszeichnete. Teilweise handelte es sich dabei weder um zeitgemässe Konstruktionen noch um grössere Stückzahlen. Weil zudem nicht genügend Rangierlokomotiven zur Verfügung standen, mussten oftmals kurz vor der Ausrangierung stehende Streckenlokomotiven diese Aufgaben verrichten – schwerfällige Oldtimer also, die ziemlich ungeeignet für diese Aufgabe waren und ihre besten Jahre schon lange Zeit hinter sich hatten. Wollten die jungen SBB den Rangierdienst wirtschaftlicher abwickeln, drängte sich die schnelle Beschaffung einer grösseren Zahl moderner Rangierlokomotiven geradezu auf.

E 3/3 vom Typ SCB und JS

Weil sich die Situation als dramatisch erwies, entschlossen sich die SBB dazu, einen pragmatischen Weg einzuschlagen und sich auf keine Experimente einzulassen. Schnell erhöhen konnte man den Bestand an leistungsfähigen Rangierlokomotiven mit drei Triebachsen nur dann, wenn sie sozusagen «ab Stange» gekauft würden. Weil sowohl die Schweizerische Centralbahn (SCB) als auch die Jura–Simplon-Bahn (JS) bereits über erprobte moderne Rangierlokomotiven der gleichen Bauart verfügten, lag es auf der Hand, diesen Weg weiterzubeschreiten – die Parallelen zur Beschaffung der SBB-Schnellzugs-Dampflokomotiven A 3/5 703 bis 811 sind offensichtlich: Auch dort setzten die Bundesbahnen auf Kontinuität und bestellten einen Fahrzeugtyp, der kurz zuvor von der JS in zwei Prototyp-Exemplaren beschafft und ausführlich erprobt worden war.

E 3/3 8451 bis 8533

Die ersten drei SBB-Tigerlis sind 1902 entstanden und trugen ganz am Anfang die SCB-Nummern 47, 48 und 49 – dies deshalb, weil ihre Bestellung noch in der Privatbahnzeit erfolgte. Unter dem SBB-Regime erhielten sie daraufhin die Nummern 8451 bis 8453. Bereits 1903 setzte dann der Serienbau der von den SBB bestellten E 3/3 ein. Deren Beschaffung zog sich schlussendlich bis ins Jahr 1915 hin. Zugeteilt wurden diesen Lokomotiven die Nummern 8454 bis 8533. Sämtliche SBB-Tigerlis, auch die drei SCB-Exemplare von 1902, entstanden in Winterthur, bei der Schweizerischen Lokomotiv- und Maschinenfabrik (SLM), und zwar als zweizylindrige Nassdampfmaschinen. Auf Heissdampf umgebaut worden sind sie nie. Hingegen wiesen alle Lokomotiven die für das Heizen und Vorheizen von Reisezügen notwendigen Einrichtungen auf.

Weil die E 3/3 eine gelungene Konstruktion darstellten, konnte die SLM derartige Lokomotiven auch exportieren, zum Beispiel nach Norwegen. Kurz nach Ende des Zweiten Weltkriegs verkauften die SBB zudem einige E 3/3 nach Norwegen und in die Niederlande. Dabei handelte es sich jedoch nicht um Tigerlis aus der SBB-Serie 8451 bis 8533, sondern um ältere Lokomotiven aus der Vor-SBB-Zeit.

Tigerli ist nicht gleich Tigerli

Wie es bei über einen längeren Zeitraum beschafften Fahrzeugen üblich ist, sind nicht alle E 3/3 der SBB in jedem Punkt identisch. Unterschiede sind zum Beispiel auszumachen in der Anzahl der Siederohre, in der Stärke des Rahmens und daraus resultierend im Dienst- respektive Reibungsgewicht, im Achsabstand, in der Länge des Führerstandes, bei der Anzahl der Bremsklötze sowie bei den Geländerstangen. Am auffälligsten veränderte jedoch die ab der 8486 angebrachte vordere Plattform mit Geländer, Aufstiegstrittstufen und Griffstangen das äussere Erscheinungsbild. Dank dieser Einrichtung erhielt das Rangierpersonal einen deutlich angenehmeren Arbeitsplatz auf den hurtig rangierenden Lokomotiven. Die ohne Plattform abgelieferten Tigerlis erhielten später neben oder über den Zylindern montierte Mini-Plattformen sowie dazupassende Griff- und Geländerstangen. Fotografisch belegt ist zudem, dass diese seitlichen Mini-Plattformen im Laufe der Zeit oftmals durch eine «richtige» Plattform über der vorderen Pufferbohle ersetzt worden sind. Die nachträglich angebrachte Plattform wies allerdings deutlich weniger grosszügige Dimensionen auf als diejenige der von Anfang an damit ausgestatteten Lokomotiven.

Lediglich bei 24 Maschinen wirkte die Luftbremse auch auf die Triebräder. Bei den übrigen Maschinen konnten nur die angehängten Wagen mit Luft gebremst werden. Dazu mussten allerdings die Luftschläuche verbunden sein – was im Rangierdienst oft aber nicht

Hans Schneeberger und die E 3/3

Hans Schneeberger, Ingenieur, Lokomotivexperte, Fotograf und Buchautor, hatte im Rahmen seiner SBB-Ausbildung auch Dienst auf Dampflokomotiven zu leisten. Seine Meinung über die Tigerlis fasste er dabei folgendermassen zusammen: «Die E 3/3 haben den SBB gute Dienste geleistet. Namentlich im später eingeführten einmännigen Betrieb (zum Beispiel in Basel-St. Johann) war ihre Sparsamkeit sprichwörtlich. Als anspruchslose, zugkräftige Arbeitstiere

der Fall war. In solchen Fällen stand dem Lokomotivpersonal lediglich die Exter-Handbremse zur Verfügung. Die erwähnten 24 Maschinen mit Triebrad-Luftbremse wurden übrigens ab 1935 für einmännige Bedienung eingerichtet. Der Lokomotivführer hatte also auch die Aufgaben des Heizers zu übernehmen.

In der Regel waren die Tigerlis für eine Höchstgeschwindigkeit von

waren sie überall geschätzt. Bei gelegentlicher Verwendung im Streckendienst verursachte ihnen der kleine Kessel bei grösserer Anhängelast bald einmal Atemnot, was der Chronist bei der Überfuhr der ‹Bell›-Wagen von St. Johann nach Basel mehrmals selber feststellen musste. Da sich aber die Leistung einer Lokomotive als Produkt von Zugkraft mal Geschwindigkeit darstellen lässt und die E 3/3 für grosse Zugkraft gebaut worden war, musste auf der Strecke dieses physikalische Gesetz beachtet werden, sonst brachte es einem das Maschinchen bald einmal bei!»

45 Stundenkilometern zugelassen, und zwar in beiden Fahrtrichtungen. Etwas schneller durften die mit einem registrierenden Hasler-Geschwindigkeitsmesser und der Druckluftbremse ausgestatteten E 3/3 über die Schienen eilen: 50 Stundenkilometer galt hier als obere Grenze. Dergestalt modernisiert, waren die Maschinen 8459, 8460, 8471 bis 8481, 8488 bis 8495, 8503 bis 8505, 8513, 8524, 8525, 8528 und 8529 für den «Dienst auf der Strecke» befähigt.

Nur sieben Lokomotiven, die 8475, 8478 bis 8481, 8519 und 8520, rüstete man nachträglich mit einem bis über das Führerstandsdach reichenden Zusatz-Kohlenbehälter aus. Im Einsatz standen diese Maschinen hauptsächlich in Basel-St. Johann. Eine davon, die E 3/3 8481, hat später in Rheinfelden, bei der Brauerei Feldschlösschen, eine neue Heimat und ein neues Betätigungsfeld gefunden. Mit ihrem herrli-

Die ehemalige E 3/3 8481 wechselte anno 1964 von den SBB zur in Rheinfelden ansässigen Brauerei Feldschlösschen, wo sie trotz Baujahr 1907 immer noch rüstig und ziemlich oft im Einsatz steht. «Verloren» hat die Maschine beim Besitzerwechsel den schwarzen Anstrich, an seine Stelle sind die schmucken Farben Grün und Rot getreten. Beibehalten wurde hingegen der über das Führerstandsdach hinausragende Kohlenbehälter.

Die E 3/3 8480 gehörte zu den Maschinen, die hauptsächlich in Basel-St. Johann tätig waren. Ein besonderes Kennzeichen dieser Lokomotiven stellte der nachträglich zwischen den Rückwandfenstern angebaute zusätzliche Kohlenbehälter dar – eine Spezialität, die nur sieben Maschinen aufwiesen.

chen grünen Anstrich zeigt sie, wie Dampflokomotiven auch hätten aussehen können – in Bayern zum Beispiel gehörten derartige Farben während längerer Zeit zum guten Ton.

Heizen mit Strom statt mit Kohle

Nur am Rande erwähnt sei an dieser Stelle, dass die SBB während des Zweiten Weltkrieges versuchsweise zwei Tigerlis mit einer elektrischen Kesselheizung ausrüsten liessen. Mit dampfendem Kamin und Stromabnehmer auf dem Führerstandsdach müssen die E 3/3 8521 und 8522 ein sonderbares Bild abgegeben haben. Obwohl sich die Einrichtung bewährte, wurden die beiden Maschinen Anfang der Fünfzigerjahre wieder entelektrifiziert. Während die 8521 mittlerweile ausrangiert und abgebrochen wurde, befindet sich die 8522 immer noch am Leben – hin und wieder dampft sie auf der fahrdrahtlosen Sursee–Triengen-Bahn hin und her.

Erhalten gebliebene E 3/3

Von keinem Dampflokomotivtyp der SBB sind dermassen viele Fahrzeuge erhalten geblieben wie von den E 3/3 8451 bis 8533. Dass dem so ist, belegt allein schon die Tatsache, dass eine Aufstellung zur Frage, welches Tigerli wo, bei wem, in welchem Zustand heute noch existiert, den Rahmen dieses Kapitels sprengen würde.

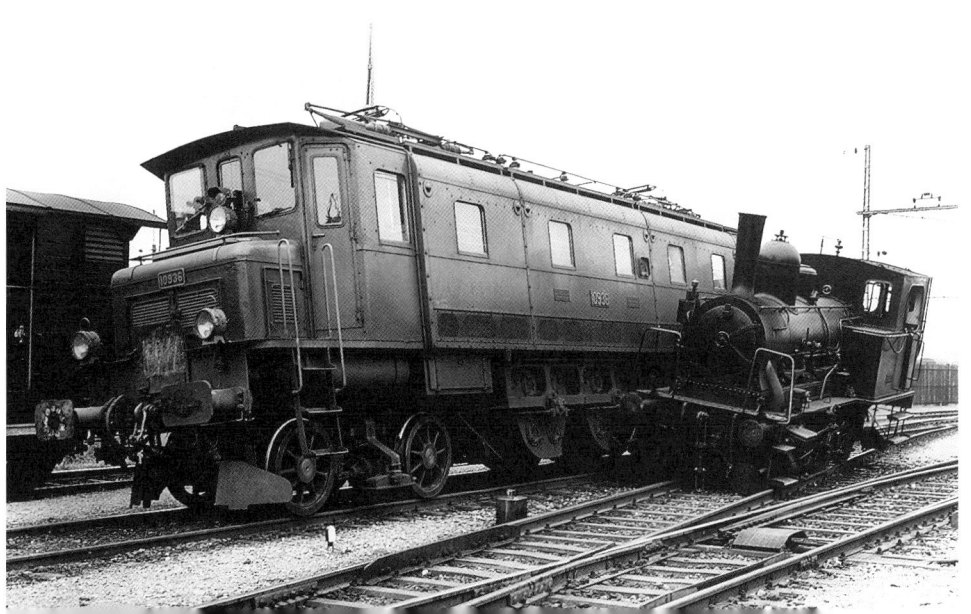

Kohle sparen – elektrisch heizen: Abgesehen von ihrer Schwesterlokomotive 8522 dürfte die E 3/3 8521 das weltweit einzige elektrische Dampfross mit Stromabnehmer gewesen sein. Unser Bild dokumentiert diese Konstruktion im Bahnhof Zollikofen. Entstanden ist das Bild am 24. Februar 1943, also während der Zeit des Zweiten Weltkriegs (oben).

Hoppla! Beim Manövrieren in der SBB-Hauptwerkstätte (HW) Zürich sind sich die Ae 4/7 10936 und ein nummernloses Tigerli zu nahe gekommen. Nach erfolgter Reparatur wird die E 3/3 weiterhin für das Manöver in der HW zuständig gewesen sein; 27. April 1953 (unten).

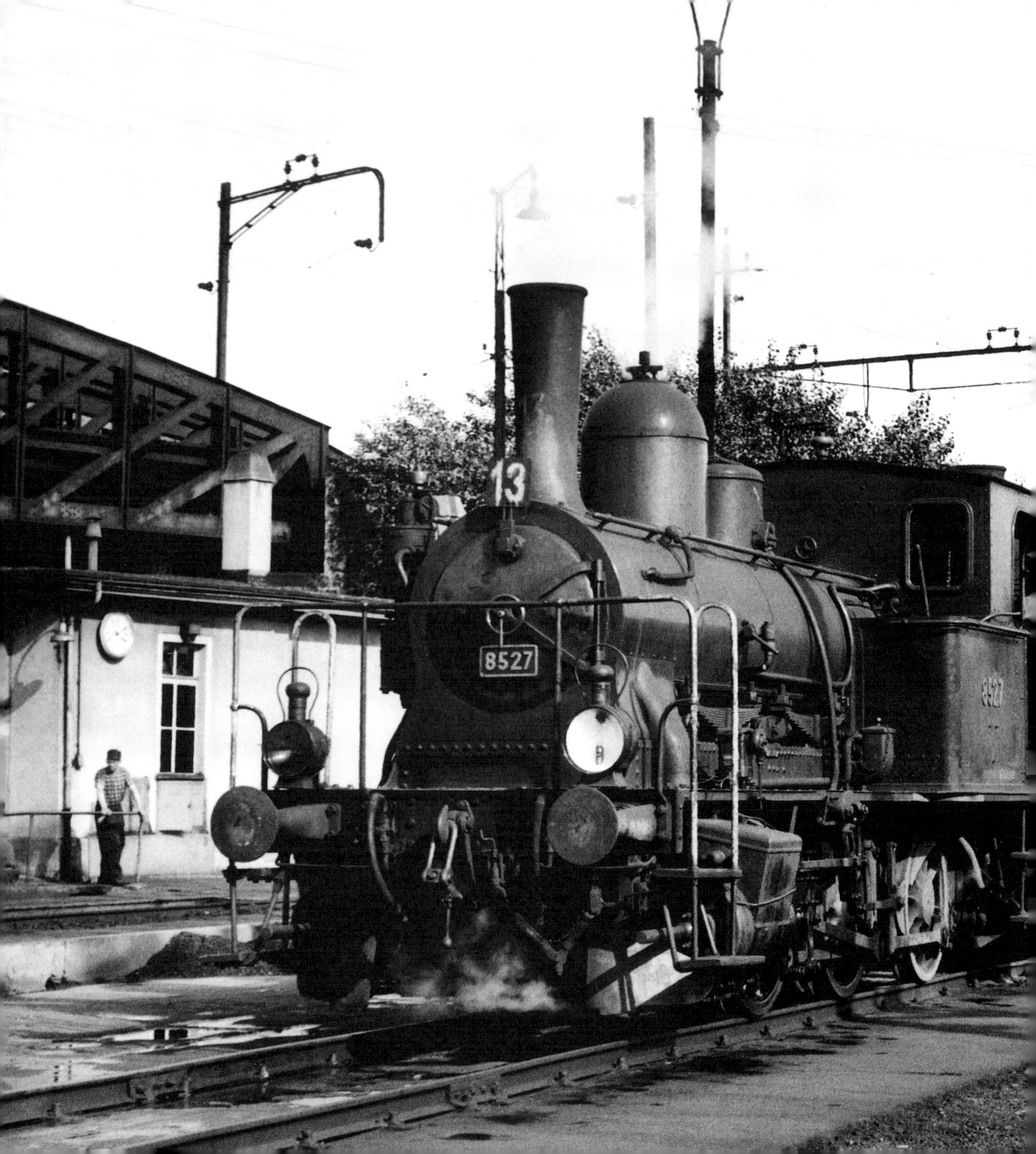
13
8527
8527

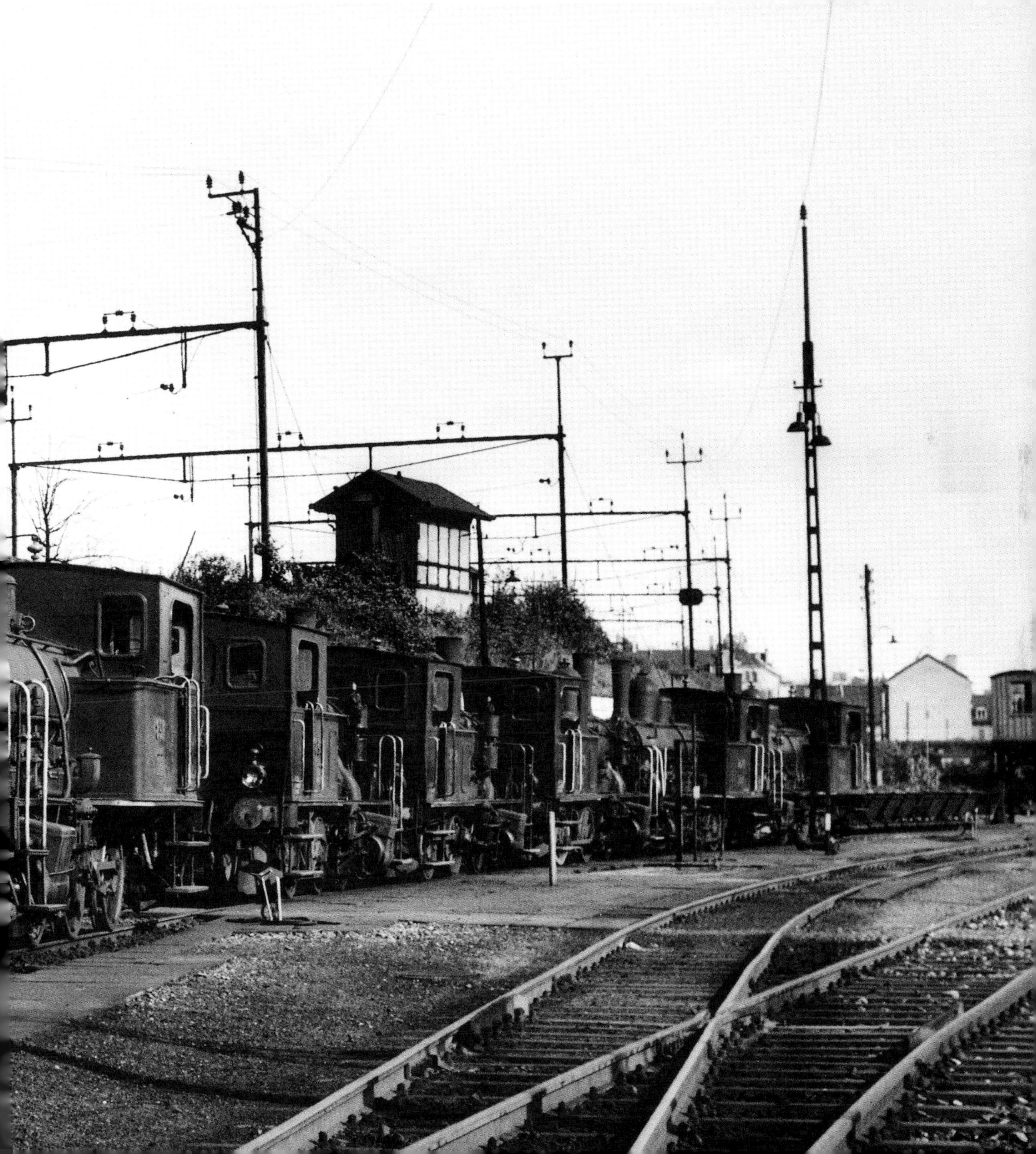

Vorangehende Doppelseite: Nach einer anstrengenden Rangierdienstwoche ruht sich eine Hand voll Tigerlis im Kohlendreieck des Depots Zürich aus (von links nach rechts): E 3/3 8527, 8511, 8530, 8518, 8529, 8473 und 8528; 22. August 1959.

«Rail in 88»-Extrazug am 21. August 1988 in der 15-Promille-Rampe von Faulensee nach Spiez: Während an der Spitze die E 3/3 1, ex Gaswerk Bern, arbeitet, wirkt die von Krauss-Maffei, Deutschland, stammende E 3/3 16388 des Vapeur Val-de-Travers als Schiebelokomotive (oben).

Gründe, warum das so ist, gibt es mehrere:
– Einige der E 3/3 sind fast bis zum Schluss des SBB-Dampfbetriebes im Einsatz gestanden und konnten sich damit in eine Zeit hinüberretten, in der es als chic galt, eine alte Dampflokomotive zu erwerben.
– Selbst Eisenbahnfreunde mit beschränktem Budget konnten sich den Kauf eines Tigerlis zum Schrottpreis leisten – oftmals wurde dann die geplante Aufarbeitung aber auf den Nimmerleinstag verschoben.
– Auch als Denkmäler waren die E 3/3 lange Zeit sehr in Mode.
– Sehr viele Tigerlis fanden nach ihrem Weggang von den SBB neue Aufgaben bei Werksbahnen mit Anschlussgleisen. Eine der Lokomotiven, die ehemalige E 3/3 8455, wurde bei ihrem neuen Arbeitgeber sogar auf

Ölfeuerung umgebaut. Selbst heute (2004) steht da und dort noch ein Tigerli in einem Schuppen und dient als eiserne Reserve.

Aber auch bei Privatbahnen, wie zum Beispiel der Sursee–Triengen-Bahn (ST), waren die E 3/3 hochwillkommen. Für wenig Geld liessen sich damit die abgewirtschafteten eigenen Fahrzeuge ersetzen. Allerdings ging im Falle der ST durch eine derartige «Aktion» ein wertvolles Unikat unwiederbringlich verloren – der legendäre Dampftriebwagen FZ 1/2 11 wurde im Jahre 1961 ausrangiert und verschrottet.

Mit ihrer überschaubaren Technik und bescheidenen Grösse stellt das Tigerli bis auf den heutigen Tag oftmals das ideale Triebfahrzeug für Museumsbahnen dar, speziell dann, wenn sich deren Aktivitäten auf Nebenstrecken abspielen. Weil sich in diesem Bereich

mehrere Organisationen sehr verdient gemacht haben, verzichtet die Stiftung SBB Historic momentan darauf, ihre beiden E 3/3, es sind dies die Nummern 8487 und 8512, betriebsfähig zu unterhalten. Während die 8487 als Denkmal neben dem Bahnhof Buchs SG thront, ist die 8512 geschützt im Depot St-Maurice abgestellt (Stand Juli 2004). Vorgängig weilte sie im Verkehrshaus in Luzern.

Fazit: An Tigerlis herrscht in der Schweiz und sogar im Ausland kein Mangel. Beinahe ist man deshalb versucht zu sagen: «Weniger könnte eigentlich mehr sein.» So wäre es aus heutiger Sicht sinnvoller, man hätte auf einige E 3/3 verzichtet und an ihrer Stelle ein Exemplar der schweren Rangierlokomotive E 4/4 gerettet. «könnte», «wäre», «hätte» – die Sache ist gelaufen und nicht mehr rückgängig zu machen.

E 3/3 8487 und 8512: Technische Daten

Länge über Puffer: 8715 mm
Höhe über Kamin: 3820 mm
Dienst- und Adhäsionsgewicht: 35 t
Triebraddurchmesser: 1040 mm
Höchstgeschwindigkeit vorwärts: 45 km/h
Höchstgeschwindigkeit rückwärts: 45 km/h
Bauart: Nassdampf, Zwilling
Leistung: 500 PS/370 kW
Baujahre: 1909 (8487), 1911 (8512)
Hersteller: SLM, Winterthur
Fabriknummer: 1967 (8487), 2135 (8512)

Kaum zu glauben, aber dieses Bild eines Nebenbahnzügleins entstand im 21. Jahrhundert – am 1. Dezember 2001. Entscheidend zur Idylle trägt die unverbaute Landschaft sowie die fahrleitungslose Strecke der Sursee–Triengen-Bahn bei; zwischen Geuensee und Büron-Bad Knutwil (oben).

Der gleiche Zug wie oben, nun aber zwischen Büron-Bad Knutwil und Triengen-Winikon fotografiert. Einen Teil ihres Lebens absolvierte die E 3/3 8522 übrigens, zusammen mit der Nr. 8521, als elektrische (!) SBB-Dampflokomotive (unten, siehe dazu auch das Bild auf Seite 77 oben).

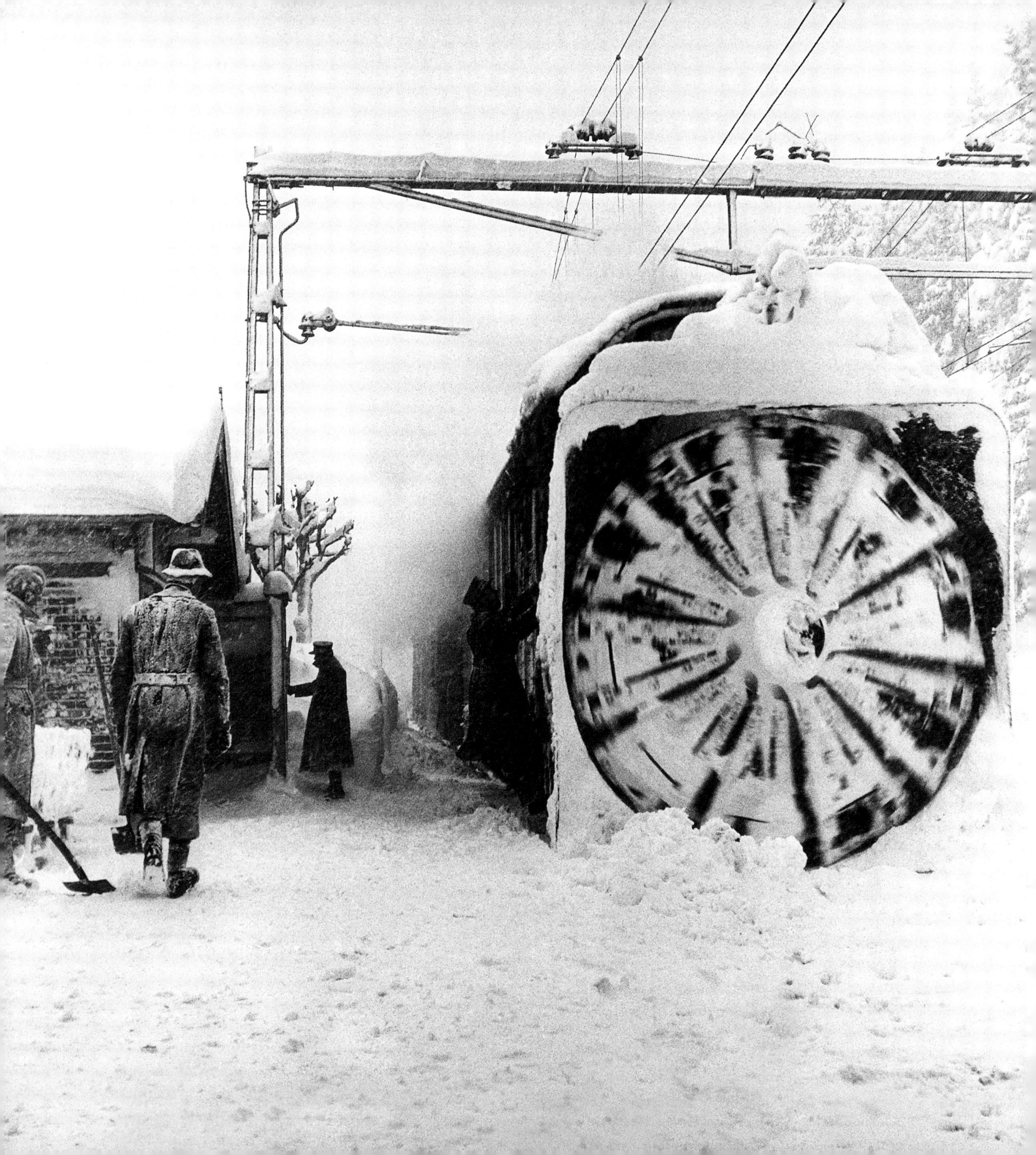

Xrotm 100 – DIE DAMPFSCHNEESCHLEUDER DER GOTTHARDBAHN

Lokomotiven sind nicht die einzigen Schienenfahrzeuge, welche sich mit Dampfkraft betreiben lassen. Genauso gut kann die Dampfmaschine für das Räumen von Schnee und Lawinenniedergängen eingesetzt werden. 1895 bestellte die Gotthardbahn (GB) deshalb eine Dampfschneeschleuder und wusste sie ab 1896 sehr zu schätzen. 1909 ging das auch «Rotary» genannte Fahrzeug an die Schweizerischen Bundesbahnen über – ein wenig gebrauchter, aber hilfreicher Einzelgänger.

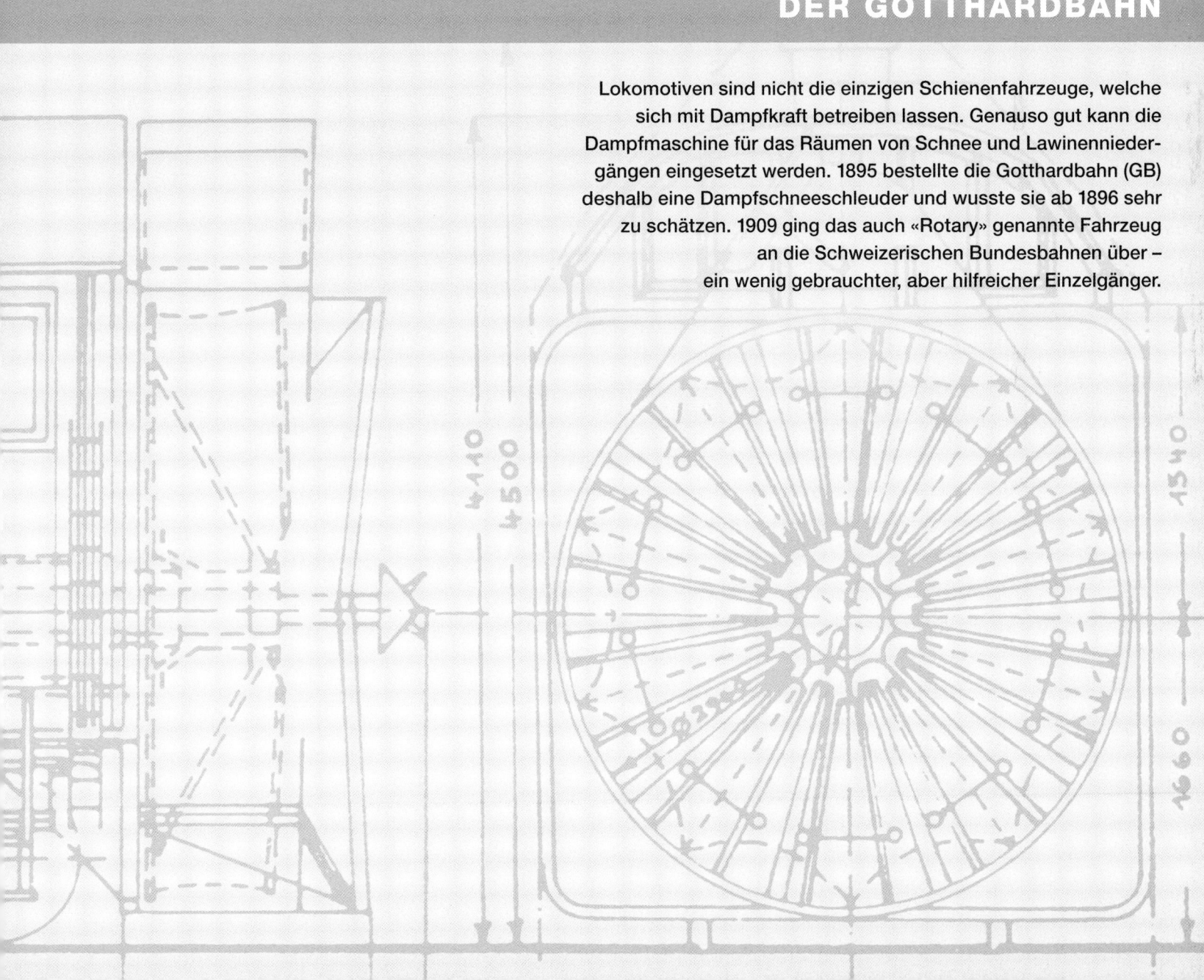

Seite 82: Normalerweise stand die legendäre Dampfschneeschleuder der Gotthardbahn ungenutzt im Depot Erstfeld herum. Wenn jedoch der «Rotary» aktiv wurde, ging es grob zu und her – der ungeliebte Ernstfall stellte für Mensch und Maschine eine happige, mitunter sogar eine gefährliche Angelegenheit dar; Göschenen, 10. Februar 1944.

Das Warnen des Personals vor nahenden Zügen ist eine verantwortungsvolle Aufgabe – im Winter ganz besonders, dämpft doch der Schnee die Fahrgeräusche massiv; März 1944 (oben).

Rechte Seite: Die Xrotm 100, so lautet die offizielle Bezeichnung des Rotary, säubert am 7. April 1975 die oberhalb von Wassen gelegene mittlere Meienreussbrücke. Als Schiebelokomotive steht bereits keine Dampfmaschine mehr, sondern eine Dieselmaschine des Typs Bm 4/4 im Einsatz.

Bahnhof Rotkreuz, 17. Januar 1896

In den folgenden Worten stellt sich Alfred Leuenberger, Buchautor und Kenner der Materie, das Eintreffen der Dampfschneeschleuder im Bahnhof Rotkreuz der Gotthardbahn (GB) vor: «17. Januar 1896: Auf dem damals wichtigen und betrieblichen Ausgangspunkt der Gotthardbahn in Richtung Nord–Süd (die Strecken Zug–Arth-Goldau und Luzern–Immensee standen noch nicht in Betrieb . . .) kam ein mächtiges, vom Bahnpersonal wie den übrigen Reisenden bestauntes, fremdes Riesenvehikel von Basel her über die Aargauische Südbahn angerollt. Es war die nun endlich ausgelieferte Leslie-Dampfschneeschleuder für die Gotthardbahn, in Lizenz gebaut von der schon damals weltberühmten Lokomotivfabrik Henschel & Sohn in Kassel. Sie muss, nach Aussagen der damaligen Augenzeugen, einen äusserst beeindruckenden Anblick geboten haben mit ihrem knapp 3 Meter messenden Schleuderrad und überragt von den unwahrscheinlich grossen, fremdartig wirkenden Petrolscheinwerfern.»

Ein Blick zurück: Die GB will keine Dampfschneeschleuder

1892 liefert Henschel & Sohn, Lokomotivfabrik in Kassel, Deutschland, die erste nach amerikanischer Lizenz gebaute Dampfschneeschleuder aus. Besteller ist die «Direction» der Königlich Preussischen Staatsbahnen. Im gleichen Jahr nimmt ein Herr Ingenieur J. G. Ulmann aus Zürich Kontakt mit der Generaldirektion der Gotthardbahngesellschaft in Luzern auf. Als Vertreter der Firma Lucht in Hamburg, welche kontinentaleuropäische Lizenznehmerin der Leslie-Dampfschneeschleuder-Patente ist, unterbreitet er der GB eine entsprechende Offerte. Die Gotthardbahn scheint jedoch nicht sonderlich interessiert zu sein. 1894 unternimmt die Firma Lucht deshalb einen neuen Anlauf. Nun versucht ein Herr Patentanwalt Blum aus Zürich sein Glück – wiederum erfolglos. In seiner ablehnenden Haltung liess der GB-Oberingenieur durchblicken, dass es die letzten zehn Jahre auch ohne Schneeschleuder gegangen sei. Mit Pflügen, anfänglich aus Holz und von Maultieren gezogen, habe man die Strecke stets offen halten können. Die Glückssträhne der GB sollte jedoch nicht mehr von langer Dauer sein.

1895: Jetzt will die GB doch eine Dampfschneeschleuder

Nur ein Jahr später bereut die GB bitter, dass sie auf die Angebote aus Zürich respektive Hamburg nicht eingetreten ist. Das Schicksal will es nämlich, dass am 15. Januar 1895 der Verkehr am Gotthard zusammenbricht – schweren Schneefalls wegen. In Airolo zum Beispiel beträgt die Schneehöhe 2,2 Meter, in Bellinzona immerhin noch einen Meter. Mehrere Tage lang steht der Betrieb still – dafür setzt in Luzern ein Umdenken ein. Bereits am 22. Januar 1895 fordert die Generaldirektion der GB deshalb sowohl ihren Oberingenieur als auch ihren Maschinenmeister auf, sich

Der Rotary, ein «Centrifugaler Schneepflug»

Der Rotary, die 1896 an die Gotthardbahn abgelieferte Dampfschneeschleuder, konnte bereits auf eine längere Entwicklungsgeschichte zurückblicken. Weil jedoch speziell durch den Zweiten Weltkrieg zahlreiche Firmenarchive und Bibliotheken zerstört worden sind, wird eine Rekonstruktion der Geschichte der Schneeschleuder lückenhaft bleiben müssen.

Gemäss den noch vorhandenen Unterlagen datiert der erste Vorschlag zum mechanischen Schneeräumen mittels Dampfmaschinenantrieb aus dem Jahr 1857. Die geniale Erfindung ist das Werk des Österreichers Johann Lang und nannte sich Schneewurfmaschine. Nach ihm befassten sich zahlreiche weitere Erfinder und Ingenieure mit der gleichen Thematik, sie gaben ihren Konstruktionen jedoch andere Namen: Centrifugaler Schneepflug, Rotationsschneepflug, Kreisel-Dampfschneeschaufel, Schneegräber, Schneefeger und Schneeschleuder. Bei der Gotthardbahn hingegen fasste der aus Amerika stammende Begriff «Rotary» Fuss.

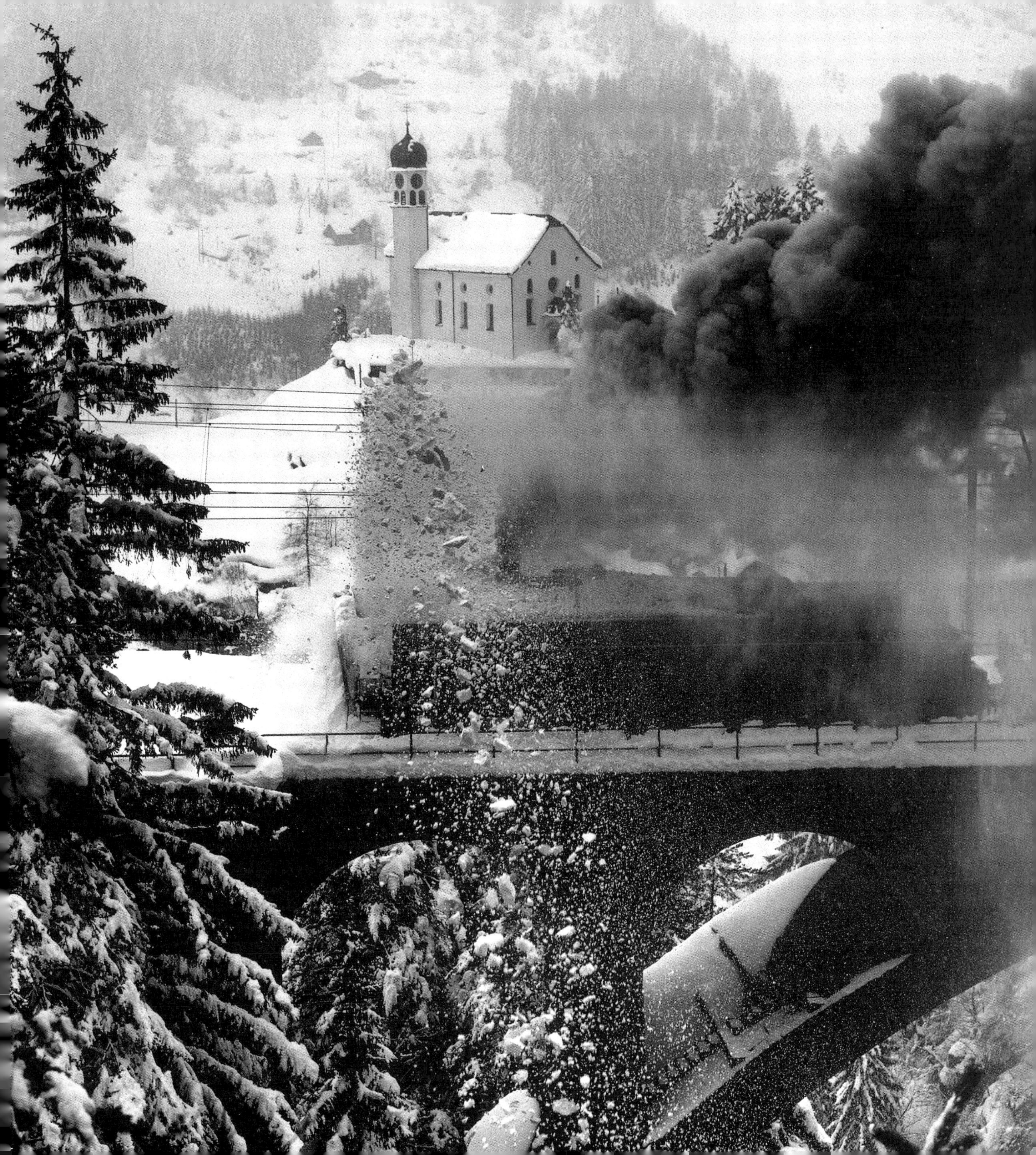

Bahnhof Göschenen, 11. Januar 1968: Sowohl die vorgespannte Dampfschneeschleuder als auch die dazugehörige Schiebelokomotive C 5/6 2969 dürfen eine Verschnaufpause einlegen. Anschliessend müssen die beiden Maschinen aber wieder zeigen, wessen sie fähig sind.

sofort Gedanken zur Beschaffung einer Dampfschneeschleuder zu machen und Vorschläge zu unterbreiten. Um keine Zeit zu verlieren, erfolgen parallel dazu Anfragen nach Deutschland und Russland. Die GB-Generaldirektion bittet darin sowohl Amtsstellen als auch Bahnverwaltungen um Auskünfte über Erfahrungen und Ergebnisse mit bereits im Einsatz stehenden Fahrzeugen. Zudem reisen Delegationen nach Österreich und nach Ungarn. Sie sollen an Ort und Stelle den Einsatz von Dampfschneeschleudern studieren.

Die SLM lehnt dankend ab

Bereits für den nächsten Winter will die GB gewappnet sein. Das Naheliegendste ist deshalb, sich von der SLM in Winterthur eine Dampfschneeschleuder offerieren zu lassen. Und zwar schnell: In lediglich neun Monaten soll die Maschine projektiert, offeriert, gezeichnet und gebaut sein. Dankend lehnen die Winterthurer ab – nicht aus Überheblichkeit, sondern weil sie bereits mehr als ausgelastet sind. Gemäss Fabriknummernverzeichnis hatte die SLM im Jahr 1895 nämlich viel zu tun: Immerhin 44 Triebfahrzeuge waren zu bauen, 1896 sogar deren 67. Vermutlich führte aber nicht nur der enorme Zeitdruck zur Absage. Auch die Tatsache, dass die SLM bis dato noch nie eine Leslie-Dampfschneeschleuder gebaut hatte,

könnte dazu beigetragen haben. In späteren Jahren zeigte die SLM dann nicht mehr die gleiche Zurückhaltung, lieferte sie doch gleich mehrere Dampfschneeschleudern an die Rhätische Bahn und an die Berninabahn – das ist jedoch eine andere Geschichte.

Henschel & Sohn in Kassel machen das Rennen

Interesse am Bau einer Dampfschneeschleuder für die Gotthardbahn zeigte hingegen die Firma Henschel & Sohn in Kassel. Sie war, zusammen mit dem dänischen Unternehmen Smith & Mygind, Kopenhagen, die einzige Firma, welche damals in Europa Leslie-Dampfschneeschleudern baute.

Bereits am 5. März 1895 traf bei der GB-Generaldirektion in Luzern eine verbindliche Offerte von Henschel ein. Trotz des engen Zeitrahmens liess sich die GB nicht drängen, wurde es doch 3. Juni 1895 desselben Jahres, bis der Kaufvertrag zustande kam.

Gemäss der getroffenen Vereinbarung war das Fahrzeug hauptsächlich nach den Zeichnungen der Inhaber der Leslie-Patente sowie verschiedener Eisenbahnreglemente zu bauen, unter anderem nach den «Besonderen Bedingungen für die Anfertigung und Lieferung von Lokomotiven und Tendern nebst Zubehörstücken und Reserveteilen» der KPEV (Königlich Preussische Eisenbahn-Verwaltung) von 1894. Weitere technische Spezifikationen über Profil, Achsdruck, Kupplung und Kesselarmaturen vervollständigten das Pflichtenheft. Ausserdem verlangte der Vertrag, dass alle Konstruktionszeichnungen der Genehmigung der Gotthardbahn unterliegen. Ebenfalls geregelt wurde, dass Henschel die Dampfschneeschleuder in Kassel zu bauen habe und dass zur Überwachung des Baus, der Probefahrten und der Inbetriebnahme ein Ingenieur des europäischen Inhabers der Leslie-Patentlizenz beizuziehen sei.

Darüber hinaus legte die Vereinbarung als Auslieferungstermin den 15. Dezember 1895 fest, und im Falle einer unpünktlichen Ablieferung traten Konventionalstrafen in Kraft: 1200 Mark für jede Woche Verspätung. Warum man sich in Kassel dazu bereit erklärte, in nur etwas mehr als sechs (!) Monaten eine fixfertige Dampfschneeschleuder auf die Gleise zu stellen, muss Spekulation bleiben. Gut möglich, dass Henschel den Auftrag unbedingt wollte, und zwar nach dem Motto «koste es, was es wolle». Eine Lieferung an die renommierte GB liess sich werbemässig bestimmt gut nützen: «Henschel-Schneeschleuder hält die Gotthardlinie offen!» – so oder so ähnlich hätte die Botschaft lauten können. Zudem hatte die Kasseler Firma bis dato noch keine einzige Lokomotive an die Gotthardbahn geliefert. Das müsste sich doch ändern lassen.

Pech für Henschel, dass sich der versprochene Ablieferungstermin dann tatsächlich nicht einhalten liess. Erst nach diversen Ermahnungen und Entschuldigungen konnte am 17. Januar 1896 in Rotkreuz die Dampfschneeschleuder an die GB übergeben werden. Gemäss dem von Alfred Leuenberger im Jahr 1967 veröffentlichten Buch wissen wir aber noch mehr: Weil die GB unter Zeitdruck stand – im Januar ist in den Bergen oftmals mit Schneefall zu rechnen –, wurden umgehend nach der Ablieferung Versuchs- und Instruktionsfahrten durchgeführt. Sie verliefen höchst befriedigend, weshalb den sich anschliessenden Abnahmefahrten nichts mehr im Wege stand. Dann, am 8. März 1896, trat bereits der Ernstfall ein, und die Leslie-Dampfschneeschleuder hatte sich am Ausgang des Häggrigertals durch einen Lawinenniedergang zu kämpfen.

Stationiert wurde der Rotary im Depot Erstfeld. Zum Einsatz kam er auf Anordnung des Bahningenieurs des II. Bezirks (Erstfeld–Biasca) im Winter bald auf der Nordseite, bald auf der Südseite. Und zwar dann, wenn die Schneehöhe auf der Bahnlinie den Wert von 0,5 Metern überstieg.

Das liebliche Geheul der Dampfsirene

Damit das Rotary-Personal auch während der oftmals ohrenbetäubenden Arbeit mit dem Führer der Schiebelokomotive kommunizieren konnte, wurde die Dampfschneeschleuder mit einer Dampfsirene ausgerüstet. Die Anwohner der Gotthardbahn wussten diese Art von Kommunikation allerdings nicht zu schätzen und legten Protest ein. In einem Beitrag von 1896 in «Die Schweiz» ist dazu Folgendes vermerkt: «Um die begegnenden Züge und die auf der Linie arbeitenden Mannschaften zu anvisieren, wurde die Schneeschleuder mit einer ‹Dampfsirene› ausgestattet; wenn diese ihr liebliches Geheul erschallen lässt, geht jedermann gern aus dem Wege. Überhaupt ist die Maschine, obgleich für die Bahn von sehr grossem Nutzen, bei der Bevölkerung im Kanton Uri und Tessin nicht sehr beliebt, da das heulende Ungetüm bei nachtschlafener Zeit schon manchem biedern Urner und Tessiner, dessen Haus nahe bei der Bahnlinie steht, mit einem harten Schneebrocken einige Fensterscheiben eingeworfen hat. Doch ist die Gotthardbahn bis jetzt noch nie wegen nächtlichen Unfuges und Ruhestörung bestraft worden, was sonst, besonders den Fremden, im Kanton Uri leicht begegnen könnte.»

Als am 26. Oktober 1968 im Depot Erstfeld dieses Bild entstand, müssen die Worte «Schnee» und «Lawinen» kein Thema gewesen sein – sowohl die C 5/6 2969 als auch der Rotary frönen nämlich ganz offensichtlich dem süssen Nichtstun.

Trotz Schneeschleuder ist bei massivem Schneefall viel Handarbeit angesagt – damals wie heute; Bahnhof Göschenen, 10. Februar 1944.

Auf einen groben Klotz gehört ein grober Keil

Getreu dem Sprichwort «Auf einen groben Klotz gehört ein grober Keil» stellte der Rotary tatsächlich «einen groben Keil» dar. Beeindruckt vom aussergewöhnlichen Fahrzeug beschreibt eine zeitgenössische Reportage die Schneeschleuder und ihr Wirken denn auch mit den folgenden Worten: «Die Maschine arbeitet normal mit 800 Pferdestärken, welche Kraft aber für kurze Zeit auch bis zu 1300 Pferdestärken gesteigert werden kann [...]. Die Maximal-Tourenzahl der Maschine pro Minute ist 250, was einer Geschwindigkeit von 140 Umdrehungen des Schleuderrades in der Minute entspricht. Der Schnee kann seitlich bis auf 90 Meter von der Bahnlinie entfernt und bis auf 18 Meter Höhe ausgeworfen werden; die Auswurfdistanz kann durch die Erhöhung oder Verminderung der Umdrehungsgeschwindigkeit des Rades nach Belieben reguliert werden. Die Maschine entfernt ohne Anstand Schneeschichten von 1 bis 2 Meter Höhe und seitliche Schneeabrutschungen von 3 bis 4 Meter Höhe; nach glaubwürdigen Notizen aus Amerika soll der ‹Rotary› dort 11 bis 13 Kilometer Bahnlinie pro Stunde vom Schnee reinigen, wenn dieselbe mit 2 bis 2,5 Meter hohem Schnee (und noch mehr) bedeckt ist. [...] Bei Lawinenräumungen kann die Maschine allerdings nur verwendet werden, falls sich im Lawinenschnee keine grösseren Steine oder Holzstücke befinden, da durch das Hineinpressen dieser harten Gegenstände in das Schleuderrad die Schaufeln bis zur Unbrauchbarkeit leiden würden.»

Ein selbstfahrender Rotary – das wär's

Im Grossen und Ganzen bewährte sich die Henschel-Konstruktion gut. Trotzdem drängten sich im Laufe der Zeit einige Änderungen und Verbesserungen auf. 1906 erhielt die Firma Alioth in Basel sogar den Projektierungsauftrag, den Einbau einer Dampfmaschinen-

Geschafft! Soeben durchstösst Rotary Xrotm 100 die letzte von einer Lawine verursachte Schneewand – und wird sich vom aktiven Leben am Gotthard ins geruhsame Museumsdasein zurückziehen; 8. April 1975.

Der Schlepptender zum Rotary stammt von einer Dampflokomotive der GB-Serien D 3/3 oder D 4/4. Weil jedoch alle diese Maschinen ausrangiert und verschrottet oder ins Ausland verkauft und dort schlussendlich auch abgebrochen worden sind, stellt der Rotary-Tender somit das letzte 1:1-Überbleibsel einer D 3/3 oder D 4/4 dar.

Elektrogeneratorgruppe zu prüfen, und zwar in dem Sinne, dass sich der Rotary für Manöver- und Verschiebefahrten selbständig, also ohne die Hilfe einer Schublokomotive, hätte bewegen können. Der Umbau kam schlussendlich nicht zur Ausführung, das Projekt macht aber deutlich, wo sich die gewichtigste Schwachstelle der Gotthardbahn-Dampfschneeschleuder befand. Henschel hat daraufhin seine später gebauten Konstruktionen mit einem demontierbaren Stoss- und Zugbalken versehen.

Trotzdem wurde der Gotthardbahn-Rotary ein viel bestauntes und studiertes Anschauungsobjekt für Bahngesellschaften, welche den Erwerb von Dampfschneeschleudern in Betracht zogen. So besuchte im Jahr 1905 eine Delegation der Schwedischen Staatsbahnen die Zentralschweiz, ab 1909 folgten Gruppen aus Österreich, aus den Vogesen, von der Ottomanischen Haidar-Pascha-Bahn, aus Ungarn und Serbien.

1912 holt zudem das K. K. Eisenbahn-Ministerium in Wien bei den SBB Informationen über Betriebserfahrungen mit der Henschel-Schneeschleuder ein. Im Antwortschreiben der SBB ist unter anderem zu lesen: «Bezüglich Verbesserungsfähigkeit unserer Schneeschleuder wäre zu bemerken, dass in erster Linie der Selbstantrieb für Leerfahrten wünschenswert wäre...»

Es erstaunt deshalb kaum, dass sowohl die Berninabahn als auch die Rhätische Bahn für ihre zwischen 1911 und 1913 gebauten Dampfschneeschleudern ausdrücklich und unter Bezugnahme auf die am Gotthard gemachten Erfahrungen die vollständige respektive die teilweise Selbstfahrfähigkeit ihrer Schneeschleudern verlangten.

Rauch, Dampf und Pulverschnee

1967 erschien das Buch «Rauch, Dampf und Pulverschnee – Die Dampf-Schneeschleudern der Schweizer Bahnen». Damit setzte Alfred Leuenberger diesen Fahrzeugen ein bleibendes Denkmal. Zudem verstand es der Autor vortrefflich, neben den technischen und geschichtlichen Aspekten auch der emotionalen Seite Platz zu lassen – das Erleben einer schwer arbeitenden Dampfschneeschleuder lässt niemanden kalt.

Alfred Leuenbergers Begeisterung nahm 1942 ihren Anfang. Glücklicherweise hat er sie zu Papier gebracht und auch einen Verleger dafür gefunden. Einen kleinen Auszug möchten wir unseren Lesern nicht vorenthalten – selbst wenn es sich bei Leuenbergers erster Begegnung mit einer Dampfschneeschleuder nicht um das Exemplar der einstigen Gotthardbahn, sondern um eine Maschine der Berninabahn respektive ab 1943 der Rhätischen Bahn handelte.

«1942. Krieg herrscht rund um die Schweizer Grenze. Am späten Nachmittag eines strahlend klaren, bitterkalten Februartages ziehe ich auf meiner Me 109 [die Schweizer Luftwaffe flog teilweise diesen deutschen Flugzeugtyp] noch eine Schleife rund um Pontresina und St. Moritz, um gleich anschliessend nach erfülltem Grenzüberwachungsauftrag in den Graubündner Bergen wieder auf den Stützpunkt unserer Staffel zurückzukehren.

Im Widerschein der schon tief liegenden Sonne blitzt plötzlich im Raum Berninahäuser eine weisse Fontäne auf, verschwindet, stösst erneut hoch und gleich noch ein drittes Mal. Ich realisiere nicht recht, was hier unten geschieht, und trotzdem habe ich schon fast automatisch meinen Vogel der ungewohnten Erscheinung zugewendet, gehe in Stechflug über, und in wenigen Sekunden, in einer Steilkurve der jetzt deutlich erkennbaren, imposanten, voll arbeitenden Dampfschneeschleuder der Berninabahn, bin ich erstmals Augenzeuge des harten, mühsamen, sich meist in Nacht und Schneesturm abspielenden Einsatzes dieser Maschine im Dienste der Allgemeinheit.»

Der Tender zur Dampfschneeschleuder

Wahrscheinlich ist, dass der Rotary nur dann mit einem Tender gekuppelt wurde, wenn Schneeschleudern angesagt war – der Tender stammte dabei vermutlich von einer Lokomotive der GB-Serie 51 bis 56 (SBB-Nr. 3451 bis 3456), welche in dieser Zeit eine Pause einlegen musste. Einen fest zugeteilten Tender bekam der Rotary vermutlich erst ab 1912, als die ersten passenden D 3/3 ausrangiert wurden. Dafür spricht auch die Tatsache, dass die GB während längerer Zeit nicht auf Rosen gebettet war – so wurde die aus Kostengründen anfänglich nur einspurig gehaltene Strecke erst im Laufe der Zeit auf Doppelspur ausgebaut.

Xrotm 100: Technische Daten

Länge über alles: 17 172 mm
Länge Schneeschleuder: 11 527 mm
Höhe über Kamin: 4500 mm
Breite: 3100 mm
Schleuderraddurchmesser: 2960 mm
Dienstgewicht Schneeschleuder: 62,5 t
Dienstgewicht Tender: 26,3 t
Antrieb: Nassdampf, Zwilling
Leistung: 800 PS/590 kW
Baujahr: 1895
Hersteller: Henschel & Sohn, Kassel
Fabriknummer: 4309

Als «Joker» im Einsatz von 1896 bis 1975

Legte ein Schneesturm oder eine Lawine die Gotthardlinie lahm, schlug bis Mitte der 1970er-Jahre die Stunde der Dampfschneeschleuder Xrotm 100. Ihr knapp 3 Meter messendes Schleuderrad wurde dann zur Waffe und frass sich regelrecht durch das verschüttete Bahntrassee. Bis zur Elektrifizierung der Gotthardlinie wurde der Rotary von einer Dampflokomotive geschoben. Belegt ist diesbezüglich zum Beispiel der Einsatz vom 1. und 2. April 1917: Zuerst verrichtete die D 4/4 4134, später die C 5/6 2954 und am Schluss die C 4/5 2603 Dienst. Aber auch Einsätze von mehr als einer Schiebelokomotive hinter der Rotary sind bekannt.

Ab 1920 übernahm dann oftmals ein Krokodil diese Aufgabe. War hingegen damit zu rechnen, dass abschnittsweise die Fahrleitung beschädigt und somit stromlos war, gesellte sich bis 1968 noch eine Dampflokomotive, meistens eine C 5/6, dazu. Ab 1969 trat dann eine Diesellokomotive an ihre Stelle.

Die Xrotm 100 – ein Fall fürs Museum

Im April 1975 stand der Rotary zum letzten Mal aktiv im Einsatz. Zwar heizten die Erstfelder ihre Dampfschneeschleuder noch dreimal an, allerdings lediglich für Demonstrationszwecke. 1982 hiess es dann definitiv «Ende Feuer», und die Xrotm 100 wurde nach Luzern, ins Verkehrshaus, überführt. Dort, im Kreise anderer betagter Schienenfahrzeuge, geniesst der interessante Einzelgänger seither einen geruhsamen, aber hochverdienten Lebensabend.

Fast wie in alten Zeiten: Bevor der Rotary und die C 5/6 2965 nach Luzern ins Verkehrshaus überführt wurden, posierten sie am 10. Mai 1982 im Depot Erstfeld noch für die Fotografen. Stilgerecht leistete ihnen dabei das in Erstfeld bleibende Krokodil Ce 6/8 II 14253 Gesellschaft.

Roger Waller, Fachmann für moderne Dampftraktion

Roger Waller setzt sich mit seiner Dampflokomotiv- und Maschinenfabrik (DLM) AG für den Neubau moderner Dampflokomotiven und Dampfmaschinen ein; zudem bietet er auch die Revision und, wo sinnvoll, die Modernisierung von alten Fahrzeugen an.

Im Buch «Schweizerischer Lokomotivbau 1871–1971», herausgegeben von der SLM (Schweizerische Lokomotiv- und Maschinenfabrik), ist auf Seite 52 Folgendes zu lesen: «... im Jahre 1952 [...] ist in Winterthur der Bau von Dampflokomotiven, der sich durch Ideenreichtum, Originalität und hohes technisches Können ausgezeichnet hatte, zu Ende gegangen.» Mittlerweile wurde diese Aussage Lügen gestraft, feierte doch der Dampflokomotivbau bei ebendieser SLM ein Comeback. Dank Roger Wallers Initiative, Fachkenntnis und Beharrlichkeit wurden zwischen 1992 und 1996 acht völlig neu konstruierte Zahnrad-Dampflokomotiven in Betrieb genommen. Nachdem die SLM 1998 ihre Tore schliessen musste, führte man das Geschäft unter dem Namen «Sulzer Winpro» weiter. Roger Waller sah dort allerdings keine Perspektive mehr und gründete deshalb im Jahre 2000, zusammen mit mehreren Mitarbeitern, die Dampflokomotiv- und Maschinenfabrik AG (DLM). Wir haben den Fachmann gebeten, sich und seine Leidenschaft näher vorzustellen.

Bereits als Kind durfte ich bei der Sursee–Triengen-Bahn im Führerstand eines Tigerlis mitfahren. Lokomotivführer Marti ist mir noch in bester Erinnerung. Der gute Mann war alleine mit seiner Maschine unterwegs, also ohne Heizer! Kohle schaufeln musste er während der Stationsaufenthalte – ich war mächtig beeindruckt. Ohne Heizer gefahren wurden auch die Tigerlis der Papierfabrik Perlen, nicht weit von Zug entfernt, wo ich aufgewachsen bin. In Luzern, bei meinen Grosseltern, machte ich Bekanntschaft mit SBB-Dampflokomotiven und Vierwaldstättersee-Dampfschiffen: Im Depot stand eine C 5/6 warm in Reserve, auf dem Wasser standen Raddampfer im Einsatz, und nach Kriens schnaufte ein Tigerli mit der Manövernummer 6, das wir «Sächsi-Tante» nannten. Zudem las ich alles über Dampflokomotiven, was mir in die Finger kam, unter anderem die Bücher von Karl-Ernst Maedel, mit Titeln wie «Geliebte Dampflok» oder «Die Dampflokzeit».

Ingenieur ETH, Heizer und Lokomotivführer

Während meines Maschinenbaustudiums an der Eidgenössischen Technischen Hochschule (ETH) in Zürich arbeitete ich in den Semesterferien bei der Deutschen Bundesbahn (DB) als «Studenten-Heizer»: in Rottweil auf kohlegefeuerten Maschinen der Baureihen 38, 50, 64 und 78, später in Rheine auf ölgefeuerten 41 und 44. Die Doppeltraktionen mit 4000 Tonnen am Haken waren besonders eindrücklich. Obwohl mir das Kohleschaufeln Spass gemacht hatte, realisierte ich, wie praktisch und bequem die ölgefeuerten Lokomotiven waren. Nachdem ich das ETH-Diplom in der Tasche hatte, liess ich mich bei der RhB (Rhätische Bahn) zum Lokomotivführer ausbilden. Deren Triebfahrzeugpark repräsentierte damals fast die gesamte Entwicklung der Eisenbahn: Dampf-, Diesel- und Elektrolokomotiven, Triebwagen und Pendelzüge, Gleich- und Wechselstrombetrieb, Dampf- und Dieselschneeschleudern sowie Zweikraftlokomotiven. Von betagten Lokomotiven mit Stangenantrieb bis zu den damals modernsten Thyristormaschinen war alles vorhanden und machte die Arbeit sehr abwechslungsreich. Ich erlebte aber auch, dass die RhB-«Krokodile» mit handbetätigtem Stufenschalter einen ganz schön ins Schwitzen bringen konnten. Im Gegensatz dazu fuhr man die Ge 4/4 II fast mit einem Finger. Ich realisierte: Technischer Fortschritt ist primär eine Frage des Alters des jeweiligen Fahrzeugs. Daraufhin wechselte ich die Stelle, von der

SLM-Fabriknummer 1 (!) «auf hoher See» – zwischen Luzern und Vitznau: Nach gelungener Revision gelangte die Zahnradlokomotive H 1/2 Nr. 7 der Vitznau–Rigi-Bahn auf dem Wasserweg zurück in ihr Einsatzgebiet; 12. März 1996.

RhB nach Winterthur, zur SLM. In meiner Freizeit studierte ich nun die Arbeiten von Ingenieuren wie André Chapelon, der die französischen Dampflokomotiven wesentlich verbesserte. Einzigartig war zum Beispiel seine dreizylindrige Schnellzugsmaschine 242 A 1 der SNCF, die leistungsfähigste europäische Dampflokomotive – ihre 5500 PS sind bis dato von keiner vergleichbaren Diesellokomotive erreicht worden. Leider ist das grossartige Fahrzeug nicht erhalten geblieben.

Aber auch die Arbeiten von Paul W. Kiefer (USA), Adolph Giesl-Gieslingen (Österreich), Richard Roosen (Deutschland) und Livio Dante Porta (Argentinien) habe ich mit grösstem Interesse verinnerlicht.

Dampf im südlichen Afrika

Anfang der Achtzigerjahre besuchte ich Südafrika, wo ich den englischen Ingenieur David Wardale und seinen «Red Devil» besuchte. Wardale hatte soeben die 25 NC 3450 der South African Railways (SAR) modernisiert und konnte eindrückliche Verbesserungen der Leistung und der Wirtschaftlichkeit nachweisen. Ein Jahr später wanderte ich nach Südafrika aus, um bei der Entwicklung der Dampflokomotive mitzuhelfen. Leider war die Unterstützung seitens der SAR dürftig. Dies ungeachtet einer Studie, die ergab, dass die Dampftraktion auf der Hauptstrecke Kimberley–De Aar die wirtschaftlichste Betriebsart darstellte.

Nach zwei Jahren kehrte ich zur SLM zurück, nun mit dem Ziel, neue Dampflokomotiven zu bauen. Als erste Arbeit konnte ein neuer Kessel für die G 3/4 Nr. 14 der Appenzeller Bahnen gefertigt werden, weitere Aufträge folgten. Obwohl sich die Vorteile der modernen Technik bereits beim Bau der nunmehr geschweissten und nicht mehr genieteten Ersatzkessel zeigten, war klar, dass dadurch keine konkurrenzfähigen Maschinen entstehen würden. Das war auch nicht beabsichtigt, galt es doch bei diesen Umbauten, die historische Substanz der Lokomotiven so weit wie möglich zu erhalten.

Das Comeback der Zahnrad-Dampflokomotiven

Als die Brienz–Rothorn-Bahn (BRB) 1986 die Beschaffung einer vierten Zahnrad-Diesellokomotive erwog, wollte ich das Unternehmen überzeugen, stattdessen eine neue, wirtschaftliche Dampflokomotive zu bestellen. Dies löste zwar eine entsprechende Anfrage aus, trotzdem entschied sich die BRB letztendlich für eine Dieselmaschine. Aber auch in der SLM stand man meinen Bemühungen anfänglich skeptisch gegenüber, signalisierte aber, dass man ab sechs Lokomotiven an der Sache interessiert wäre. Die daraufhin durchgeführte Marktanalyse ergab einen Bedarf von 15 Stück, worauf der Bau von Prototypen beschlossen wurde. Nun orderten die BRB, die Bergbahn Montreux–Glion–Rochers-de-Naye sowie die österreichische Schafbergbahn je eine Maschine. Nach deren erfolgreichen Inbetriebsetzungen folgten weitere Bestellungen. Die von 1992

Dampftriebwagen für Pilatusbahn

DLM
Dampflokomotiv- und Maschinenfabrik DLM AG

Mit Dampfkraft auf den Pilatus! Für die steilste Zahnradbahn der Welt – es sind Steigungen von maximal 480 Promille zu bewältigen – hat die DLM AG ein Dampftriebwagen-Projekt ausgearbeitet. Obwohl das Fahrzeug optisch an die einstigen Triebwagen aus dem 19. Jahrhundert erinnert, liessen sich damit die Fahrzeiten der heutigen elektrischen Triebwagen realisieren (oben).

Leistungsfähige, umweltfreundliche und einmännig bedienbare Dampflokomotiven braucht das Land – Roger Waller und «seine» DLM AG bieten deshalb moderne, unterhaltsarme und ölgefeuerte 1'D1'-Maschinen an. Bedienbar sind sie sogar von einem Steuerwagen aus (unten).

Die französische 242 A 1 aus dem Jahr 1946 nahm es sowohl leistungs- als auch zugkraftmässig locker mit einer der von 1944 bis 1955 gebauten BLS-Hochleistungs-Elektrolokomotiven des Typs Ae 4/4 auf. Geschwindigkeitsmässig übertrumpfte die Super-Dampfmaschine von André Chapelon das BLS-Gegenstück sogar beträchtlich (oben)!

Die modernisierte Dampflokomotive 52 8055 wird vorwiegend für Reise-Extrazüge genutzt. Am 11. März 1999 stand sie allerdings versuchsweise vor einem Güterzug im Einsatz. Für die Maschine bedeuten die 818 Tonnen Anhängelast aber noch lange nicht Grenzlast; hier zwischen Märstetten und Weinfelden (unten).

bis 1996 in Betrieb genommenen Prototyp- und Serienmaschinen haben sich allesamt bewährt und werden sehr geschätzt. Als Vorteile gelten:
– wirtschaftlicher Einmannbetrieb,
– Leichtölfeuerung – somit keine Asche und keine Brandgefahr durch Funkenflug,
– kurze Vorbereitungs- und Abrüstzeiten,
– hohe Leistungsfähigkeit bei geringem Gewicht,
– niedriger Energieverbrauch,
– günstiger Beschaffungspreis.

Völlig andere Rahmenbedingungen herrschten bei der Wiederinbetriebnahme der Zahnrad-Dampflokomotive H 1/2 Nr. 7 der Vitznau–Rigi-Bahn (VRB): Die anno 1873 in Winterthur entstandene Maschine mit der SLM-Fabriknummer 1 (!) wurde zum 125-Jahr-Jubiläum der VRB und der SLM restauriert, teilweise modernisiert und wieder in Betrieb genommen. Nach erfolgreichen Einsätzen in den Sommersaisons 1996 und 1997 kehrte die kohlengefeuerte Lokomotive Nr. 7 ins Verkehrshaus zurück.

52 8055 und Dampfschiffe

Aus Platzgründen lediglich am Rande erwähnt sei hier auch die Modernisierung der deutschen 52 8055. Mein Ziel dabei war, die moderne Dampftechnik auf einer Grossdampflokomotive anzuwenden. Leider konnte aus Kostengründen keine völlig neue Maschine gebaut werden, so dass man sich mit einer Rekonstruktion zufrieden geben musste. Bei diesem Projekt habe ich einiges Lehrgeld bezahlt, dafür aber auch viele Erfahrungen gesammelt. Die ölgefeuerte Lokomotive ist sowohl in Vorwärts- als auch in Rückwärtsfahrt für 80 Stundenkilometer zugelassen und gehört seit einiger Zeit der DLM.

Raddampfer mit ihrer sichtbaren und nachvollziehbaren Technik sind heute äusserst beliebt. Mehrere derartige Schiffe der Compagnie Générale de Navigation sur le Lac Léman (CGN) wurden allerdings in den Sechzigerjahren auf dieselelektrischen Antrieb umgebaut. Ich plante deshalb, Raddampfer wieder mit einer Dampfmaschine auszurüsten – allerdings mit einer ölgefeuerten Maschine, die sich von der Kommandobrücke aus fernbedienen lässt. Derartige Dampfschiffe weisen den gleich niedrigen Personalbestand auf wie ein Motorschiff. Die CGN entschloss sich deshalb dazu, der aus dem Jahre 1904 stammenden «Montreux» wieder eine Dampfmaschine einzubauen – zu revaporisieren also. Mittlerweile dampft das prächtige Schiff regelmässig auf dem Genfersee und erfreut sich grosser Beliebtheit.

Wirtschaftliche und ökologische Dampftechnik – Modern Steam

Nicht nur mit dem Dieselmotor, selbst mit der Elektrotraktion kann sich die moderne Dampflokomotive fallweise messen – zumindest auf relativ spärlich oder nur saisonal befahrenen Strecken. Bei derartigen Betriebsbedingungen erhöhen die Kapital- und Unterhaltskosten der

Fahrleitungsanlagen sowie der abzuschirmenden Signalkabel die Gesamtkosten nämlich so stark, dass sich der elektrische Betrieb oft nicht rechnet. Ein gutes Beispiel stellt diesbezüglich die Brienz–Rothorn-Bahn dar.

Ausführungsreif ist zudem die DLM-Dampflokomotive 99.10xx (deutsche Baureihenbezeichnung). Dabei handelt es sich um eine leichtölgefeuerte, rauch- und funkenflugfreie sowie einmännig bedienbare Tenderlokomotive der Achsfolge 1'D1'. Angeboten wird sie für Spurweiten von 750 bis 1067 Millimeter, wobei auch eine Normalspurvariante möglich ist. Trotz einheitlichem Basiskonzept lassen sich individuelle Kundenwünsche berücksichtigen – dafür garantiert die modulare Bauweise. Als Option lässt sich die DLM-Dampfmaschine sogar von einem Steuerwagen aus fernsteuern. Im Gegensatz zu Dieseltriebzügen würde ein derartiger Pendelzug von einem einzigen «Motor», der Dampflokomotive, angetrieben. Das heutige Triebzugkonzept «glänzt» hingegen oftmals dadurch, dass dem Fahrgast zwangsweise das Lärmen der Dieselmotoren zugemutet wird. Letztere werkeln im Extremfall unter jedem Fahrzeug, zudem verfügt die Komposition über zahlreiche ungenutzte Führerstände.

Aber auch im Rangierdienst kann eine moderne Dampflokomotive der Dieseltraktion Paroli bieten. Gemäss dem Bericht B 13 der ORE (Office de Recherches et d'Essais respektive Forschungs- und Versuchsamt) läuft der Dieselmotor einer Rangierlokomotive zu 75 Prozent im Leerlauf ungenutzt vor sich hin. Einer modernen, auf dem Prinzip der Speichertechnik basierenden, leichtölgefeuerten Dampflokomotive mit gut isoliertem Kessel stände ein grosses Leistungspotenzial zur Verfügung, zudem wäre sie um Faktoren sauberer und leiser.

Fazit

Mit dem bisher von der SLM und der DLM Erreichten konnte gezeigt werden, dass man die Dampftraktion zu früh abgeschrieben hat. Meist wurden, um die Fortschrittlichkeit zu beweisen, neue Diesel- und Elektrofahrzeuge alten Dampflokomotiven gegenübergestellt. Vergleicht man hingegen Neu mit Neu, sieht die Sache wesentlich anders aus. Bis sich die moderne Dampftraktion aber eine vergleichbare Akzeptanz auch ausserhalb touristischer Anwendungen verschafft hat, wird es wohl noch eine Weile dauern. Wirtschaftlichkeitsrechnungen können heute einfach und schnell durchgeführt werden. Es lohnt, alle drei Traktionsformen zu evaluieren: elektrischer Betrieb, Dieseltraktion – und Modern Steam!

Roger Waller
Geboren: 13. April 1952 im Zeichen des Widders
Zivilstand: ledig – aber mit Partnerin
Weitere Hobbys und Leidenschaften: Reisen, Eisenbahn- und Schiffsfahrten (möglichst mit Dampftraktion), Filmen und Fotografieren, Skifahren

Wer hätte das je geglaubt: Anfang der Neunzigerjahre des 20. Jahrhunderts nahm die damals noch existierende Schweizerische Lokomotiv- und Maschinenfabrik (SLM) den Bau fabrikneuer Dampflokomotiven wieder auf. Dies wohlgemerkt nach einem 40-jährigen Unterbruch und der 1971 in Buchform abgegebenen Erklärung, dass «in Winterthur der Bau von Dampflokomotiven [...] zu Ende gegangen ist». Nichtsdestotrotz zeigt sich hier am 12. März 1992 die fabrikneue H 2/3 Nr. 12 der Brienz–Rothorn-Bahn dem Fotografen in voller «Fahrt» – allerdings noch auf dem Prüfstand in Winterthur.

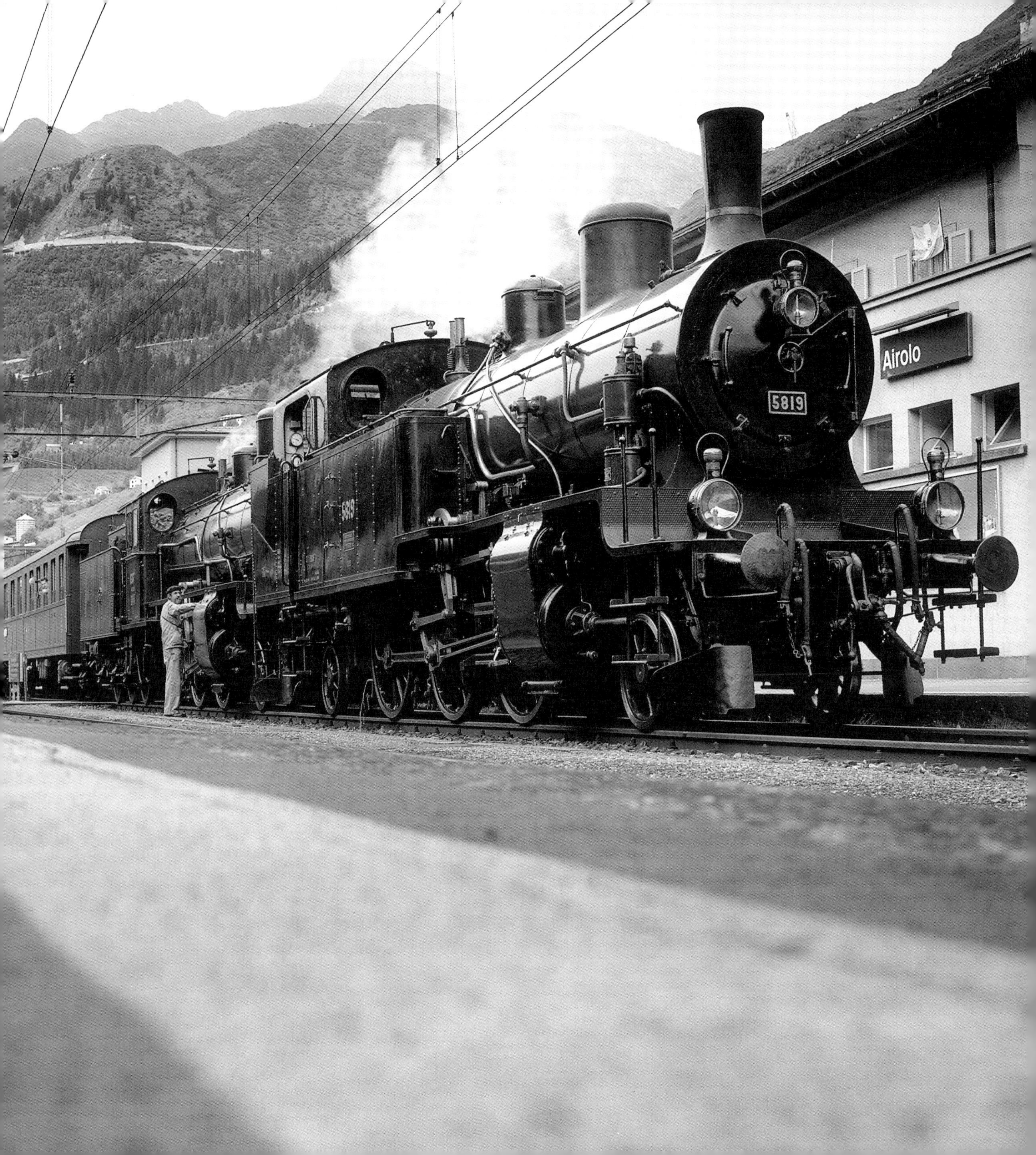
Airolo
5819

Eb 3/5 5819 – EIN TREUER «HABERSACK»

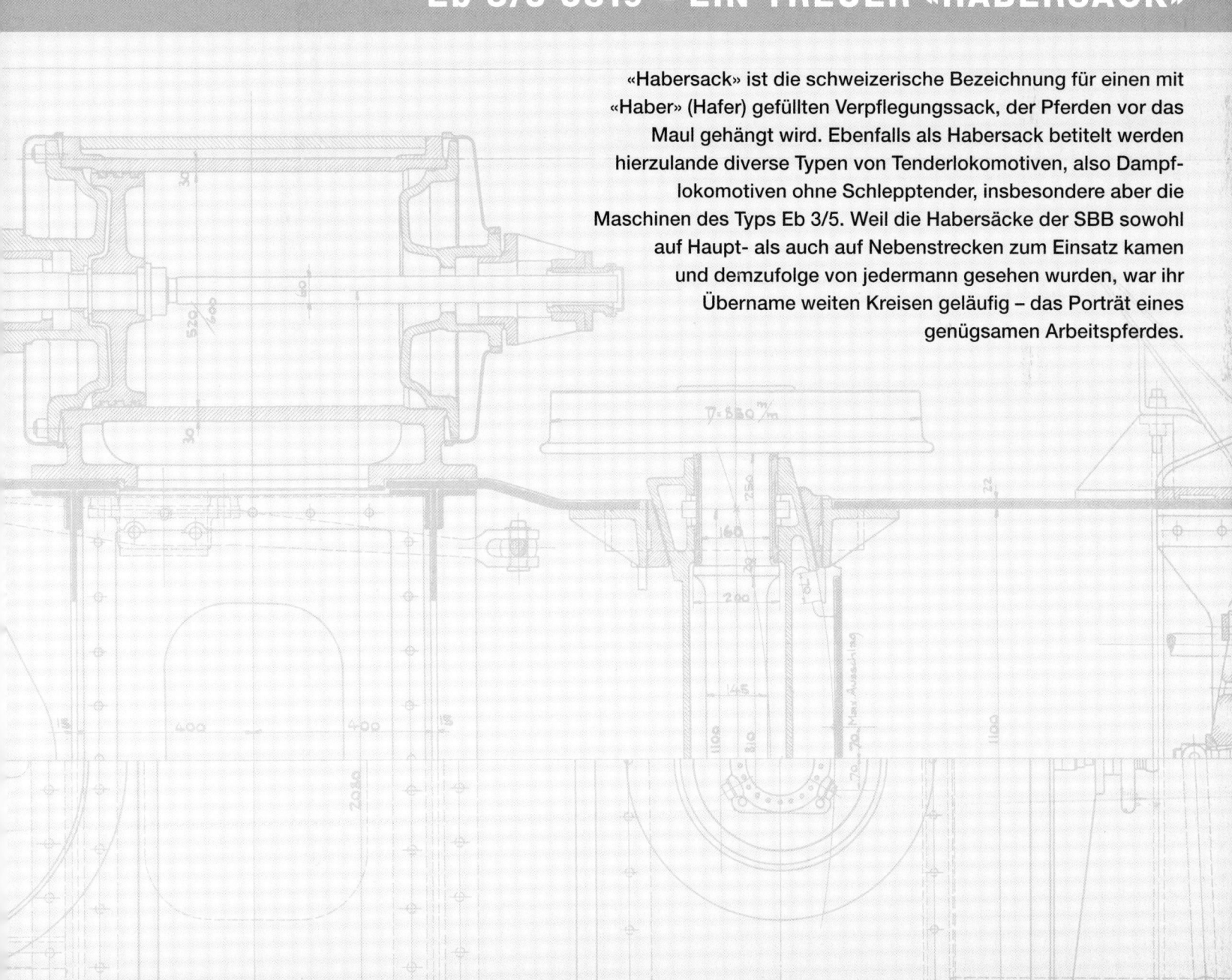

«Habersack» ist die schweizerische Bezeichnung für einen mit «Haber» (Hafer) gefüllten Verpflegungssack, der Pferden vor das Maul gehängt wird. Ebenfalls als Habersack betitelt werden hierzulande diverse Typen von Tenderlokomotiven, also Dampflokomotiven ohne Schlepptender, insbesondere aber die Maschinen des Typs Eb 3/5. Weil die Habersäcke der SBB sowohl auf Haupt- als auch auf Nebenstrecken zum Einsatz kamen und demzufolge von jedermann gesehen wurden, war ihr Übername weiten Kreisen geläufig – das Porträt eines genügsamen Arbeitspferdes.

Seite 96: Obwohl die Eb 3/5 5819 eine Tenderlokomotive und die B 3/4 1367 eine Schlepptenderlokomotive ist, weisen sie sehr viele Gemeinsamkeiten auf – sowohl im konzeptionellen als auch im baulichen Bereich. Unbekümmert derartiger Betrachtungen bereiten sich die zwei Maschinen und ihre Betreuer im Bahnhof Airolo auf die bevorstehende Talfahrt in Richtung Biasca vor; 30. August 1997.

Viel Nostalgie im Depot F in Zürich: Sowohl der im Hintergrund sichtbare Dampftriebwagen CZm 1/2 31 als auch die prominent im Vordergrund stehende Eb 3/5 5819 werden für das bevorstehende Jubiläum «150 Jahre Schweizer Bahnen» bereitgemacht; 4. April 1997 (oben).

Eb 3/5 – die Schwester der B 3/4

Bekanntlich beschafften die SBB von 1905 an 69 Schlepptenderlokomotiven des Typs B 3/4, die Nummern 1301 bis 1369. Diese Fahrzeuge bewährten sich bestens, waren aber primär für den Einsatz auf Hauptstrecken mit langen Durchläufen bestimmt. Im sich rasch entwickelnden Vorortsverkehr und auf Nebenlinien hingegen machte ihre Verwendung keinen grossen Sinn, und zwar aus folgendem Grund: Zumindest die Endpunkte der Nebenlinien verfügten oftmals über keine Drehscheiben, weshalb die hier eingesetzten Lokomotiven nicht gewendet werden konnten. In einer Richtung hatten sie also immer rückwärts zu fahren. Tender voraus durften die B 3/4 jedoch nicht mit 75 Stundenkilometern, sondern lediglich mit 40 Stundenkilometern verkehren; eine selbst für Sekundärbahnen oftmals zu niedrige Höchstgeschwindigkeit. Die SBB lösten das Problem elegant, indem sie eine Tenderlokomotive in Auftrag gaben, die, mit Ausnahme eines leicht verringerten Zylinderdurchmessers, weitestgehend der bewährten zweizylindrigen Heissdampf-Schlepptenderlokomotive des Typs B 3/4 entsprach. Damit die neu zu bauenden Maschinen in beiden Fahrtrichtungen gleichermassen gut im Gleis lagen, drängte sich die Achsfolge 1'C1', im Ausland auch «Prairie» genannt, geradezu auf. Mit ihren drei Trieb- und zwei Laufachsen sowie der Höchstgeschwindigkeit von 75 Stundenkilometern erhielten sie hierzulande geläufige Bezeichnung Eb 3/5. Neben dem Einsatz im Vorortsverkehr und auf Nebenlinien machten sich die Eb 3/5 zeitweise aber auch als Vorspannmaschinen auf kürzeren Steigungen nützlich.

Abgesehen von den Lokomotiven 5826 und 5827 war bei allen Lokomotiven die vordere Laufachse mit der ersten Kuppelachse in einem Helmholtz-Winterthur-Gestell zusammengefasst – wie bei den B 3/4 1303 bis 1369. Hinten kam eine Adam'sche Radialachse zur Anwendung, wie auch vorne bei den zwei Lokomotiven 5826 und 5827.

Eb 3/5 5801 bis 5834

Beschafft wurden insgesamt 34 Lokomotiven, welche die Nummern 5801 bis 5834 trugen und innerhalb des Zeitraums 1911 bis 1916 in der SLM entstanden sind. 1932 gesellten sich weitere neun Eb 3/5 dazu, wobei es sich um die von der Bodensee–Toggenburg-Bahn (BT) übernommenen Lokomotiven Eb 3/5 1 bis 9 handelte. Bei den SBB teilte man ihnen die Nummern 5881 bis 5889 zu. Die neun von Maffei, München, gebauten BT-Maschinen sind jedoch nicht Gegenstand unserer Betrachtung – nur so viel: Zwei Lokomotiven kehrten später zur BT zurück und sind erhalten geblieben. Ebenfalls nicht detailliert eingehen wollen wir auf die Eb 3/5 5891 bis 5895 der SBB, hinter welchen sich die fünf 1902 von der SCB (Schweizerische Centralbahn) übernommenen Lokomotiven 91 bis 95 verbergen. Ihr ruhiger Lauf trug ihnen den Übernamen «Salondampfer» ein. Davon abgesehen litten sie jedoch unter verschiedenen Kon-

Als Heizer auf den Eb 3/5

Der bekannte Eisenbahnfotograf und Buchautor Hans Schneeberger arbeitete nach seinem Ingenieurstudium bei den SBB. Im Zuge seiner Ausbildung leistete er auch Dienst als Heizer. Die mit den Eb 3/5 gemachten Erfahrungen hat er in der Zeitschrift «SBB-Nachrichtenblatt» festgehalten: «Die ‹Habersäcke› waren gutmütige Tiere, die auch einem ungeübten Heizer manchen Fehler ‹verziehen›, was dem Chronisten im Jahre 1957 in Bellinzona mehrmals sehr zustatten kam. Obschon alle nach den gleichen Zeichnungen gebaut, hatten die einzelnen ‹Familienmitglieder› ihre persönlichen Eigenheiten, denen man Rechnung zu tragen hatte. Die 5808 und 5810 waren gutmütig, die 5811 war eine heikle Dame in puncto Feuerung, die 5812 machte ihre Sache recht, die 5814 reagierte sehr träge auf die ‹Fütterung›, das heisst, sie dampfte erst richtig, wenn man den Druck eigentlich gar nicht mehr nötig hatte, die 5816 litt bereits an Altersschwäche und wollte nicht mehr ziehen, und um die 5831 machte man mit Vorteil einen grossen Bogen!»

struktionsmängeln. Die fünf SCB-Eb-3/5 standen bei den SBB nur noch kurz im Dienst. Bereits in den Jahren 1904 bis 1908 wurden sie ausrangiert und abgebrochen.

Hilfreich und unkompliziert

Die Eb 3/5 5801 bis 5834 waren sowohl vorwärts als auch rückwärts für 75 Stundenkilometer zugelassen. Weil Kessel und Triebwerk weitestgehend der B-3/4-Bauart entsprachen, galten auch deren Kenndaten, also eine Leistung von 990 PS respektive 730 Kilowatt. Damit stellte die Eb 3/5 das ideale Triebfahrzeug für Nebenlinien dar. Aber auch im Vorortsverkehr wurden die Habersäcke sehr geschätzt, erübrigte sich doch nun an den Endpunkten das mühsame und zeitaufwendige Wenden mittels einer Drehscheibe. Die Eb 3/5 mussten lediglich ihren Zug umfahren, und schon waren sie, nach der obligaten Bremsprobe natürlich, wieder bereit für die Rückfahrt.

Konzeptionsbedingt wiesen die Eb 3/5 gegenüber den B 3/4 auch einige Nachteile auf. Sowohl der Wasser- als auch der Kohlenvorrat konnten nicht so reichlich bemessen sein wie bei einer Lokomotive mit separatem Schlepptender. Zudem nahm das Adhäsionsgewicht mit laufendem Wasser- und Kohlenverbrauch ständig ab – auch hier ist die Schlepptenderlokomotive im Vorteil.

Das bei Tenderlokomotiven während des Einsatzes stetig sinkende Reibungsgewicht machte sich vor allem bei schweren Zügen lästig bemerkbar oder wenn knapp bemessene Fahrpläne ein grosses Beschleunigungsvermögen erforderten. Alle Pluspunkte in einem einzigen Triebfahrzeug zu vereinigen wäre zwar wünschenswert, ist aber bis auf den heutigen Tag ein unrealisierbarer Wunsch oder Traum der Lokomotivkonstrukteure geblieben.

Im Alltagsbetrieb zeigte sich dann, dass die Eb 3/5 an den eher zu knapp bemessenen Vorratsmöglichkeiten litten. Nach Alfred Moser «würde sich anstelle der [hinteren] Laufachse die Anordnung eines Drehgestells gerechtfertigt haben, nach Art der im Jahre 1913 für die Bern–Neuenburg-Bahn erstellten 3/6-gekuppelten Tenderlokomotive».

Die Eb 3/5 – ein vielseitiges Arbeitspferd

Durch die schnelle Elektrifizierung verschwanden die Eb 3/5 schon ziemlich früh von den Haupt- und Vorortstrecken. Dafür trafen die noch jungen Lokomotiven auf den Nebenlinien ein neues und sinnvolles Betätigungsfeld an. So bewältigten sie, zusammen mit den C 5/6, den gesamten Verkehr auf der schweizerisch-italienischen Strecke von Bellinzona nach Luino. Ebenfalls unvergessen

Grossartige Einsätze von SBB-«Habersäcken» konnten bis 1965 auf der Mitteltelthurgau-Bahn (MThB) beobachtet werden – zumindest dann, wenn es die schweren Zirkus-Knie-Extrazüge zu bespannen galt. Eine derartige Komposition ist hier am 23. Mai 1962 bei Bronschhofen unterwegs. Im Einsatz stehen die MThB-eigene Ed 3/5 2 und die Eb 3/5 5820.

Auf der grenzüberschreitenden Linie Bellinzona–Luino (Italien) konnte sich der SBB-Dampfbetrieb bis 1960 halten. Am 14. Juni 1958, als die Eb 3/5 5812 mit ihrem Personenzug in S. Nazzaro einen Halt einlegte, war von der bevorstehenden Elektrifikation allerdings noch nichts zu spüren. Viel zur Idylle trägt zudem der auf dem Stumpengleis abgestellte italienische Spitzdach-Güterwagen bei (oben).

Das war der alte Bahnhof Bern! Während sich die Ee 3/3 auf Gleis 1 ausruht, gibt sich der «Habersack» aktiver. Als Besonderheit weist die Eb 3/5 vor der Rauchkammertüre ein umlaufendes Geländer und somit eine Art Rangierplattform auf; 10. September 1958 (unten).

Rechte Seite: Wenige Tage vor der am 29. September 1962 erfolgten Betriebseinstellung besuchte ein SBB-Fotograf die nach Frankreich führende Nebenlinie Nyon–Crassier-La Rippe–Divonne-les Bains und hielt den dortigen Dampfbetrieb auf Farbfilm fest. Das Zweiwagenzüglein dürfte die Eb 3/5 5834 jedoch nicht sonderlich gefordert haben.

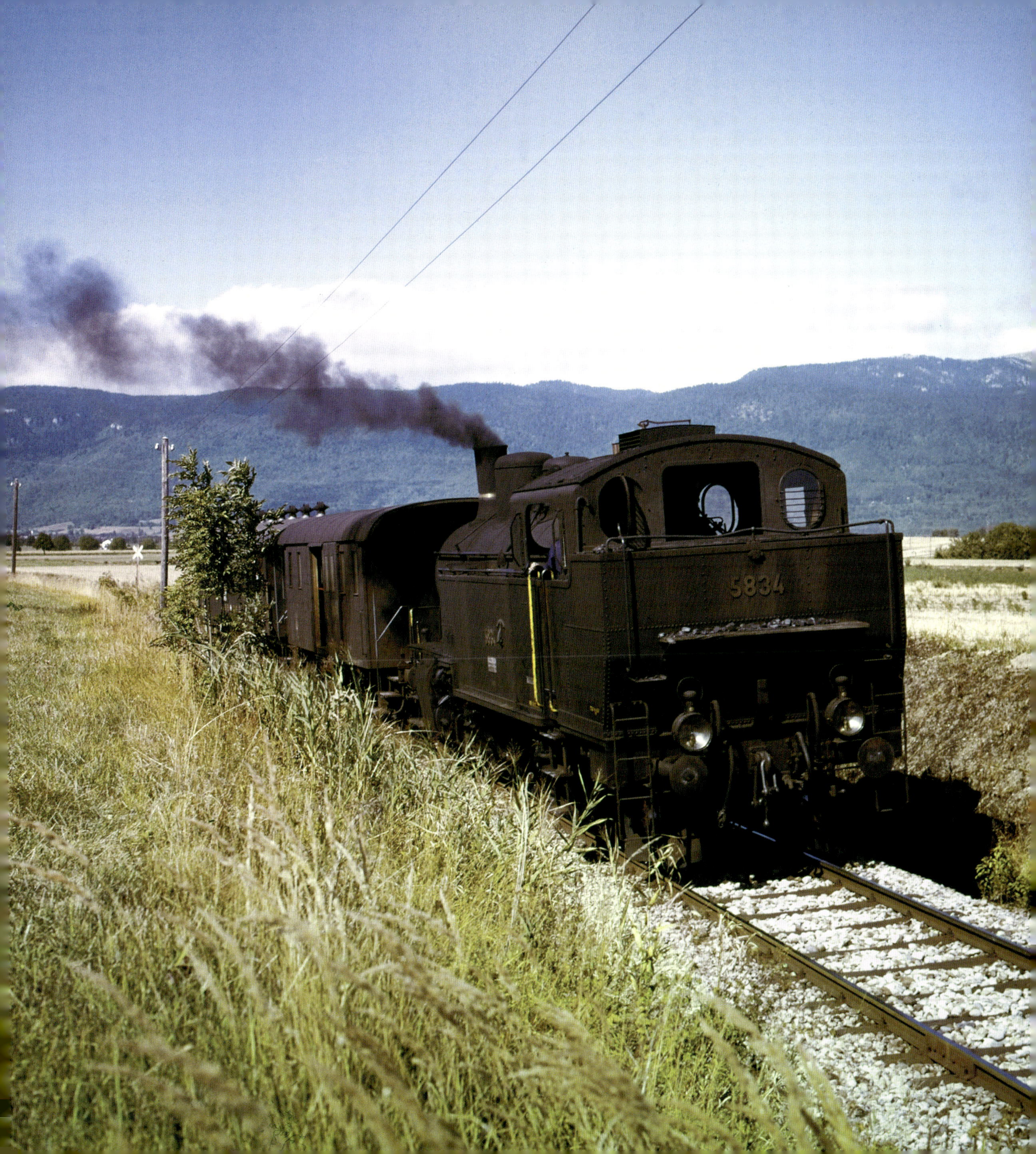
5834

Ein gemütlich dampfender «Habersack», altertümliche Handweichen, Gleise ohne Fahrleitung, mit Holz beladene Rungenwagen und ein verträumtes Bahnhöfchen – so idyllisch ging es im Januar 1959 auf der SBB-Nebenstrecke Oberglatt–Niederweningen noch zu (rechte Seite).

Weil sich die vielseitigen und genügsamen Arbeitspferde als überaus nützlich erwiesen, dauerte es relativ lange, bis die Ausrangierung einsetzte. Es musste 1950 werden, bis die erste Eb 3/5 aufs Abstellgleis geschoben wurde. Der Grossteil hingegen nahm zwischen 1959 und 1964 den Weg zum Schrotthändler unter die Räder. Drei Lokomotiven gingen zwischen 1960 und 1964 an die Mittelthurgau-Bahn (MThB) – wo sie sich teilweise noch bis 1966 nützlich machten.

Eb 3/5 5834 geht baden

Einen mehr als eigenartigen Karriereabschluss mutete man der Eb 3/5 5834 zu: In Le Bouveret am südlichen Ufer des Genfersees wurde zur Wasserung des für die Expo 64 gebauten Unterseebootes «Mesoscaph» ein schräg ins Wasser führendes Gleis installiert. Um dessen Standfestigkeit vorgängig zu testen, liess man am 13. Januar 1964 die mit Wasser gefüllte SBB-Dampflokomotive per Seilwinde in den See hinabgleiten. Verziert mit der Aufschrift «LO.CO ... SCAPHE», der Zeichnung einer Meerjungfrau und dem Schild «Lulubelle» absolvierte die Eb 3/5 5834 den Stapellauf ohne Zwischenfall. Nach erfolgreichem Probe-Tauchgang hiess die nächste und zugleich letzte Station dann aber unwiderruflich Schrottplatz.

Le Bouveret, 13. Januar 1964: Als Probelauf für die Wasserung des Expo-64-Unterseebootes «Mesoscaph» schickte man zuerst einmal die ausrangierte Eb 3/5 5834 in den Genfersee. bleiben ihre Einsätze im Raum Zürich auf der Linie Oberglatt–Niederweningen sowie im äussersten Westen des Landes, zwischen Genf und La Plaine. Ab den Fünfzigerjahren waren die Eb 3/5 dann zunehmend auch im Rangierdienst anzutreffen, so in den Bahnhöfen von Basel, Olten, Chiasso, Renens und Genf.

Erhalten gebliebene Eb 3/5

Im Dezember 1965 hiess es auch für die letzten zwei noch bei den SBB im Einsatz stehenden Eb 3/5 Abschied nehmen. Während die Lokomotive 5832 verschrottet wurde, stand der 5819 sowie einer 1964 an die MThB verkauften und einer im Oktober 1965 ausrangierten Eb 3/5 eine bessere Zukunft bevor:

– 5810: Sie wechselte im Laufe der Zeit von der MThB zum Verein Dampf-Bahn Bern (DBB). An ihrer Wiederinbetriebnahme wird gearbeitet (Stand Sommer 2004).
– 5811: Einige Zeit als Denkmal in Baden aufgestellt, steht die nicht mehr vollständig erhaltene Lokomotive seit vielen Jahren in einem Glarner Schuppen. Nötigenfalls könnte sie als Ersatzteilspender zum Zuge kommen.
– 5819: Sie ist betriebsfähig und wird von SBB Historic fallweise eingesetzt.

Eb 3/5 5819: Technische Daten

Länge über Puffer: 12 740 mm
Höhe über Kamin: 4365 mm
Dienstgewicht mit Tender: 74 t
Adhäsionsgewicht: 48 t
Triebraddurchmesser: 1520 mm
Leistung: 990 PS/730 kW
Höchstgeschwindigkeit vorwärts: 75 km/h
Höchstgeschwindigkeit rückwärts: 75 km/h
Bauart: Heissdampf, Zwilling
Baujahr: 1912
Hersteller: SLM, Winterthur
Fabriknummer: 2220

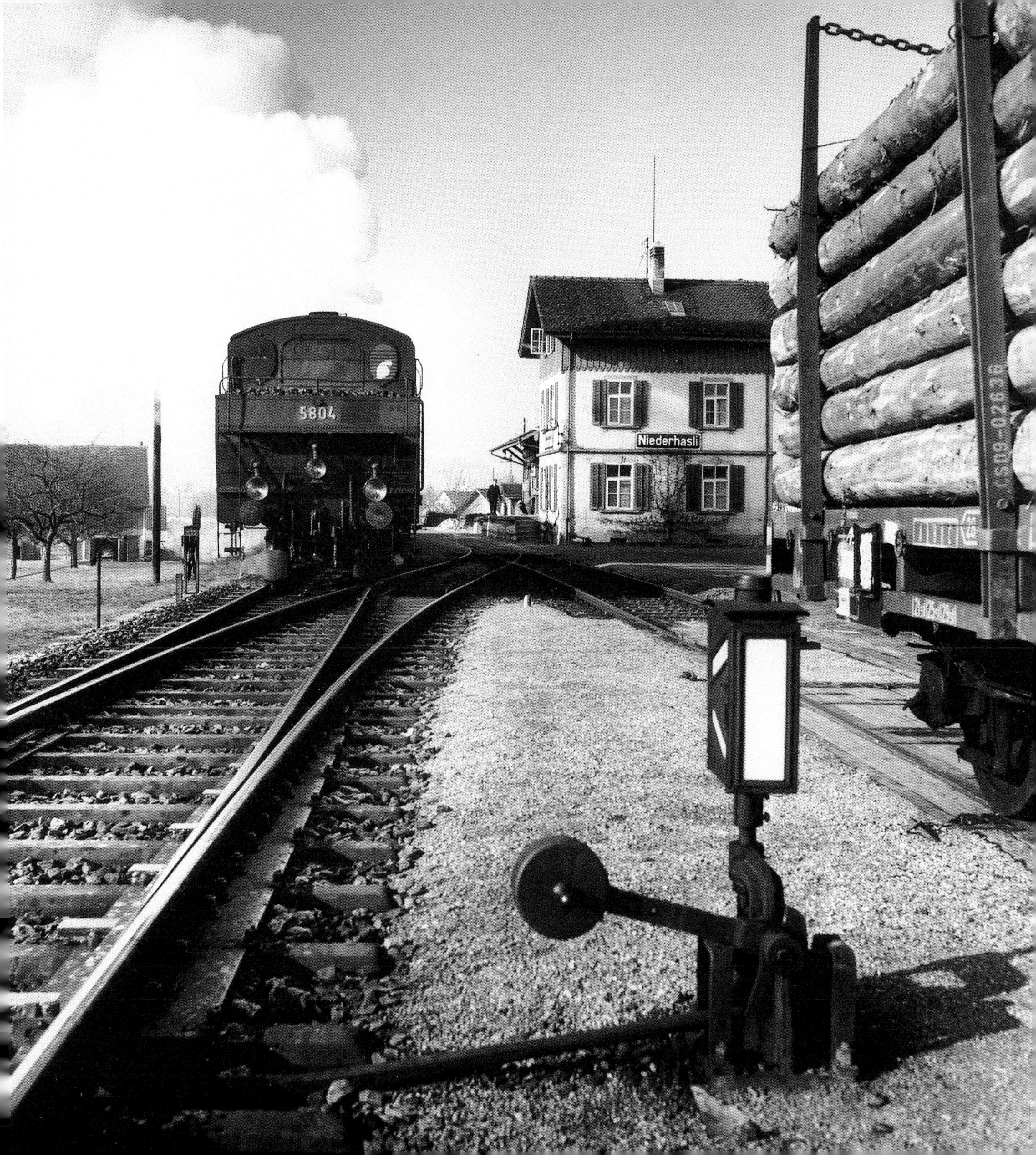
5804
Niederhasli

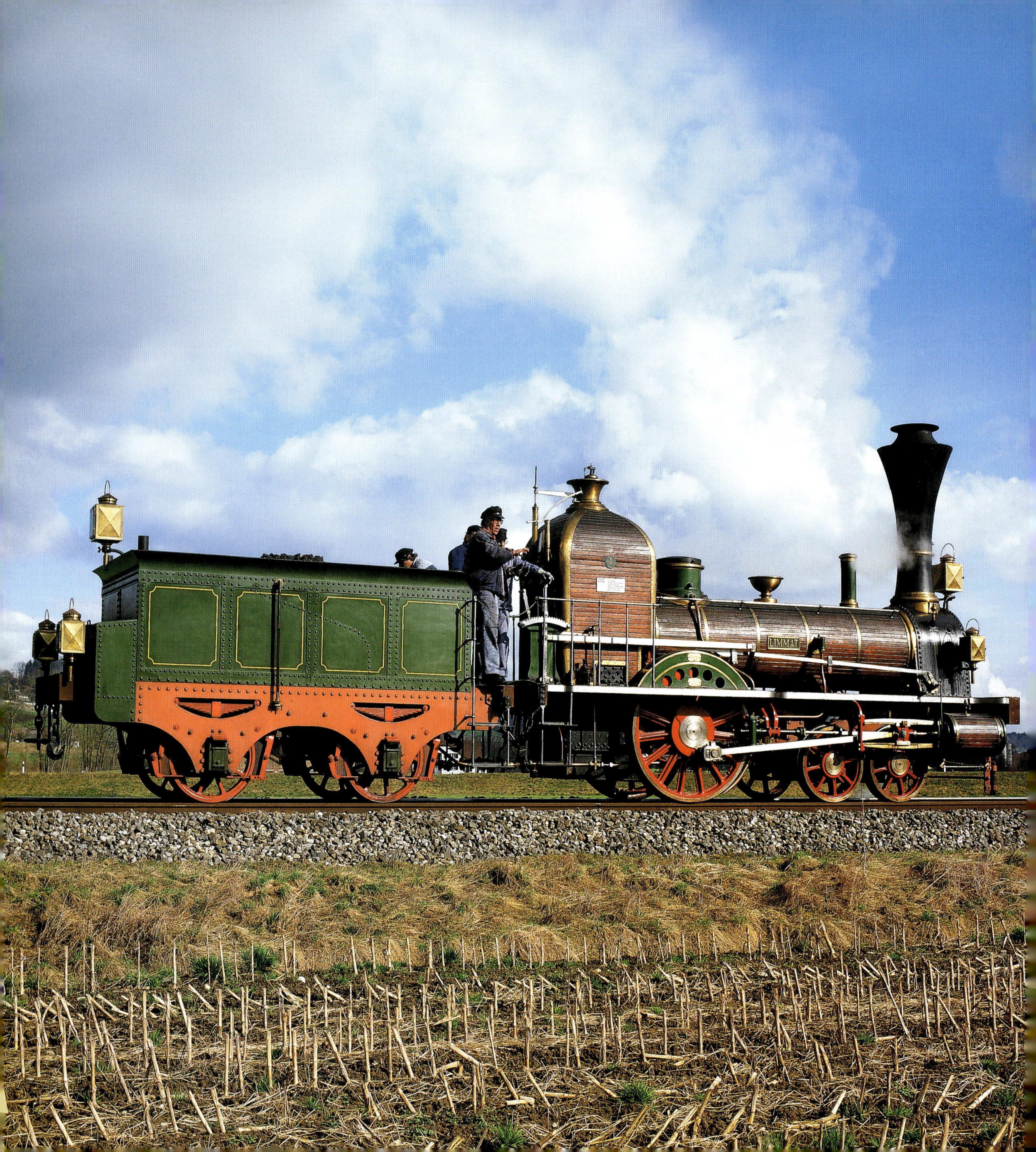
LIMMAT

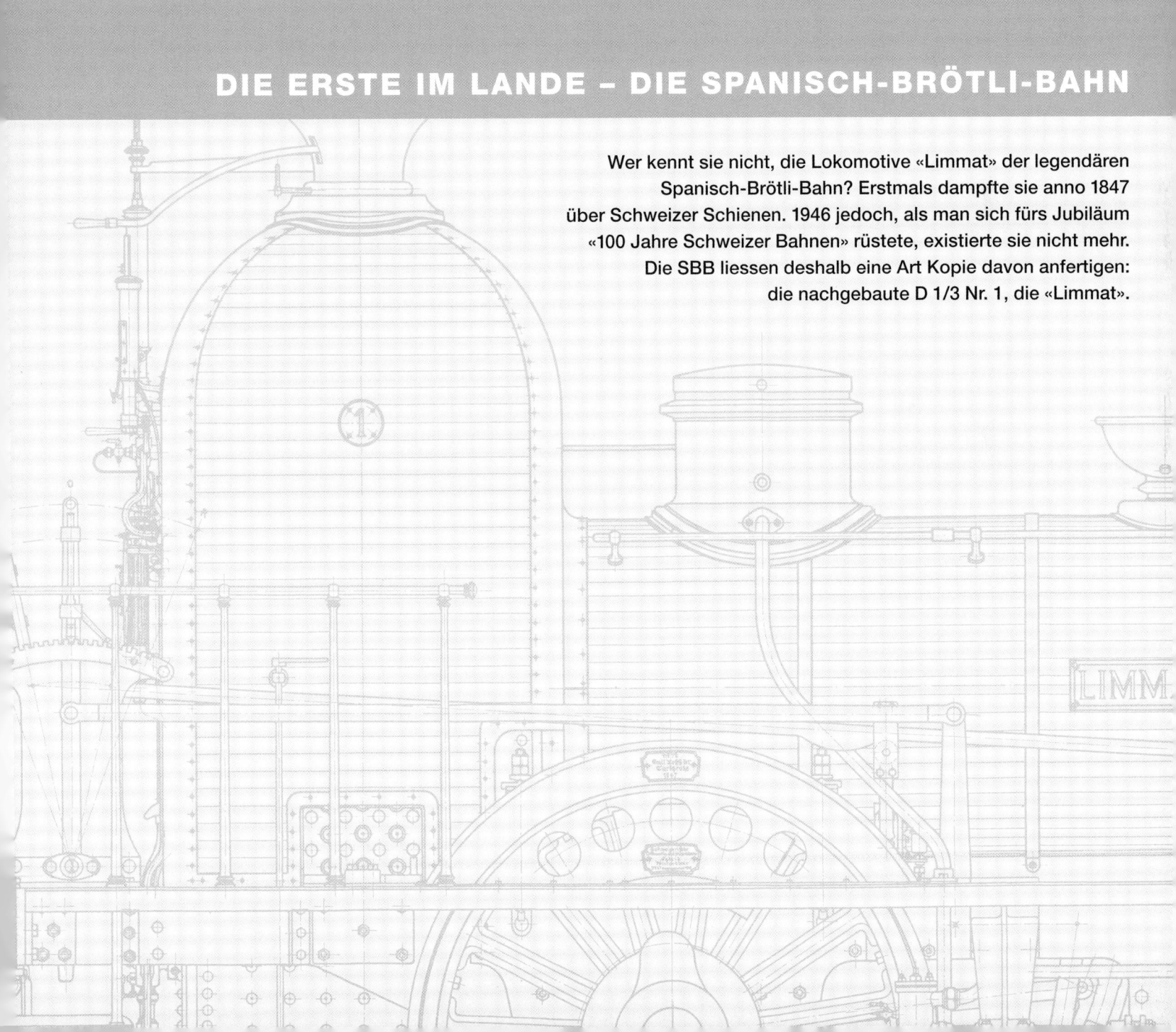

DIE ERSTE IM LANDE – DIE SPANISCH-BRÖTLI-BAHN

Wer kennt sie nicht, die Lokomotive «Limmat» der legendären Spanisch-Brötli-Bahn? Erstmals dampfte sie anno 1847 über Schweizer Schienen. 1946 jedoch, als man sich fürs Jubiläum «100 Jahre Schweizer Bahnen» rüstete, existierte sie nicht mehr. Die SBB liessen deshalb eine Art Kopie davon anfertigen: die nachgebaute D 1/3 Nr. 1, die «Limmat».

Seite 104: Im flachen und milden Frühlingslicht stellt sich die Lokomotive der Spanisch-Brötli-Bahn am 6. März 1997 dem Lichtbildner. Das Nichtvorhandensein einer Fahrleitung weist darauf hin, dass das Porträt auf der Sursee–Triengen-Bahn bei Geuensee entstanden ist.

Die Spanisch-Brötli-Bahn – die Erste im Lande?

Als erste einheimische Stadt kam das weltoffenere Basel im Jahre 1844 in den Genuss eines Eisenbahnanschlusses – wenn auch vorerst nur ins benachbarte französische Strassburg. Ganze 1800 Meter führte die Strecke dabei über schweizerisches Territorium. Zudem endeten die von Strassburg her kommenden Züge ausserhalb der Stadtmauer. Damit die Dampfeisenbahn wirklich bis nach Basel fahren konnte, mussten vorgängig noch zwei weitere Arbeiten abgeschlossen werden: Sowohl das kunstvoll gestaltete Eisenbahntor, welches jeden Abend nach der Einfahrt des letzten Zuges zu schliessen war (!), als auch der pompöse «Französische Bahnhof» wurden erst im Laufe des Jahres 1845 fertig gestellt. «Wann aber wird eine Schweizer Bahn folgen?», war damals die Frage.

Zürich–Baden

Endlich, am 7. August 1847, war es so weit: Die Schweiz nahm ihre erste vollständig auf eigenem Territorium liegende Bahnlinie in Betrieb. In der «Nationalzeitung» vom folgenden Tag war darüber Folgendes zu lesen: «... Es mochte etwas nach halb zwölf Uhr sein, als Kanonenschüsse das Herannahen der von Mitgliedern der Direktion in Baden abgeholten aargauischen Behörden und Gäste verkündete, die in 33 Minuten den Weg von beinahe fünf Stunden durchlaufen hatten.» Nach diversen Reden stand die Rückreise auf dem Programm: «Punkt 1 Uhr bewegte sich der Zug mit ungefähr 140 Personen Baden zu vorwärts. Die Lokomotive ‹Aare›, geschmackvoll mit Blumen bekränzt, war vorgespannt ...» Damit sind wir beim Thema Lokomotiven angelangt.

Dampflokomotiven Nr. 1 bis 4

Die Schweizerische Nordbahn (SNB) nahm insgesamt vier Dampflokomotiven in Betrieb. Den Flüssen entsprechend, deren Gebiet sie durchziehen sollten, erhielten sie die folgenden Namen:
– Nr. 1 «Limmat»,
– Nr. 2 «Aare»,
– Nr. 3 «Rhein»,
– Nr. 4 «Reuss».

Dazu entnehmen wir der «Neuen Zürcher Zeitung» vom 25. März 1847: «Von den vier Lokomotiven [...], welche aus der Werkstätte des Herrn Emil Kessler in Karlsruhe geliefert werden, ist gestern die erste, die ‹Aare›, im Bahnhof Zürich angelangt, und die übrigen sollen nächstens folgen.»

Obwohl diese Maschinen aus dem Ausland stammten, zeichnete teilweise ein Schweizer für ihre Konstruktion und ihren Bau verantwortlich: Niklaus Riggenbach, der spätere Maschinenmeister der SCB (Schweizerische Centralbahn) sowie Erbauer der Vitznau–Rigi-Bahn und diverser anderer Zahnradbahnen. Riggenbach, 1846/47 in führender Stellung bei der Maschinenfabrik von Emil Kessler in Karlsruhe tätig, blickte später auf diese SNB-Lieferung zurück: «Zu meiner grossen Freude wurde ich im Frühjahr 1847 beauftragt, die erste Lokomotive über die schweizerische Grenze zu bringen. Unter grossem Aufsehen der Basler Bevölkerung beförderte ich die Maschine über die Rheinbrücke und sah dabei manchen ehrsamen Bürger ängstlich das Haupt schütteln, teils aus Befremden über das seltsame Ungetüm, teils aus Furcht, die Last desselben könnte der alten hölzernen Brücke gefährlich werden. Kurze Zeit darauf wurde mir auch die Ehre zuteil, unter dem grossen Jubel der Zürcher Bevölkerung die Probefahrt als Führer auf der Lokomotive zu leiten und so den ersten schweizerischen Eisenbahnzug [...] zu führen.»

Amerikanische Bauart aus Karlsruhe

Bei der Wahl der Bauart entschied sich die SNB für Lokomotiven des amerikanischen Typs nach System Norris. Sie unterscheiden sich laut Oskar Welti von Maschinen englischer Bauart hauptsächlich dadurch, dass «die Triebräder sich hinten an der Maschine befinden und der vordere Teil der Maschine auf einem Untergestell ruht, welches sich unabhängig von den Triebrädern um einen Zapfen oder Reibnagel bewegen kann» – heutzutage bezeichnen wir eine derartige Einrichtung als Drehgestell. Zudem gab Norris der einfacheren, ohne gekröpfte Triebachsen auskommenden Aussenzylinder-Bauart den Vorzug. Glücklich darüber dürften die Lokomotivführer, Heizer und Mechaniker gewesen sein, lassen sich doch derartig konzipierte Triebwerke viel einfacher schmieren, pflegen und reparieren. Den Nachteil, dass aussen liegende Zylinder sich schneller abkühlen, nahm man damit bewusst in Kauf. Warum sich die SNB letztendlich auf den amerikanischen Typ festlegte, ist heute nicht mehr mit letzter Sicherheit nachvollziehbar. Wahrscheinlich ist, dass sowohl der Lieferant, die Kessler'sche Maschinenfabrik in Karlsruhe, dazu riet, als auch Inspektor Negrelli aus Wien, der die Bauoberleitung der Bahn innehatte, dieser Bauart den Vorzug gab.

«Heuschober»-Lokomotiven

Optisch wurden die SNB-Maschinen von drei Merkmalen geprägt:
– vom kuppelförmigen, so genannten «Heuschober»-Stehkessel; dank dessen Bauart konnte auf einen separaten Dampfdom verzichtet werden,
– vom für Holzfeuerung ausgelegten und mit Funkenfängern versehenen Kamin,
– vom mit Holz verkleideten Steh- und Langkessel.

Von den vier Nordbahn-Lokomotiven gehörten die «Aare» und die «Limmat» der Bauart 1/3 (Achsanordnung 2'A) an. «Rhein» und «Reuss» hingegen verfügten über eine zusätzliche Triebachse und gehörten dadurch der Bauart 2/4 (2'B) an. Die Vorteile der zweifach gekuppelten Lokomotiven lagen einerseits in der deutlich niedrigeren Achslast und einer dementsprechend reduzierten Gleisbelastung, andererseits in einem etwas höheren Adhäsionsgewicht und einer daraus resultierenden grösseren Zugkraft. Sowohl der vom Sicherheitsventil auf 6 atü Überdruck begrenzte Kessel als auch die zwei mit Nassdampf gespeisten Zylinder waren bei allen vier Lokomotiven identisch. Demgegenüber wiesen «Rhein» und «Reuss» des geringeren hinteren Überhangs wegen ein ruhigeres Laufverhalten auf.

Die Lokomotiven besassen keine Bremse. Vom Führerstand aus bedienbar war hingegen eine auf den Schlepptender wirkende Handbremse. Mit ihr liessen sich bei Bedarf acht hölzerne Bremsklötze an die vier Räder drücken. Ansonsten musste man sich auf die Bremser auf den angehängten Wagen verlassen, welche auf die entsprechenden Pfeifsignale des Lokomotivführers hin in Aktion zu treten hatten.

Aus heutiger Sicht ebenfalls anachronistisch mutet die Situation rund um das Nachspeisen des Kessels mit Frischwasser an, wurden doch die Speisepumpen der vier SNB-Maschinen mechanisch von den Kreuzköpfen aus angetrieben. Sofern nicht gerade

In klassisch-nüchterner Werksfotografie-Manier liess die Schweizerische Lokomotiv- und Maschinenfabrik (SLM) den im Jahre 1946 realisierten «Limmat»-Nachbau bildlich festhalten.

eine Streckenfahrt anstand, der Kessel aber dringend nach Wassernachschub verlangte, mussten die Lokomotiven zum Nachschöpfen bewegt werden – vom Zug abkuppeln und im Bahnhof hin und her fahren war dann zwingend angesagt. Die praktische Dampfstrahlpumpe, der Injektor, begann sich erst ab 1860 durchzusetzen.

Zu mehr als vier Lokomotiven reichte es der SNB nie, blieben doch die Einnahmen und der Gewinn weit hinter den Erwartungen zurück. Bereits im Sommer 1853 erfolgte deshalb die Verschmelzung der SNB mit der Aktiengesellschaft Zürichsee–Bodensee-Eisenbahn zur Nordostbahn (NOB).

Die Bahn ersetzt das Dienstpersonal
Warum wurden die Züge der Schweizerischen Nordbahn im Volksmund «Spanisch-Brötli-Bahn» genannt? Dazu ist eine Rückblende in die Vor-Eisenbahn-Zeit notwendig: Die Spanischen Brötli, eine Spezialität der Bäderstadt, waren nur in Baden erhältlich und galten gemäss mündlicher Überlieferung als ausserordentlich schmackhaft und knusprig. Sie waren nirgends sonst in der Schweiz erhältlich und lagen ab 4 Uhr morgens frisch gebacken zum Verkaufe bereit. Wollten die Zürcher Herrschaften dieses feine Gebäck zum Frühstück aufgetischt bekommen, musste ihr Dienstpersonal in der Nacht nach Baden und zurück marschieren. Zwei Mal vier bis fünf Stunden waren dazu notwendig. Oskar Welti notierte dazu: «Manch ein Diener verwünschte dieses Gebäck in die Hölle, wenn er sich frühmorgens todmüde gegen Zürich schleppte und seiner dort zu alledem noch ein recht strenges Tagewerk harrte [...]. Eine besondere Wohltat war es für diese Geplagten, wenn sie auf dem langen Marsch irgendein Fuhrwerk antrafen und ein Stück des Weges mitfahren durften.» Seit dem 9. August 1847, als die SNB den fahrplanmässigen Betrieb aufnahm, änderte dies grundsätzlich. Von nun reisten die Spanischen Brötli per Frühzug von Baden Richtung Osten und trafen beinahe noch backwarm in Zürich ein – gerade rechtzeitig zum Frühstück der Herrschaften.

Holz, Kohle und Sparprämien
Ursprünglich feuerten die Heizer ihre Dampffrösser mit Holz. Im Bestreben, Kosten zu sparen, führte die SNB im Sommer 1849 Versuche mit billiger inländischer Schieferkohle durch. Diese Feuerungsart bewährte sich allerdings nicht und musste bald wieder aufgegeben werden. Die Nachteile des billigeren Brennmaterials bestanden nach Oskar Welti hauptsächlich «in dem sehr ungleichen Gehalt der Schieferkohle, der unzuverlässigen Beschaffenheit ihrer Austrocknung und dem Vorhandensein

1843: Durch die Eisenbahn wird der Raum getötet

In der ersten Hälfte des 19. Jahrhunderts setzte die Eisenbahn dazu an, unsere Welt zu erobern. Dörfer, Landschaften, Städte, Länder und ganze Kontinente begannen einander näher zu kommen – im Guten wie im Schlechten. Den einen brachte die neuartige Erfindung Fortschritt, Wohlstand und Frieden, den anderen Abhängigkeit, Unterjochung und Verderben. Die Frage, ob die Eisenbahn der Menschheit zum Segen gereichte oder sich zum Fluch wandelte, kann deshalb je nach Situation mit Ja oder mit Nein beantwortet werden.

Was wir jedoch können, ist, mit Schmunzeln einem Dichter zuzuhören, der sich vor über 160 Jahren Gedanken über ein damals noch in den Anfängen steckendes Verkehrsmittel machte: «Die Eisenbahnen sind wieder ein solch bestimmendes Ereignis, das der Menschheit einen neuen Umschwung gibt, das die Farbe und Gestalt des Lebens verändert. Es beginnt ein neuer Abschnitt in der Weltgeschichte, und unsere Generation darf sich rühmen, dass sie dabei gewesen [...]. Sogar die Elementarbegriffe von Zeit und Raum sind schwankend geworden. Durch die Eisenbahn wird der Raum getötet. Es bleibt nur noch die Zeit übrig.» (Heinrich Heine, 1797–1856, zitiert nach Arthur Fürst in «Die Welt auf Schienen»)

Zwischen Brugg und Umiken setzt die Bözberglinie auf einer langen Brücke über die Aare. Als am 4. November 1947 die Spanisch-Brötli-Bahn das Bauwerk benutzte, handelte es sich noch um die von 1905 bis 1995 existierende Halbparabelträger-Konstruktion; heute steht hier eine Betonbrücke (oben).

Wer ist älter? Gemäss SLM-Verzeichnis gilt für die Re 4/4 405 das Baujahr 1944 und die Fabriknummer 3881, für den «Limmat»-Nachbau gelten die Daten 1946 (Baujahr) und 3937 (Fabriknummer). In Dienst genommen wurden die Maschinen jedoch erst 1946 (Re 4/4) und 1947 («Limmat»). Bahnhof Lyss, 25. April 1947 (unten).

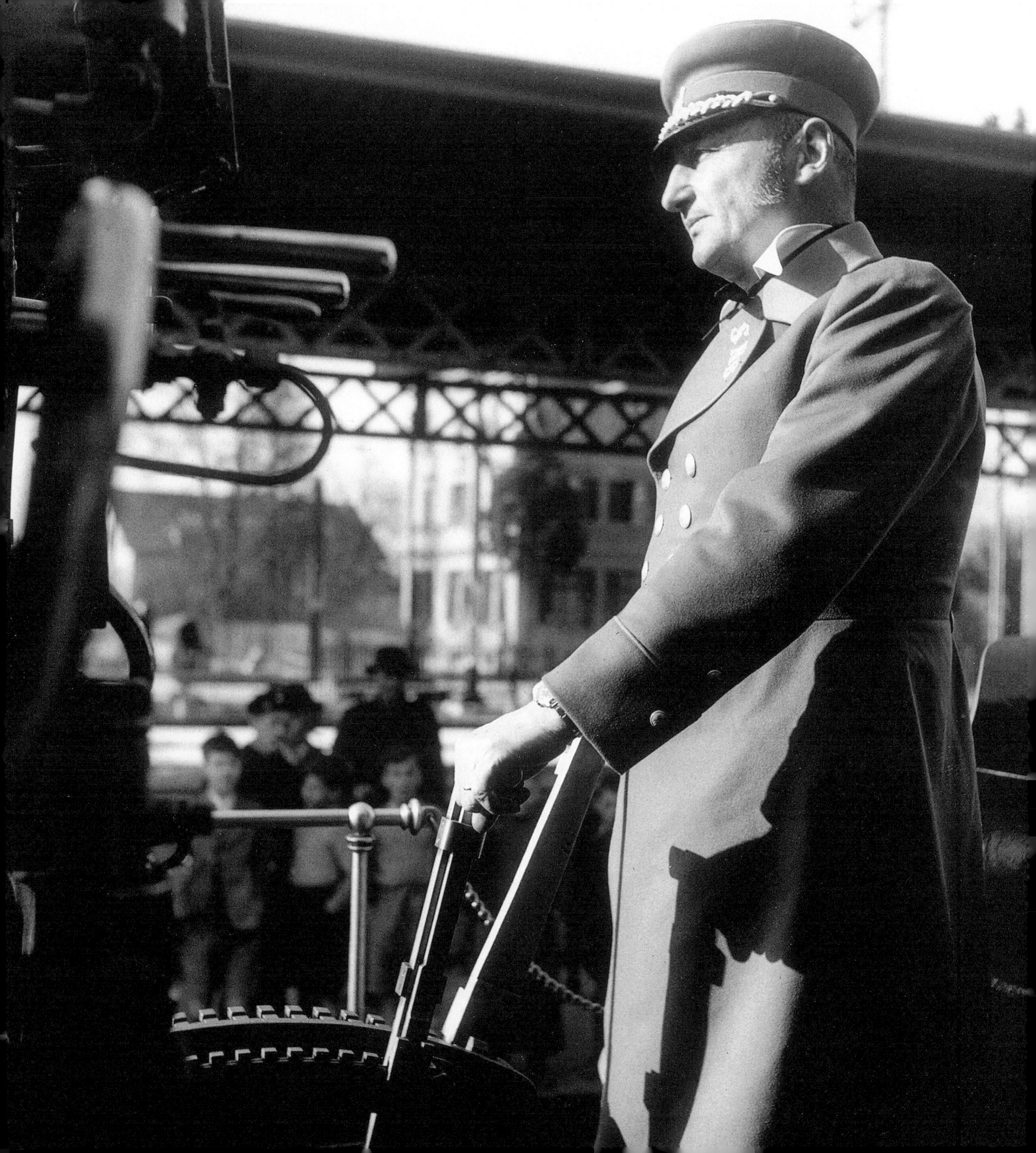

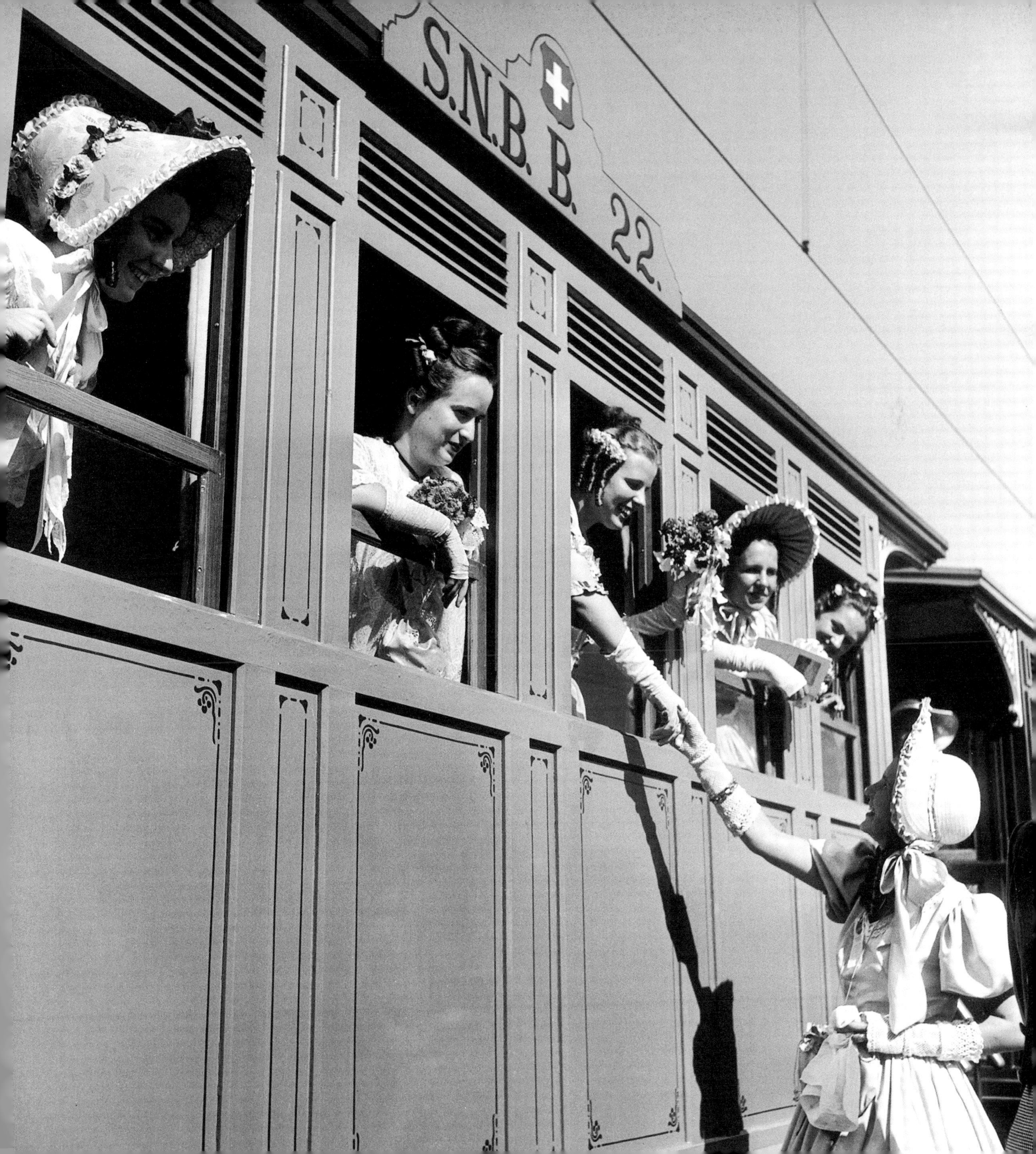
S.N.B.B. 22.

Seite 110: Wer auf der «Limmat» Dienst leistet, setzt sich Wind und Wetter aus. Am 11. April 1947 stellte das allerdings kein Problem dar, herrschte doch prächtiges Frühlingswetter.

Seite 111: Wie anno dazumal! Zeitgemäss gekleidete Damen freuen sich darüber, dass sie neuerdings per Eisenbahn von Zürich nach Baden reisen können; 9. August 1947.

Das Rad als Symbol für den Wandel der Zeit: Die 1997 erschienene 150-Jahr-Gedenkmünze zeigt auf der Vorderseite ein Triebrad der «Limmat», auf der Rückseite prangt eines der Re 460 (oben links).

Das bis heute einzige bekannte Bild einer Lokomotive der Spanisch-Brötli-Bahn zeigt die Maschine «Rhein» um das Jahr 1865 herum im Depot Zürich (oben rechts).

vieler Erdteile, welche eine harzige Asche bilden, die nicht nur die Roste der Feuerkasten verstopfen, sondern sich bei dem ständigen Luftzuge in alle Maschinenteile versetzen, die Schmierlöcher verstopfen und somit nach kurzer Zeit auf den Zustand der Maschinen nachteilig auswirken müssten. Auch der Geruch dieser Schieferkohlen ist für den Bahnreisenden unangenehm.»

Nachdem ab 1858 in Württemberg ähnliche Lokomotiven wie diejenigen der SNB/NOB und anderer Bahnen versuchsweise und erfolgreich mit qualitativ guter Kohle beheizt wurden, begann sich diese Feuerungsart auch in der Schweiz durchzusetzen. Neben dem preislichen Aspekt sprach auch der höhere Heizwert für den Wechsel.

Um die Sparsamkeit zu fördern, wurden an das Lokomotivpersonal Prämien für «Minderverbrauch von Brennstoffen und Schmiermaterialien ausgerichtet».

Umbauten

Aufgrund der vorgängig erwähnten Umstellung von Holz- auf Kohlenfeuerung tauschte man bei den SNB-Lokomotiven die voluminösen Funkenfängerschlote gegen schlanke, aber immer noch hohe Kamine aus. Dieser Umbau muss um das Jahr 1860 erfolgt sein. So zeigt ein um 1865 entstandenes Bild die Lokomotive «Rhein» mit einem Tender, auf dem grosse Kohlenstücke auszumachen sind. Der geänderte Kamin stellt ebenfalls ein Indiz für den Wechsel von Holz auf Kohle dar. Diese im Depot Zürich entstandene Aufnahme stellt übrigens die bis dato einzig bekannte Fotografie einer Lokomotive der Spanisch-Brötli-Bahn dar. Jedes zusätzliche Bild käme einer eisenbahnhistorischen Sensation gleich.

Neben dem geänderten Kamin sind in den Sechzigerjahren des 19. Jahrhunderts weitere Umbauten vorgenommen worden.

Die einfache Kupplungsvorrichtung an der Rückseite des Tenders, bestehend aus gefederter Öse mit Stecknagel, machte einer normalen Schraubenkupplung sowie einem Pufferpaar Platz. Ergänzt wurde diese damals moderne Einrichtung durch lediglich im Notfall (Kupplungsriss) zu verwendende Ketten.

Einen ähnlichen Umbau musste der an der Stirnfront der Lokomotive angebrachte hölzerne Stossbalken über sich ergehen lassen.

Zumindest bei der «Rhein» entledigte man den Langkessel und den Stehkessel ihrer hölzernen Verkleidung – das belegt die bereits erwähnte Aufnahme. Es darf angenommen werden, dass auch die «Limmat», die «Aare» und die «Reuss» dergestalt modernisiert worden sind.

Der Führerstand soll später mit einem «leichten Schutzdach» ausgerüstet worden sein. Wie das konkret ausgesehen haben könnte, wird allerdings nicht erwähnt, und auch das einzige bekannte Bild der Lokomotive «Rhein» gibt darauf keine Antwort – weil kein Schutzdach auszumachen ist.

Keine hat überlebt

Von den vier im Jahr 1847 in Betrieb genommenen Schlepptender-Dampflokomotiven Nr. 1 bis 4 der SNB, 1853 zur NOB mutiert, hat keine überlebt – leider.

Hymne auf die Technik

«Die Welt, selbst die sogenannte gebildete Welt, fängt an zu erkennen, dass in einer schönen Lokomotive, in einem elektrisch bewegten Webstuhl, in einer Maschine, die Kraft in Licht verwandelt, mehr Geist steckt, als in der zierlichsten Phrase, die Cicero gedrechselt, in dem vollendetsten Hexameter, den Virgil jemals gefeilt hat.» (Max von Eyth, Ingenieur und Schriftsteller, 1836–1906)

Diese Hymne auf die Technik ziert die Titelseite des 1924 erschienenen Werkes «Lokomotiven, Wagen und Bergbahnen. Geschichtliche Entwicklung in der Maschinenfabrik Esslingen seit dem Jahre 1846» von Dr.-Ing. Max Mayer, Oberingenieur der Maschinenfabrik Esslingen, herausgegeben von der Maschinenfabrik Esslingen. Aus Letzterer stammten denn auch alle vier Lokomotiven der «Spanisch-Brötli-Bahn» – womit sich der Kreis geschlossen haben dürfte...

Ihre Lebensläufe lassen sich folgendermassen zusammenfassen:
- D 1/3 Nr. 1 «Limmat»: 1866 wurde sie zur 2/2-Tenderlokomotive umgebaut und stand noch bis 1882 im Einsatz. Anschliessend erfolgte ihr Abbruch.
- D 1/3 Nr. 2 «Aare»: 1868 Ausrangierung und Abbruch.
- D 2/4 Nr. 3 «Rhein»: 1868 Ausrangierung und Abbruch.
- D 2/4 Nr. 4 «Reuss»: 1868 Ausrangierung und Abbruch.

Die hier verwendeten Typenbezeichnungen D 1/3 und D 2/4 trugen die Lokomotiven allerdings nie. Trotzdem haben wir sie gewählt, und zwar deshalb, weil sie eingebürgert und somit allgemein verständlich sind. Zudem haben auch die in den letzten Jahren erschienenen SBB-Publikationen diesen Weg beschritten. Seit 1902 gilt das grosse D für Lokomotiven mit Schlepptender und einer Höchstgeschwindigkeit von 45, 50 oder 55 Stundenkilometern. Ein Widerspruch bleibt allerdings bestehen: Laut Moser betrug die Höchstgeschwindigkeit der vier SNB-Maschinen nur etwa 30 Stundenkilometer. Dieser Geschwindigkeitsklasse wurde jedoch kein Buchstabe zugeordnet. Zudem werden dem 1947 erfolgten Nachbau der Spanisch-Brötli-Bahn-Lokomotive D 1/3 Nr. 1 unterschiedliche Maximalwerte zugestanden: je nach Quelle entweder 30 oder 40 Stundenkilometer, und zwar in beiden Fahrtrichtungen.

1941 bis 1947: Eine neue Spanisch-Brötli-Bahn entsteht

Über 150 Jahre sind ins Land gegangen, seit sie anno 1847 zum ersten Male zwischen Zürich und Baden hin und her dampfte, und trotzdem kennt sie hierzulande fast jedes Kind – die Spanisch-Brötli-Bahn. «Schuld» daran sind die SBB. Letztere störte es, dass von der Spanisch-Brötli-Bahn kein einziges Fahrzeug mehr existierte – keine Lokomotive, kein Wagen, einfach nichts. Damit dieser unbefriedigende Zustand ein Ende fand, liessen die SBB zum Jubiläum «100 Jahre Schweizer Bahnen» einen Nachbau des Zuges anfertigen. Wie es dazu kam, hat Paul Winter in seinem 1985 publizierten Rückblick zusammengefasst: «Die Vorbereitungsarbeiten für das Jubiläum [...] waren durch die Tatsache geprägt, dass vom ursprünglichen Rollmaterial gar nichts der Nachwelt erhalten geblieben war. Es ist dies der Grund, weshalb E. [Eugène] Fontanellaz bereits am 31. Mai 1941 von der Generaldirektion der SBB den Auftrag erhielt, die Konstruktionszeichnungen für die Nachbildung der [...] Dampflokomotive ‹Limmat› anzufertigen [aufgrund alter, aber lückenhafter Dokumente aus dem ehemaligen Eisenbahnmuseum in Zürich]. Der diesbezügliche Vertrag war bis zum 28. Februar 1942 befristet, ein Termin, welcher sich nachträglich als viel zu optimistisch her-

Auf das Jubiläumsjahr 1947 hin mussten nicht nur die Lokomotive der Spanisch-Brötli-Bahn, sondern auch zahlreiche Wagen neu gebaut werden (oben). Während die dritte Klasse lediglich harte, spartanische Holzbänke anbot, kamen die Fahrgäste der ersten und der zweiten Klasse (unten) in den Genuss fein gepolsterter Sitze.

Eines der ersten «Limmat»-Farbbilder: Entstanden ist die Aufnahme im Sommer 1956 auf dem Gelände der SBB-Hauptwerkstätte Zürich (oben).

1997 erschien zu Ehren der «Limmat» nicht nur eine Jubiläumsmünze (siehe Seite 112), sondern auch eine Briefmarke samt dazu passendem Erstausgabestempel (oben rechts).

ausstellte. Mit der für ihn charakteristischen Tatkraft, vermischt mit einem Selbstbewusstsein, welches nicht überall auf Gegenliebe stiess, hatte Fontanellaz schon vorher im 1. Stock des Güterbahnhofs ein ‹Konstruktionsbüro› eingerichtet und war von Bern nach Zürich übersiedelt. Am 1. Februar 1942 wurde ihm der Zeichner K. Ammann und am 1. Juli 1944 A. Steinbüchel, ein alter Dampfmaschinenbauer, zugeteilt. Unter den angedeuteten Verhältnissen erstaunt es nicht, dass sämtliche Beschäftigungstermine überschritten wurden. Immerhin lag die Begründung auch in der Ausdehnung der Konstruktionsarbeiten auf den ganzen Zug. In letzter Minute musste noch ein weiteres Hindernis weggeräumt werden. Am 5. April 1945 wurde im ‹Leitenden Ausschuss› die Frage aufgeworfen, ob es im Hinblick auf die europäische Not und die gegenwärtige Materialknappheit materiell und psychologisch zu verantworten sei, jetzt noch an die Rekonstruktion des ersten schweizerischen Eisenbahnzuges heranzutreten. Doch kurz darauf fanden die vom ZfW [Abteilung Zugförderung & Werkstätten der SBB] und der HW [Hauptwerkstätte] Zürich überwachten Arbeiten ihren Abschluss, und Ende des Jahres konnten die Herrichtungen der Wagen bei der HW Zürich und der Lokomotive bei der SLM in Winterthur in Auftrag gegeben werden.

Leider ist dem lobenswerten Unterfangen ein echter Veteran zum Opfer gefallen. Zu jener Zeit stand nämlich von der ehemaligen Schweizerischen Centralbahn die Personenzugslokomotive Ec 2/5 Nr. 28 ‹Genf› aus dem Jahre 1858 und die 1857 gebaute Schnellzugslokomotive Eb 2/4 Nr. 15 ‹Speiser› zur Verfügung. Aus heute nicht mehr verständlichen Gründen glaubte man, durch die Verwendung einiger weniger Teile der letztgenannten Lokomotive für die Rekonstruktion der ‹Limmat› etwas Geld sparen zu können. Der Nutzen dieser Aktion stand in keinem Verhältnis zum angerichteten Schaden, wenn auch der ‹Speiser› als nicht mehr originalgetreu bezeichnet wurde.

Bei dem aus sieben Einheiten bestehenden Wagenmaterial konnte nur beim Wagen III. Klasse C Nr. 66 und beim Gepäckwagen F Nr. 94 auf noch vorhandene Originalfahrzeuge der ehemaligen Vereinigten Schweizerbahnen aus den Jahren 1856/57 zugegriffen werden.»

Wie auch immer: Dank der Initiative einiger unentwegter Eisenbahn-Enthusiasten und visionärer Entscheidungsträger besitzt die Schweiz endlich wieder ihre Spanisch-Brötli-Bahn. Dass die Abkürzung SBB sowohl für Spanisch-Brötli-Bahn als auch für Schweizerische Bundesbahnen gelten kann, darf hingegen als purer Zufall angesehen werden – oder als ein neckisches Buchstabenspiel des Schicksals.

D 1/3 1 «Limmat»: Technische Daten

Länge über Puffer: 11 630 mm
Höhe über Kamin: 4500 mm
Dienstgewicht mit Tender: 35 t
Adhäsionsgewicht: 11 t
Triebraddurchmesser: 1500 mm
Höchstgeschwindigkeit vorwärts: 40 km/h
Höchstgeschwindigkeit rückwärts: 40 km/h
Bauart: Nassdampf, Zwilling
Leistung: 170 PS/125 kW
Baujahr: 1847/1946
Hersteller: Maschinenfabrik Emil Kessler, Karlsruhe/SLM, Winterthur, und SBB-HW Zürich
Fabriknummer: 78/3937 (SLM)

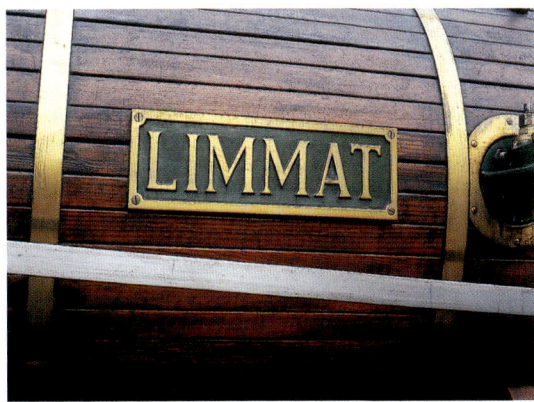

150 Jahre nach dem ersten Auftritt der Spanisch-Brötli-Bahn ist sie wieder unterwegs – hier aber nicht zwischen Zürich und Baden, sondern auf der Sursee–Triengen-Bahn bei Büron-Bad Knutwil (oben) respektive in Triengen-Winikon (unten); 6. März 1997.

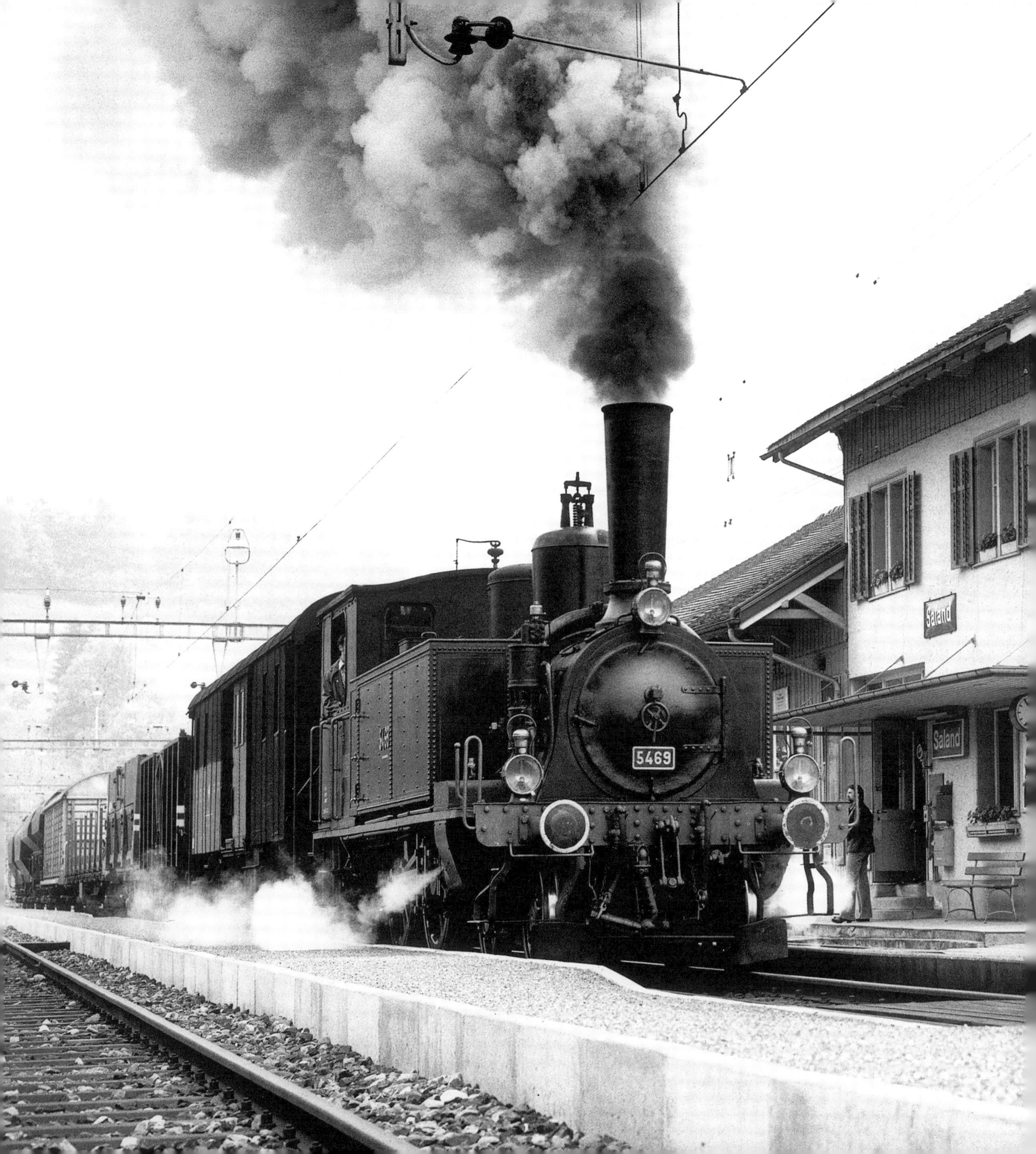
Saland
5469
Saland

Eb 2/4 5469 – LEBENDIGES SCHMUCKSTÜCK DER JS

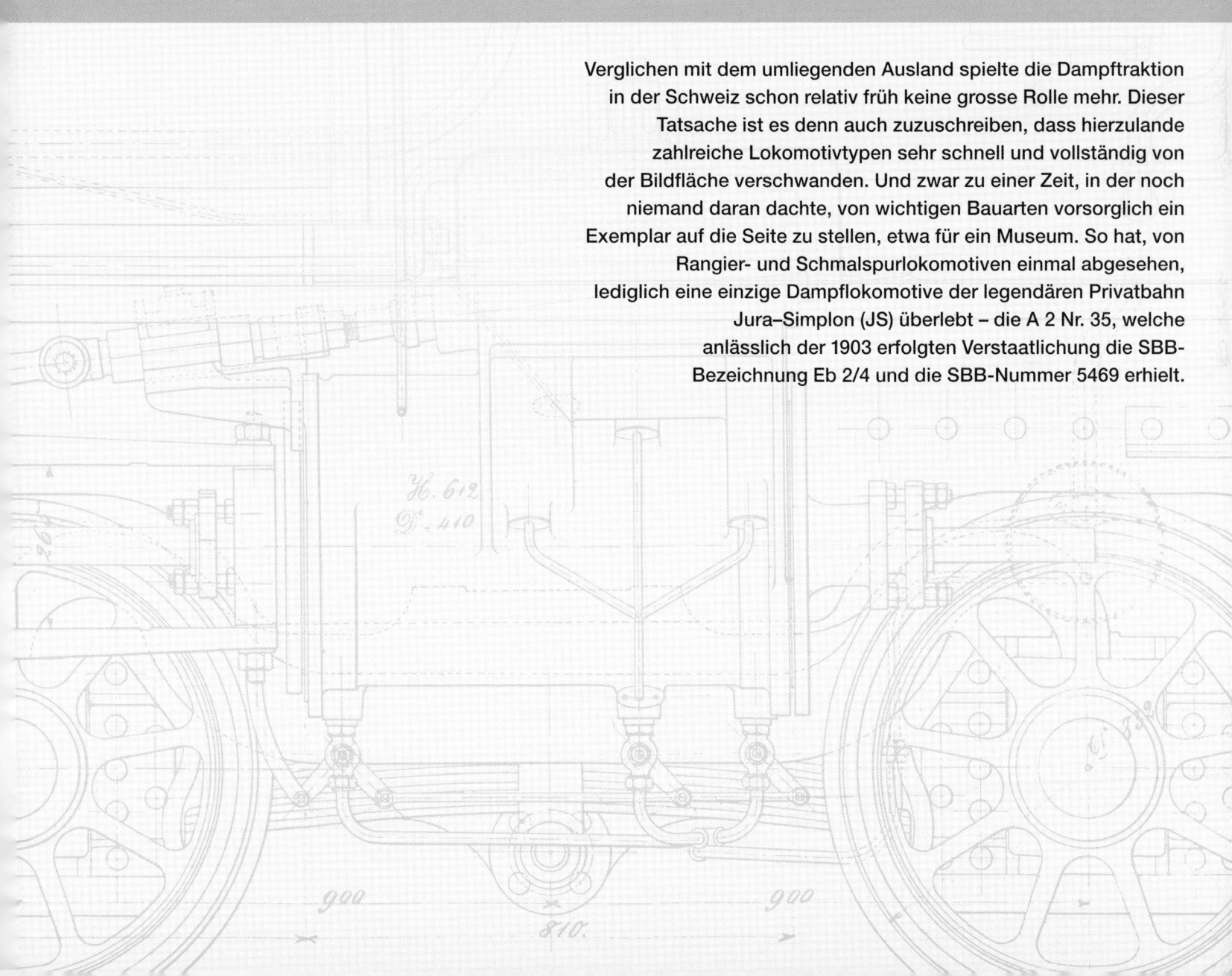

Verglichen mit dem umliegenden Ausland spielte die Dampftraktion in der Schweiz schon relativ früh keine grosse Rolle mehr. Dieser Tatsache ist es denn auch zuzuschreiben, dass hierzulande zahlreiche Lokomotivtypen sehr schnell und vollständig von der Bildfläche verschwanden. Und zwar zu einer Zeit, in der noch niemand daran dachte, von wichtigen Bauarten vorsorglich ein Exemplar auf die Seite zu stellen, etwa für ein Museum. So hat, von Rangier- und Schmalspurlokomotiven einmal abgesehen, lediglich eine einzige Dampflokomotive der legendären Privatbahn Jura–Simplon (JS) überlebt – die A 2 Nr. 35, welche anlässlich der 1903 erfolgten Verstaatlichung die SBB-Bezeichnung Eb 2/4 und die SBB-Nummer 5469 erhielt.

Seite 116: Mit Baujahr 1891 gehört die Eb 2/4 5469 zu den «älteren Semestern» der Stiftung SBB Historic. Am 27. Mai 1975 liess sich die Maschine das aber nicht anmerken und fuhr mit prächtiger Dampf- und Rauchentwicklung zügig im Tösstal-Bahnhof Saland ein.

Die A 2 33, hier noch im Dienste der Privatbahn Jura–Simplon (JS), entstand wie die erhalten gebliebene Eb 2/4 5469 in der Maschinenfabrik Esslingen, Württemberg. 1903, anlässlich der Verstaatlichung, gelangten beide dann zu den SBB. Das Bild datiert von 1893, aufgenommen wurde es in Genf (oben).

Achsfolge 2'B

In der zweiten Hälfte des 19. Jahrhunderts standen zahlreiche Bahnverwaltungen vor der Aufgabe, ihre Reisezüge im Flach- und im Mittelland mit höheren Geschwindigkeiten verkehren zu lassen. Diese Forderung war am einfachsten mit neu konzipierten Lokomotiven, welche die folgenden Randbedingungen erfüllten, zu bewerkstelligen:
– Zwei gekuppelte Triebachsen mit relativ grossen Triebrädern – mehr als zwei Triebachsen waren noch nicht nötig.
– Zwei führende Laufachsen – idealerweise als Drehgestell ausgeführt.

Daraus ergab sich fast «automatisch» die Achsfolge 2'B, auch American-Typ genannt.

A 2/4, Eb 2/4 und Ea 2/4

Die Lokomotivbauart mit zwei gekuppelten Triebachsen und vorauslaufendem zweiachsigem Drehgestell wurde ein voller Erfolg, und zwar sowohl in der Schweiz als auch im Ausland. Streng genommen kam diese Bauart in der Schweiz allerdings bereits anno 1847 zur Anwendung, und zwar bei den Nordbahn-Lokomotiven «Rhein» und «Reuss» der Spanisch-Brötli-Bahn. Die Konstruktion dieser zwei Lokomotiven, der damaligen Wagen und der Gleisanlagen erlaubte jedoch noch keine allzu hohen Geschwindigkeiten. In der zweiten Hälfte des 19. Jahrhunderts begann sich das allerdings deutlich zu ändern, weshalb, wie bereits beschrieben, den umgebauten oder neu konstruierten Lokomotiven mit der Achsfolge 2'B eine grosse Zukunft bevorstand. Die 2/4-gekuppelten Maschinen prägten daraufhin eine ganze Epoche, und zwar sowohl im Ausland als auch in der Schweiz. Beschafft wurden, je nach Verwendungszweck, unterschiedliche Bauarten:
– Bei den Schlepptenderlokomotiven des Typs A 2/4 konkurrierten drei moderne Privatbahn-Konstruktionen, und zwar diejenigen der JS (Jura–Simplon), der SCB (Schweizerische Centralbahn) und der NOB (Nordostbahn).
– Bei den Tenderlokomotiven des Typs Eb 2/4 massen sich neuzeitliche Konstruktionen der SCB, der JS und der JBL (Jura–Bern–Luzern-Bahn) miteinander; dazu kamen noch die Eb 2/4 und Ea 2/4 der GB (Gotthardbahn).
– Selbst die 1902 aktiv werdenden SBB vertrauten teilweise weiterhin auf 2/4-gekuppelte Maschinen und nahmen noch bis ins Jahr 1906 fabrikneue Schnellzugslokomotiven des NOB-Typs A 2/4 in Betrieb.

Die Eb 2/4 5469

Von den 2/4-gekuppelten SBB-Dampflokomotiven hat in der Schweiz lediglich ein einziges Exemplar überlebt, und zwar die Eb 2/4 5469. Zurückzuführen ist das hauptsächlich auf drei Gründe:
– Die zügige Elektrifikation der schweizerischen Hauptlinien machte zahlreiche Dampflokomotiven ziemlich schnell arbeitslos.
– Die A 2/4, Eb 2/4 und Ea 2/4 waren den im 20. Jahrhundert ständig steigenden Zugslasten nicht mehr gewachsen.
– Auf den noch nicht elektrifizierten Nebenlinien setzten die SBB meistens modernere Dampflokomotiven ein wie zum Beispiel die Eb 3/5 «Habersäcke».

Die SBB rangierten deshalb bis 1926 alle A 2/4 aus, bauten sie zu Heizwagen um oder verkauften sie ins Ausland – zum Beispiel im Jahre 1917 fünf A 2/4 der ehemaligen JS an die Militäreisenbahn-Generaldirektion Warschau, wo sie die Gattungsbezeichnung P 4 und die Nummern 1901 bis 1905 erhielten. Mindestens zwei von ihnen sind anschliessend sogar in Lettland aufgetaucht: Die P4 1901 (ex SBB 101) wurde dort zur lettischen An 28, die P 4 (ex SBB 114) 1903 zur An 27.

Die 2/4-gekuppelten Tenderlokomotiven konnten sich teilweise etwas länger als die A 2/4 halten:
– Die Ea 2/4 der GB bis 1923,
– die Eb 2/4 der GB bis 1927,
– die Eb 2/4 der SCB bis 1938,
– die Eb 2/4 der JS/JBL bis 1937 – mit Ausnahme der noch langlebigeren Eb 2/4 5469;

– die Eb 2/4 5469 hielt sich sogar bis Mitte der Vierzigerjahre, wurde dann zwar ausrangiert, aber nicht abgebrochen.

Hinter der Lokomotive verbirgt sich die ehemalige A 2 Nr. 35 der JS, welche bereits ab 1862, als erste Bahngesellschaft in der Schweiz, 2/4-gekuppelte Tenderlokomotiven beschaffte. Die A 2 35 stammt allerdings aus einer späteren Serie, und zwar aus der letzten, 1891 und 1892 entstandenen Lieferung mit den Lokomotiven 33 bis 42. Gebaut worden ist die A 2 35 im Jahr 1891 von der Maschinenfabrik Esslingen, Württemberg, und zwar mit der Fabriknummer 2498.

Als technische Besonderheit und als einziges Fahrzeug von SBB Historic weist die Maschine eine Steuerung der Bauart Allan auf. Zur Entstehungszeit der Lokomotive stellte diese Konstruktion nichts Aussergewöhnliches dar, bei später gebauten Fahrzeugen setzte sich hingegen die Walschaert-Steuerung durch. Ihrem Baujahr 1891 entsprechend handelt es sich beim zweizylindrigen JS-Veteranen um eine Nassdampflokomotive mit Flachschiebern.

Ursprünglich war die A 2 35 bei Vorwärtsfahrt für eine Höchstgeschwindigkeit von 70 Stundenkilometern zugelassen. Dieser Wert konnte im Jahr 1901 sogar auf 75 Stundenkilometer erhöht werden – ein deutliches Zeichen dafür, dass die Maschine ruhig im Gleis gelaufen ist. In Rückwärtsfahrt waren immerhin 60 Stundenkilometer erlaubt. Entgegen den vor 1891 gelieferten Lokomotiven war das Führerhaus hinten geschlossen ausgeführt; eine Neuerung, die vom Personal sehr geschätzt wurde.

Bei der JS und den SBB im Einsatz
Die JS setzte die A 2 35 hauptsächlich vor den so genannten Tramway-Zügen ein, und zwar auf der flach und mit grosszügigen Radien trassierten Strecke Genf–Lausanne. Weil die Fahrzeiten knapp bemessen waren und viele kurze Zwischenhalte eingelegt werden mussten, bestand ein Tramway-Zug lediglich aus einer Lokomotive und wenigen Wagen – die Fachliteratur nennt Anhängelasten von nur gerade 50 Tonnen.

Als die JS am 1. Mai 1903 verstaatlicht wurde, wandelte sich die A 2 35 zur SBB-Lokomotive Eb 2/4 5469. Ungeachtet der Bezeichnungsänderung leis-

Fotografiert zu werden stellte Ende des 19. Jahrhunderts eine noch nicht alltägliche Sache dar. Dementsprechend ernst nahm man den mit Stativ, grossformatiger Kamera und schwarzem Tuch hantierenden Künstler. Mit im Bild die A 2 42, die spätere Eb 2/4 5476 der SBB.

Fotos von der Eb 2/4 5469 in der Westschweiz sind selten. Dieses am 27. April 1939 auf der Strecke Nyon–Crassier-La Rippe–Divonne-Les Bains aufgenommene Bild stellt deshalb eine grosse Rarität dar; Hugo Hürlimann sei Dank (oben).

Als Hans Schneeberger am 8. Oktober 1960 in Vallorbe die Eb 2/4 5469 fotografierte, zeigte sie sich in einem ziemlich desolaten Zustand (unten).

tete die Lokomotive weiterhin Dienst in der Westschweiz, im SBB-Kreis I also. Neben den Tramway-Zügen konnte sie nun aber auch vor ganz normalen Personenzügen angetroffen werden. Von 1937 an stand die Eb 2/4 5469 dann als Letzte ihrer Gattung hauptsächlich auf der grenzüberschreitenden SBB-Nebenstrecke Nyon–Crassier-La Rippe–Divonne-les-Bains im Einsatz, und zwar bis im Jahr 1946. Glücklicherweise wurde die Eb 2/4 5469 daraufhin nicht ausrangiert und abgebrochen, sondern lediglich ausrangiert und ab 1947 vorsorglich (in Vallorbe) unter Dach abgestellt. Dazu ist dem «Eisenbahn-Amateur» in seiner Ausgabe 3/1948 Folgendes zu entnehmen: «Die Eb 2/4 Nr. 5469 (Einzelexemplar) ist für das Verkehrsmuseum bestimmt.» Ob diese Massnahme dem 1947 gefeierten Jubiläum «100 Jahre Schweizer Bahnen» und der damit gewachsenen Sensibilität zu verdanken ist, muss bis zum Auftauchen allfälliger Dokumente Spekulation bleiben – Tatsache ist jedoch, dass, wie auch immer, die wertvolle JS-Lokomotive erhalten geblieben ist.

Erste Wiederinbetriebnahme

Bis Ende 1971 schlummerte die nicht mehr funktionstüchtige Eb 2/4 5469 still vor sich hin. Dann nahm sich, auf Kosten der SBB, die Europäische Vereinigung zur Erhaltung betriebsfähiger Dampflokomotiven (Eurovapor) sowie das Betriebswerk Offenburg der Deutschen Bundesbahn (DB) des Veteranen an. Lediglich ein gutes Jahr später, im Frühling 1973, konnte die Revision abgeschlossen und das Dampfross auf Probefahrt geschickt werden. Als völlig neu und für SBB-Verhältnisse unüblich erwiesen sich dabei die nach DB-Manier weiss umrandeten Pufferteller – der aus der Kriegszeit (bessere Sichtbarkeit bei Verdunkelung) stammende so genannte

«Warnanstrich» war damals in Westdeutschland immer noch weit verbreitet. Ebenso ungewohnt wirkten die rot gestrichenen Räder, Pufferbalken, Umlaufbleche, Griffstangen und Zierlinien am Wasserkasten. Betrieblich hingegen glänzte die Eb 2/4 5469 durch ihre wiedererlangte Betriebstüchtigkeit. Daraufhin folgten diverse viel beachtete Einsätze in Deutschland, Frankreich und der Schweiz. Im Laufe der Zeit zeigten sich die Pufferteller dann wiederum in altbekannter Art und Weise, also ohne den für eine JS- oder SBB-Lokomotive ziemlich unpassenden deutschen Warnanstrich. Aber auch die rote Farbe wich schlussendlich dem für SBB-Dampflokomotiven üblichen Schwarz – lediglich die roten Zierlinien konnten sich weiterhin halten.

In den Neunzigerjahren machte sich jedoch das fortgeschrittene Alter der Lokomotive von neuem bemerkbar, und sie musste, sehr zum Leidwesen der Dampflokomotivfreunde, ausser Betrieb genommen werden. Anschliessend wurde sie weitgehend zerlegt, auf zwei Güterwagen zwischengelagert und für eine allfällige Gesamtsanierung vorbereitet. Dabei zeigte sich, dass die neuerliche Wiederinbetriebnahme nur mit einem aussergewöhnlich grossen Aufwand zu bewerkstelligen wäre. Guter Rat war somit teuer – im wahrsten Sinne des Wortes.

Am 13. November 1976 brachte die Eb 2/4 5469 einen aus SBB- und SNCF-Wagen zusammengesetzten Extrazug nach Frankreich – hier in Cernay (oben).

9. Dezember 1971: Eine Diesellokomotive überführt die Eb 2/4 5469 zur Aufarbeitung nach Deutschland; Herbert Stemmler setzte das seltene Gespann gekonnt mit einem Flügelsignal der DB in Szene; bei Horb (unten).

Veteranentreffen vor den Toren des alten Depots Basel: Die Eb 2/4 5469 stammt aus dem Jahr 1891, die Be 6/8 III 13302 aus dem Jahr 1925 (von den SBB übernommen wurde das Krokodil allerdings erst 1926). Etwas befremdlich wirken an der Dampflokomotive die nach deutscher Manier mit einem Warnanstrich versehenen Pufferteller. Entstanden ist das Bild 1975.

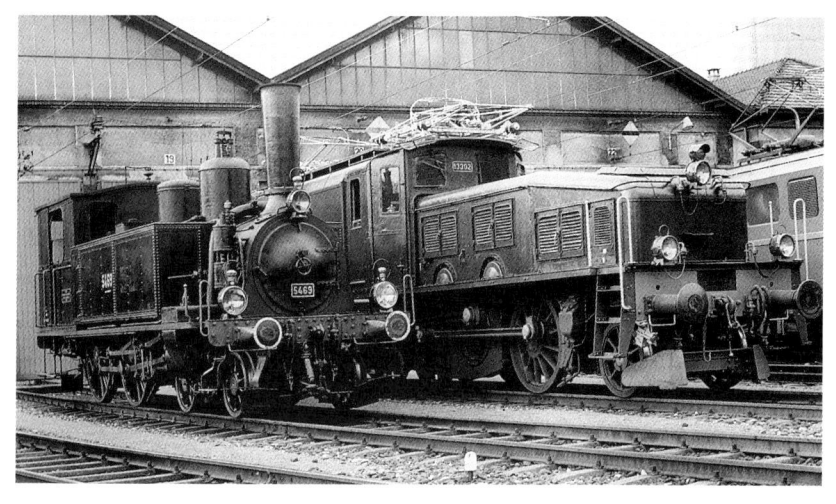

Zweite Wiederinbetriebnahme

Im Februar 2004 zeigte eine von der Stiftung SBB Historic durchgeführte Bestandsaufnahme das folgende Bild: Eine zerlegte Eb 2/4 5469 kann nicht die Lösung sein, zumal in dieser Form kein Nutzen entsteht und immer wiederkehrende Lagerkosten anfallen. Von den drei theoretischen Möglichkeiten

– Lokomotive betriebsfähig aufarbeiten,
– Lokomotive lediglich lauffähig aufarbeiten,
– Lokomotive verschrotten

kam Letztere nicht in Frage, handelt es sich doch bei der Eb 2/4 5469 um ein aussergewöhnlich wertvolles Unikat. Eine Verschrottung der Lokomotive wäre deshalb in keiner Art und Weise zu rechtfertigen und keinesfalls im Sinne der Stiftung. Es verblieben somit die Möglichkeiten 1 und 2, wobei das Lauffähigmachen einer Lok rund zwei Drittel der Kosten einer betriebsfähigen Aufarbeitung verursacht. Schlussendlich stiess SBB Historic bei der bekannten Dampfgruppe der Oensingen–Balsthal-Bahn (OeBB) sowohl auf offene Ohren als auch auf eine motivierte Mannschaft mit den notwendigen Fähigkeiten und Kompetenzen. Zur Erinnerung: Die OeBB-Dampfgruppe nahm sich vorgängig bereits erfolgreich der SCB-Mallet-Lokomotive Ed 2x2/2 Nr. 196 sowie der Zahnrad-Dampflokomotive «Gnom» an – von den vereinseigenen Dampflokomotiven schon gar nicht zu reden. Alle diese Maschinen wurden nicht nur lauffähig, sondern betriebsfähig aufgearbeitet.

Nach einer Aussprache und einer Besichtigung der zerlegten Eb 2/4 5469, einer Inspektion durch den Kesselinspektor und seinem positiven Bericht betreffend den Dampfkessel fing die OeBB-Dampfgruppe «Feuer» und unterbreitete der Geschäftsleitung von SBB Historic einen Kosten- und Terminvorschlag. Daraufhin kam das Geschäft im Frühling 2004 zustande.

Vorgesehen ist, die Eb 2/4 betriebsfähig und im Aussehen der damaligen Jura–Simplon-Bahn aufzuarbeiten, also als A 2 Nr. 35. Angestrebt wird, die Lokomotive anlässlich des Simplon-Jubiläums im Jahre 2006 der Öffentlichkeit zu präsentieren – dies klar im Wissen, dass sie vermutlich nie planmässig auf der eigentlichen Simplonstrecke (Vallorbe–Lausanne–Brig–Domodossola) im Einsatz stand. Die JS-Wurzeln der Eb 2/4 5469 – pardon, der A 2 35 – hingegen sind unbestritten.

Eb 2/4 5469: Technische Daten

Länge über Puffer: 10 230 mm
Höhe über Kamin: 4160 mm
Dienstgewicht: 49 t
Adhäsionsgewicht: 31 t
Triebraddurchmesser: 1555 mm
Höchstgeschwindigkeit vorwärts: 75 km/h
Höchstgeschwindigkeit rückwärts: 60 km/h
Bauart: Nassdampf, Zwilling
Leistung: 550 PS/405 kW
Baujahr: 1891
Hersteller: Maschinenfabrik Esslingen, Esslingen
Fabriknummer: 2498

Fern ihrer Westschweizer Heimat zieht die Lokomotive der einstigen Jura–Simplon-Bahn am 27. Mai 1975 durchs ländliche Tösstal. Weil der Himmel bedeckt und die Luft ziemlich kalt ist, löst sich der Dampf nicht sofort auf – fotogen bleibt er über dem Zug hängen (oben).

Basel, 8. November 1980: Die Eb 2/4 5469 wird den RAe 2/4 1001 über mit SNCF-Strom elektrifizierte Gleise zu schleppen haben. Solange allerdings noch SBB-Spannung greifbar ist, lässt der Rote Pfeil seinen Stromabnehmer gehoben und heizt den Fahrgastraum (links).

Sechs Fragen an den Dampflokomotiv-Experten Lorenz Scherler

Als Lorenz Scherler sich im Sommer 1997 im Depot Delémont vor der Eb 3/5 5819 dem Fotografen stellte, zählte er gerade einmal 28 Jahre. Trotzdem hat er zu diesem Zeitpunkt bereits massgeblich an der Revision mehrerer Dampflokomotiven, speziell jedoch an der C 5/6 2978, mitgearbeitet.

Lorenz Scherler gilt mit seinem Geburtsjahr 1969 als Benjamin unter den Dampflokomotiv-Experten. Trotzdem, oder vielleicht gerade deshalb, hat er sich minutiös mit der Dampftraktion auseinander gesetzt. Seine Bibliothek und sein Fachwissen zu diesem Thema sind beeindruckend, ausserdem hat er sich beim Arbeiten an revisionsbedürftigen SBB-Dampflokomotiven eine Menge praktischer Erfahrungen angeeignet. Das alles kommt Lorenz Scherler bei der Projektierung, beim Bau und beim Betrieb seiner im Massstab 1:8 gehaltenen Livesteam-Modelle natürlich sehr zugute – ein Porträt.

Fragen und Antworten

Lorenz Scherler, von deinem Jahrgang her giltst du unter den Dampflokomotiv-Fachmännern noch als Benjamin. Trotzdem hast du bereits kräftigst an der Revision von SBB-Dampflokomotiven mitgearbeitet und dir ein enormes Fachwissen angeeignet. Wie ist dein Interesse für diese doch eher nostalgisch anmutende Technik zu erklären?

Bereits mein vor wenigen Jahren verstorbener Vater Heinrich hatte eine grosse Schwäche für die Dampfrösser. Bei mir ist diese Faszination dann ebenfalls ausgebrochen – sozusagen Vaters Erbstück. Schon als Kind bedauerte ich, nicht 50 Jahre früher geboren worden zu sein. Ich gäbe viel darum, wenn ich live an der grossartigen Dampflokomotivzeit hätte teilnehmen können. Nicht nur in der Schweiz, auch in Deutschland oder Frankreich würde ich mich gerne in den Grossstadtbahnhöfen tummeln und gespannt am Ende des Perrons darauf warten, dass der mächtigen Schnellzugslokomotive der Abfahrtsbefehl erteilt wird, sie mit zischenden Schlammhähnen den schweren Zug in Bewegung zu bringen versucht, einmal sogar kurz schleudert, vom kundigen Lokomotivführer aber abgefangen wird und mit rhythmischen Auspuffschlägen langsam und majestätisch an mir vorbeizieht – schneller und kleiner werdend, fort in die unbekannte Ferne, in die weite Welt hinaus. Damals hätte ich Lokomotivführer sein wollen, aber doch nicht heute. Ohne Heizer und ohne Werkzeugkiste Dienst in einem klimatisierten Führerstand zu verrichten ist nicht mein Ding. Diese digitalen Hightech-Lokomotiven umweht kein Hauch von Abenteuer mehr.

Sozusagen zur Kompensation reiste ich zwischen 1989 und 1994, oftmals mit meinem Vater, ins Ausland, vor allem ins Gebiet der ehemaligen DDR. Dort wurde hochkarätiger Plandampf geboten, zudem lernte ich das Lokomotiv-, Depot- und Werkstättenpersonal kennen und schätzen. Begeistert ob dem Erlebten wuchs in mir der Wunsch, auch zu Hause, in der Schweiz, Hand an derartige Maschinen legen zu dürfen. Faszinierend an der Dampftraktion finde ich zudem, dass sie einen Kontrapunkt zu den heute geltenden Gesellschaftsnormen setzt: Sie ist schwer, schwarz, schmutzig, laut und fürchterlich heiss! Genau diese Negativpunkte stellen für mich aber das Reizvolle an ihr dar.

Apropos Benjamin: Hier ist zu bemerken, dass ich in meinem nächsten Kollegenkreis nicht mehr als der Jüngste gelte. Zu meiner grossen Freude interessieren und engagieren sich mittlerweile auch einige Kollegen, die wesentlich später als ich auf die Welt gekommen sind, für Dampflokomotiven. Es ist wohl überflüssig zu sagen, dass ich diesen Leuten mein Wissen mit Vergnügen weitergebe, sind sie es doch, die in Zukunft dafür verantwortlich sein werden, was bezüglich Dampf noch laufen wird.

Mittlerweile hast du dich von den Dampflokomotiven im Massstab 1:1 zurückgezogen und dem Bau von verkleinerten Exemplaren zugewandt. Durch euren Garten dampfen seither gewichtige Livesteam-Modelle – Fahrzeuge, die ähnlich aufwendig gehegt und gepflegt werden müssen wie die grossen Vorbilder. Was hat dich zu diesem Wechsel bewogen?

Eigentlich habe ich keinen Wechsel vom Vorbild zu den Livesteam-Modellen vollzogen, ich bin lediglich zu meinen Wurzeln zurückgekehrt. Bereits in der von 1985 bis 1989 durchlaufenen Lehre als Maschinenmechaniker habe ich nämlich eine Livesteam-Dampflokomotive entworfen und zusammen mit meinen Lehrlingskollegen auch gebaut. Die 7¼-Zoll-Nachbildung der deutschen Baureihe 38 entstand als Arbeit zum Jubiläum «100 Jahre Lehrwerkstätten der Stadt Bern», wurde 1988 fertig gestellt und steht seither auf der Gurten-Gartenbahn im Einsatz – der Gurten gilt als der Hausberg der Stadt Bern. Als Folge der erwähnten Lehrlingsarbeit verfasste ich anschliessend die später sogar publizierte «Berechnungsanleitung für Heusinger-Steuerungen für Livesteam-Dampflokomotiven». Meine Sporen verdiente ich mir also in dieser Szene ab.

Zu den Dampflokomotiven im Massstab 1:1 bin ich erst später gestossen. Speziell im Hinblick auf das 1997 über die Bühne gegangene

Jubiläum «150 Jahre Schweizer Bahnen» war ich diesbezüglich tätig. Als Spezialhandwerker in der SBB-Hauptwerkstätte (heute SBB-Industriewerk) Biel arbeite ich an der Revision mehrerer Dampflokomotiven mit, hauptsächlich an der C 5/6 2978, aber auch an der A 3/5 705, der D 1/3 «Limmat» und an der E 2/2 «Zephir». Anschliessend war ich, zusammen mit zahlreichen Kollegen, dafür zuständig, dass im Juni und Juli 1997 in der Rotonde Delémont eine dampfende Lokomotive für die Jubiläumszüge verfügbar war. Im Einsatz stand ich zudem, als die Publikums-Pendelfahrten zwischen dem Verkehrshaus und Küssnacht am Rigi durchgeführt wurden. Jeder Dampflokomotive war ein kleines Team zugeteilt, das während ein bis zwei Wochen die Maschine betreute.

Meine Arbeit rund um das Jubiläumsjahr 1997 bereitete mir Spass, zudem habe ich viel gelernt und besitze unvergessliche Erinnerungen. Im Laufe der Zeit stellte ich dann allerdings fest, dass von museumsartig betriebenen Dampflokomotiven nicht die gleiche Faszination ausgeht wie vom erwähnten Plandampfbetrieb – jedenfalls für mich nicht. In meinen Augen werden die Museumslokomotiven zu fest als Relikte aus einer vergangenen Zeit betrachtet und bis an den Rand des Lächerlichmachens geschont. Man traut ihnen nur noch geringe Leistungen zu, richtig gefordert werden sie – und auch das Personal – meistens nicht mehr. Ich habe das zu akzeptieren, beschloss daraufhin aber, mich wieder voll und ganz meiner ursprünglichen Liebe, den Livesteam-Dampflokomotiven, zuzuwenden. Hier kann ich eine Maschine bis an ihre Kesselleistungs- oder Reibungsgrenze auslasten. Mein Können und Wissen ist gefordert – «Tempo und Tonnen» sind angesagt!

Den Zugang zu den Fahrzeugen im Massstab 1:1 finde ich heute am direktesten, wenn ich einer Schallplatte oder einer CD mit Dampflokomotivgeräuschen lauschen kann – aufgenommen in einer Epoche, in der die Maschinen noch im Alltagseinsatz standen. Solch ein «Hörbild» vermittelt mir die Atmosphäre des Dampfbetriebes um ein Vielfaches besser, als es Bilder und Videofilme vermögen – den Rest schafft meine geforderte Vorstellungskraft und Phantasie.

Wir gehen von folgender, fiktiver Annahme aus: 1917 haben sich die SBB vom geplanten Elektrifizierungsprogramm zurückgezogen und noch einmal voll und ganz der Dampftraktion verschrieben. Wie hätte sich dann, deiner Meinung nach, die Dampftraktion in der Schweiz weiterentwickelt?

Als in der Schweiz die letzte normalspurige SBB-Dampflokomotive abgeliefert wurde, die C 5/6 2978, befand man sich entwicklungsmässig gesehen auf einem hohen Stand. Die C 5/6 brauchte den Vergleich mit ausländischen Konkurrenten nicht zu scheuen – sowohl leistungsmässig als auch konzeptionell nicht. Hätten die SBB weiterhin auf die Dampftraktion gesetzt und neben der aufwendigen Erneuerung und Mo-

Mittlerweile frönt Lorenz Scherler hauptsächlich wieder dem Bau und dem Betrieb von Livesteam-Dampflokomotiven im Massstab 1:8. Anzutreffen ist er dabei sowohl auf dem um sein Haus führenden Rundkurs (oben) als auch an öffentlichen Livesteam-Anlässen wie im Jahr 2000 in Le Bouveret. Mit von der Partie waren damals (von links nach rechts): Hanspeter Landenberger, Hans-Ulrich Aeberhardt, Roland Ravelli, Fredy Landenberger, Dieter Haldemann mit Sohn Patrick, Lorenz Scherler, Stefan Landenberger, Hans-Ulrich Gubler, Christoph Affolter und Angel Bonvin.

Ihr trauert Lorenz Scherler besonders nach: Die formschöne A 2/4 der JS konnte sich bei den SBB lediglich bis 1926 halten, dann wurde die letzte ausrangiert oder zum Heizwagen umgebaut und später ebenfalls abgebrochen. Fünf Maschinen gingen bereits 1917 ins Ausland, wo aber auch keine überlebte.

dernisierung des Wagenparks genügend finanzielle Kapazitäten für die Neubeschaffung von Lokomotiven gehabt, wäre meines Erachtens die folgende Entwicklung möglich gewesen: In der rohstoffarmen Schweiz hätte man das wirtschaftlich interessante Verbundtriebwerk weiterentwickelt – wie es in Frankreich und anderen Ländern tatsächlich geschehen ist. Anstelle des beengten Vierzylinder-Verbundtriebwerks hätte sich im Laufe der Zeit vermutlich das praktischere, dennoch aber wirtschaftliche Dreizylinder-Verbundtriebwerk durchgesetzt – wie es die innovative Privatbahn Jura–Simplon (JS) bereits Ende des 19. Jahrhunderts bei ihren Personenzug-Schlepptenderlokomotiven einführte, den späteren B 3/4 1601 bis 1747 der SBB.

In diesem Zusammenhang möchte ich an den Dampflokomotivkonstrukteur Oskar Dolch erinnern, der Anfang der Zwanzigerjahre des 20. Jahrhunderts von der Schweizerischen Lokomotiv- und Maschinenfabrik (SLM) in die Tschechoslowakei zur Firma Skoda wechselte und dort massgeblich an der als grosser Wurf geltenden Baureihe 387 mitgewirkt hat. Dabei handelt es sich um eine hochmoderne Dreizylinderlokomotive der Pacific-Achsfolge 2'C1' – allerdings ohne Verbundtriebwerk. In gewissen Konstruktionsmerkmalen erinnerten die in einer Stückzahl von 43 Einheiten gebauten Maschinen an die 600er-A-3/5 und an die C 5/6 der SBB.

Nicht unerwähnt lassen will ich an dieser Stelle den französischen Dampflokomotivkonstrukteur André Chapelon mit seinem genialen, leider aber zu spät gekommenen Einzel- und Meisterstück, der 242 A 1. Diese dreizylindrige Verbundmaschine, 1946 aus einer 241er entstanden, gilt als die leistungsfähigste und am weitesten entwickelte europäische Dampflokomotive. Anstatt einen Ehrenplatz im Museum zu erhalten, ist sie jedoch 1961 abgebrochen worden.

Die A 3/5 705 der SBB wird 2004 runde hundert Jahre alt. Wie beurteilst du aus heutiger Sicht die Leistung des damaligen JS-Maschinenmeisters Rudolf Weyermann?

Ich betrachte Rudolf Weyermann als den genialsten Dampflokomotivkonstrukteur der Schweiz. Schon allein die Tatsache, dass seine A 3/5, die 700er, deutlich länger im Einsatz gestanden sind als die später (!) beschafften 600er-A-3/5, spricht Bände. Weyermann hat es verstanden, alles, was in der europäischen Dampflokomotivtechnik um das Jahr 1900 herum führend war, in der JS-A-3/5 zu vereinen, und zwar harmonisch. Dazu studierte er vorgängig die neusten Maschinen der Grossherzoglich Badischen Staatseisenbahn und der Reichseisenbahnen in Elsass-Lothringen sowie die Konstruktionen des Herstellers Société Alsacienne de Constructions Mécaniques (SACM).

Aber schon vor der A 3/5 zeichneten sich die JS und Weyermann dadurch aus, dass sie wesentliche Entwicklungen frühzeitig erkannten – und es auch wagten, die gewonnenen Erkenntnisse in die Realität umzusetzen. Ein Beispiel dafür ist die Einführung des Verbundsystems in der Schweiz: 1889 wurde diese Neuheit versuchshalber bei einer zweizylindrigen älteren Bourbonnais-Maschine des JS-Typs D 3/3 erprobt, daraufhin kam das Verbundsystem bei der JS auch bei den neu gelieferten zweizylindrigen A 2/4 und den zwei- oder dreizylindrigen B 3/4 zur Anwendung. Alle diese Konstruktionen stellten grosse Würfe dar.

Wenn ein eisenbahnbegeisterter Multimillionär dich um Rat fragen würde, welche verschwundene schweizerische Dampflokomotive du ihm als Nachbau empfehlen würdest: Was wäre deine Empfehlung, und warum?

Ich würde die A 2/4 der JS empfehlen – sie ist formschön und auch technisch gelungen. Ausserdem fehlt auf dem europäischen Kontinent die einst weit verbreitete 2/4-gekuppelte Schlepptenderlokomotive für den Reisezugsdienst mittlerweile fast gänzlich.

Angenommen, es gäbe eine Zeitmaschine und du könntest für einen Tag in die Vergangenheit zurückkehren: Für welchen Ort in der Schweiz, für welche Epoche würdest du dich entscheiden, und warum?

Ich würde das Städtchen Brugg im Jahre 1913 auswählen. Dies aus folgenden Gründen: Brugg stellte zu Dampfzeiten einen extrem wichtigen Knotenpunkt dar, demzufolge fiel dem dortigen Depot und Bahnhof eine zentrale Rolle zu. Die Güterzüge auf der Nord-Süd-Achse mussten in Brugg ihre Fahrtrichtung und demzufolge auch ihre Bespannung wechseln. Den in Richtung Bözberg ausfahrenden Güterzügen half meistens eine nicht mit dem Zug gekuppelte Schiebelokomotive nach, zumindest bis zum Ende des Bahnhofs. Weil der Güterverkehr von und zum Gotthard über die Südbahn und den Bözberg abgewickelt wurde, fanden rund 15 C 4/5 der 2700er- und 2600er-Serien ein ideales Betätigungsfeld vor. Selbst C 4/5 aus dem Depot Erstfeld waren in Brugg anzutreffen. Die Reisezüge auf der Ost-West-Linie wurden unter anderem von A 3/5 und A 2/4 geführt.

Fazit: Brugg müsste im Jahre 1913 ein «Traum» gewesen sein.

Lorenz Scherler
Geboren: 21. März 1969
im Zeichen des Widders
Zivilstand: verheiratet
Beruflicher Werdegang: Nach der Schule absolvierte er in der Lehrwerkstätte der Stadt Bern, der «Lädere», die Ausbildung zum Maschinenmechaniker – am selben Ort, jedoch 20 Jahre früher, durchlief übrigens auch der Autor dieses Buches genau dieselbe Ausbildung. Heute arbeitet Lorenz Scherler im SBB-Industriewerk Biel, wo er sich im Bereich Werkstoff-Ultraschallprüfung fachspezifisch weitergebildet und sich einen Namen geschaffen hat.
Hobbys und Leidenschaften neben dem Interesse an den 1:1-Dampfrössern: Bücher lesen, speziell in einem von ihm mit gegründeten Lesezirkel (jedoch keine Eisenbahnbücher!); Interesse an allgemeinen Lebensfragen; Musik hören, vor allem Jazz und klassische Musik; Umbau des erworbenen Bauernhauses, zusammen mit seiner Frau Esther; Konstruktion, Bau und Betrieb von Livesteam-Dampflokomotiven für die Spurweite 7¼ Zoll (Massstab 1:8); Betrieb veranstalten auf der rund ums Haus führenden Livesteam-Gartenbahn (vor allem natürlich zusammen mit Gleichgesinnten, wie zum Beispiel seinem «Stiefvater», dem pensionierten SBB-Lokomotivführer Heinz Steiner, sowie dem mittlerweile ebenfalls «infizierten» Nachbarn Christoph Affolter, Jahrgang 1986 – womit Lorenz Scherler definitiv nicht mehr als Benjamin gilt!)

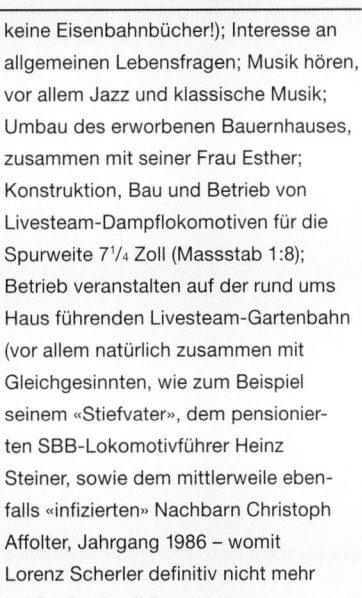

Sommer 1997 im Bahnhof Delémont, anlässlich des bis heute unvergessenen und völlig neue Massstäbe setzenden Jubiläums «150 Jahre Schweizer Bahnen»: Lorenz Scherler, tätig in der SBB-Hauptwerkstätte (heute SBB-Industriewerk) Biel, zeigt sich hier auf der Heizerseite des «Elefanten» C 5/6 2978, zu dessen Revision er viel Herzblut, Fachwissen, handwerkliches Können und Freizeit beigesteuert hat – wie zahlreiche seiner Kollegen auch, die aus Platzgründen leider ungenannt bleiben müssen. Trotz seiner Fachkompetenz durfte Lorenz Scherler die C 5/6 aber nicht selbst bedienen, das musste er jeweils den offiziellen SBB-Lokomotivführern oder -Heizern überlassen. Dem Fahren, Heizen, Pflegen, Konstruieren und Bauen von Dampflokomotiven geht er deshalb anderswo nach – ein Blick auf Seite 125 schafft diesbezüglich Klarheit!

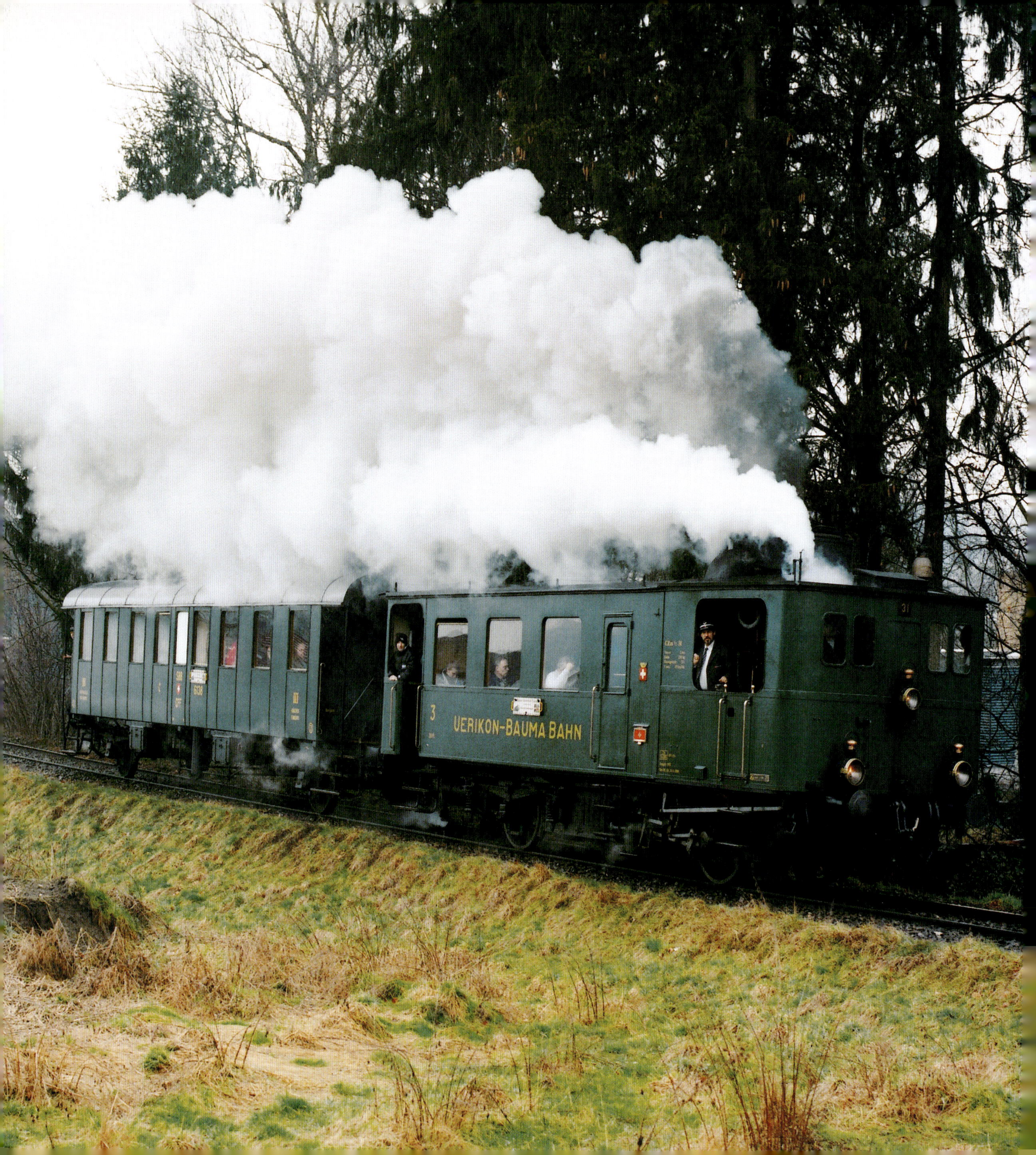
UERIKON-BAUMA BAHN
3
31

CZm 1/2 31 – DER DAMPFTRIEBWAGEN DER UeBB

Lokomotiven werden dafür gebaut, dass sie Wagen durch die Gegend ziehen oder stossen. Die Kombination daraus, also eine Mischung aus Lokomotive und Wagen, stellt der Triebwagen dar. Heute sind Triebwagen allgegenwärtig, zu Dampfzeiten hingegen zählten sie zu den raren Ausnahmeerscheinungen. Wenn es eines dieser seltenen Stücke sogar geschafft hat, bis auf den heutigen Tag zu überleben, muss es sich um etwas Besonderes handeln – zum Beispiel um den legendären Dampftriebwagen CZm 1/2 Nr. 31 der einstigen Uerikon–Bauma-Bahn (UeBB).

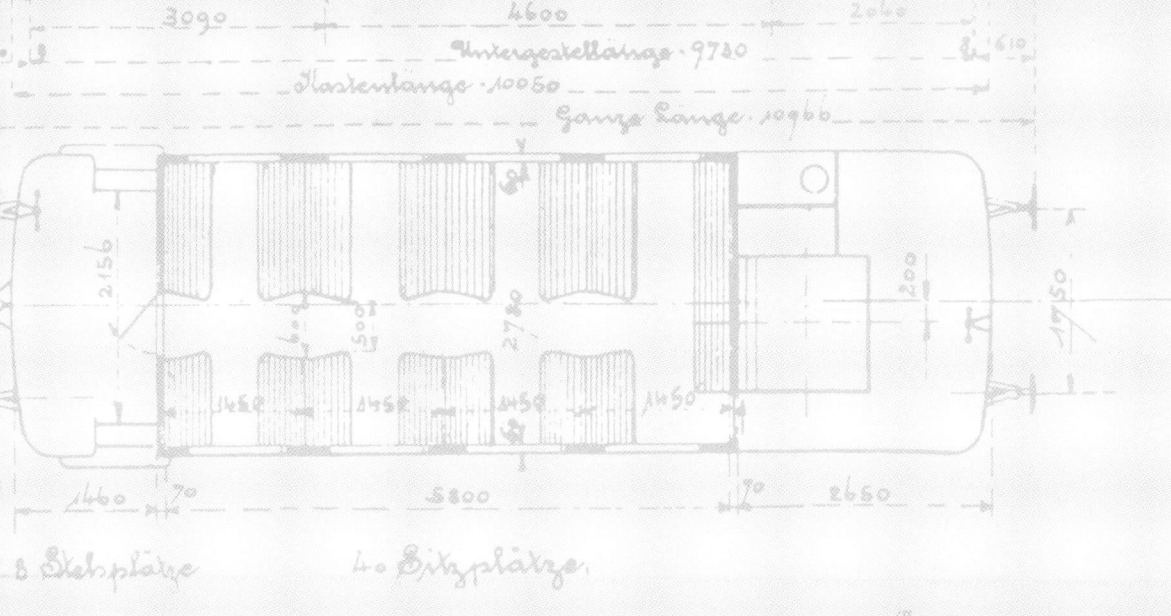

Seite 128: Mit dem SBB-Personenwagen C 6138 im Schlepp arbeitet sich der Dampftriebwagen CZm 1/2 31 das von der Papierfabrik Perlen nach Gisikon-Root führende Anschlussgleis hinauf – dank des nasskalten Wetters mit einer fotogenen Dampffahne; 6. März 2004.

Der CZm 1/2 Nr. 31 – der Stolz von SBB Historic

Mit dem Dampftriebwagen CZm 1/2 31 besitzt die Stiftung SBB Historic ein Schmuckstück, das seinesgleichen sucht. Aber nicht nur das Fahrzeug selbst ist interessant, genauso faszinierend präsentiert sich der Lebensweg des mittlerweile über hundertjährigen, hie und da über die Schienen schnaubenden Unikats.

1901 bis 1906: Bei den SBB

Treffende und stimmungsvolle Informationen erhält man durch das Schmökern in alten Publikationen, zum Beispiel in der Septemberausgabe 1947 der Monatszeitschrift «Eisenbahn-Amateur» (EA) – ihrem ersten Jahrgang übrigens! Weil jede textliche Neu- und Zusammenfassung nicht annähernd den Charme des damals Geschriebenen verströmt, erlauben wird uns, den dort abgedruckten Text teilweise zu übernehmen:

«Um die Zeit der Jahrhundertwende war auf den Vorortsstrecken von Zürich ein eigenartiges Schienenfahrzeug zu sehen, der erste Dampftriebwagen der Bundesbahnen! Dieses Fahrzeug war noch von der Nordostbahn (NOB) im Jahre 1901 bei der Maschinenfabrik Esslingen bestellt worden. Mittlerweile war aber die NOB mit dem 1. Januar 1902 an den Staat übergegangen, und so war es den Bundesbahnen beschieden, den ersten normalspurigen ‹Leichttriebwagen› (Cm 1/2 Nr. 1) in den Dienst zu nehmen. [...]

Schon damals erkannte man richtig, dass in verkehrsarmen Zeiten für wenig frequentierte Züge eigentlich ein Lokomotivzug höchst unwirtschaftlich sei, indem für wenige Passagiere ein ungeheures totes Gewicht nachgeschleppt werden müsse. Die Tendenzen gingen nun dahin, einen Fahrzeugtyp zu finden, der beides, das heisst Lokomotive und Personenwagen in einem, vereinigt. In England baute man aus dieser Erkenntnis bereits 1847 den ersten Dampftriebwagen [als so genannte «Expressmaschine» gebaut für die englische Ostbahn]. Deutschland folgte unmittelbar darauf. Ein eigentlicher Aufschwung im Triebwagenbau war dann in den Achtzigerjahren [im grösseren Stil erst in den Neunzigerjahren] mit dem Aufkommen des Benzinmotors festzustellen [...]. Infolge der Unvollkommenheiten, die dem relativ jungen Vergasermotor noch anhafteten, kehrten die verschiedenen Bahnverwaltungen wieder zur zuverlässigeren Dampfmaschine zurück [...].

Unser Veteran unterscheidet sich äusserlich nur wenig von einem zweiachsigen Personenwagen. Seine Form ist alles andere als etwa ‹elegant›, wie wir es bei den modernen Schnelltriebfahrzeugen gewohnt sind. Das einzig Auffallende ist der stehende Dampfkessel, welcher knapp über das Dach herausragt. Von einer kleinen Zwillingsmaschine wird nur eine Achse angetrieben. Zur Erzeugung des Dampfes war ursprünglich ein stehender Serpollet-Kessel mit 11,1 Quadratmeter Heizfläche eingebaut. Der Serpollet'sche Dampferzeuger [...] entwickelte in jeder Zeitspanne genau so viel Dampf, wie gerade gebraucht wurde [...]. Die Leistung des Triebwagens war ungefähr 40 PS und gestattete das Mitführen eines sechzigplätzigen Anhängewagens. Neben der Handbremse [zwei einzelne, je auf eine Achse wirkende Handspindelbremsen] war wahrscheinlich ursprünglich eine Dampfbremse vorhanden. Eine maximale Geschwindigkeit war nicht festgesetzt, sie dürfte aber kaum mehr als 40 Stundenkilometer betragen haben. Die Innenausrüstung entsprach derjenigen eines NOB-Personenwagens und umfasste 40 Sitzplätze [...]. Die erste Versuchsfahrt wurde Anfang April 1902 auf der 36 Kilometer langen Strecke Zürich–Meilen–Rapperswil durchgeführt [gemäss «Schweizerische Bauzeitung» erzielte der Wagen auf der Hinfahrt eine Geschwindigkeit von 31 Stundenkilometern bei maximal 7 Promille Steigung und eine maximale von 40 Stundenkilometern].

Schon sehr bald nach der fahrplanmässigen Einsetzung (12. Mai) machten sich verschiedene Mängel bemerkbar. Der Serpollet'sche Dampferzeuger versagte sehr oft. Mehr und mehr fiel auch der durch den grossen Überhang bedingte sehr unruhige Lauf des Wagens auf. Der Triebwagen erwies sich auch bald als zu schwach zur Führung der immer schwerer werdenden Vorortszüge. So war er denn schliesslich mehr in der Reparaturwerkstätte als auf der Strecke.»

Bilder aus jener SBB-Zeit zeigen übrigens, dass der Cm 1/2 Nr. 1 zeitweise die Anschrift «Motorwagen» trug – wie der Daimler-Benzinmotorwagen Cm 1/2 Nr. 11. Das Fahrzeug war für Einmannbetrieb vorgesehen, seine Bedienung erfolgte sowohl bei Vorwärts- als auch bei Rückwärtsfahrt vom gleichen Führerstand aus. Zudem unterschied sich das SBB-Fahrzeug nur wenig vom patentierten Serpollet-Dampftriebwagen, wie er auch in Württemberg im Einsatz stand.

1906 bis 1948: Bei der UeBB

«Dem ersten Triebwagen der Bundesbahnen schien anfangs kein guter Stern zu leuchten. Vier Jahre nach seiner ersten Fahrt – 1906 – wurde er endgültig als ‹untauglich› empfunden. Da nahm sich die Uerikon–Bauma-Bahn seiner an, welche ihn im selben Jahr käuflich erwarb. Er wurde seiner Herstellerfirma zum Umbau zugeführt. An Stelle des Serpollet-Kessels wurde ein Röhrenkessel [...] mit einem Überhitzer, System Kittel, eingebaut. Gleichzeitig erhielt er neue, grössere Zylinder und die Westinghouse-Bremse. So erzielte man eine Leistung von 100 PS [...]. Umgebaut war er befähigt, einen Anhängewagen von 14 Tonnen mit 30 Stundenkilometern zu befördern (auf 10 Promille Steigung noch mit 15 Stundenkilometern).»

Nicht unerwähnt bleiben darf an dieser Stelle der Einbau eines separaten Postabteils mit Briefkasten – unter Opferung einiger weniger Sitzplätze. Folgerichtig lautet die Bezeichnung des Fahrzeugs seither nicht mehr Cm 1/2, sondern CZm 1/2 – wobei Bilder aus der letzten Betriebszeit deutlich machen, dass der UeBB-Dampftriebwagen nicht als «CZm», sondern als «CZ M» angeschrieben war. Dergestalt bezeichnet, kehrte er 1948 auch zu den SBB zurück. Anfänglich trug das Fahrzeug bei der UeBB die Nr. 1, später dann die Nr. 31.

«Die Inbetriebsetzung bei der Uerikon–Bauma-Bahn erfolgte dann am 9. Januar 1907, und schon am 11. Januar kam er in den fahrplanmässigen Dienst [...]. Tausende und Tausende von Fahrten hat der Cm 1/2 inzwischen ausgeführt und dabei über eine Million Kilometer absolviert. Er hat seine neue Besitzerin nie mehr enttäuscht, er verhielt sich vorzüglich [...].

Wie aus dem Geschäftsbericht 1918 der Schweizerischen Südostbahn ersichtlich ist, war der Kittel-Dampftriebwagen auch längere Zeit auf der Seedammstrecke der SOB eingesetzt. Infolge der ausserordentlichen Kohlenknappheit in der ersten Nachkriegszeit (1918/19) war die SOB in der fatalen Lage, für das ganze Netz von 50 Kilo-

So präsentierte sich der Dampftriebwagen zur Zeit seiner Ablieferung an die SBB im Jahr 1902. Weil das Fahrzeug damals noch über kein Gepäckabteil verfügte, trug es die Bezeichnung Cm 1/2, als Nummer erhielt es die Ziffer 1.

Dampftriebwagenprojekt von 1864

Von 1886 (Pilatusbahn) bis 1930 (Oensingen–Balsthal-Bahn) nahmen Schweizer Bahnen insgesamt 39 dampf- oder druckluftbetriebene Triebwagen in Betrieb. Noch früher, und zwar im Jahr 1876, stand ein doppelstöckiger «Dampfomnibus System Brunner» auf der Privatbahn Lausanne–Echallens im Einsatz – allerdings nur versuchshalber und während weniger Wochen.

Überhaupt nie im Einsatz gestanden ist ein für die Zweigstrecke Oberglatt–Dielsdorf projektierter Dampftriebwagen der 1865 eröffneten Privatbahn Bülach–Regensberg (BR); dies deshalb, weil das Fahrzeug nie über das Entwurfsstadium hinauskam. Speziell interessant daran ist, dass in der Fachliteratur noch nie etwas über diesen geplanten Dampftriebwagen veröffentlicht worden ist – zumindest mit grosser Wahrscheinlichkeit nicht. Das sei hiermit, in stark geraffter Form, nachgeholt.

Weil die voraussichtlich geringen Einnahmen einen Lokomotivbetrieb als unwirtschaftlich erscheinen liessen, sah die BR für ihre Nebenstrecke Oberglatt–Dielsdorf anfänglich den Pferdebahnbetrieb vor. Dann tauchten jedoch Bedenken auf: Ein derartiger Betrieb für die wenigen Kilometer würde unverhältnismässig hohe Fixkosten für die Pferdebetreuung und die Stallungen verursachen, und zwar in einer Grössenordnung, welche die einmaligen Einsparungen beim Streckenbau wohl rasch überträfe. Maschinenmeister Krauss schlug deshalb im Sommer 1864 vor, in zwei Wagen der geplanten Pferdebahnbauart BCF (Coupé-System) das gesonderte Gepäckabteil durch ein Maschinenabteil zu ersetzen. Eine vertikale Dampfmaschine gleicher Bauart, wie sie damals zum Antrieb der grossen Drehscheibe in Zürich verwendet wurde, sollte darin Platz finden. Gemäss dem noch existierenden Briefwechsel könnte «die Übersetzung von der Triebaxe der Maschine auf die des Wagens mittels Riemenscheiben wie im Project oder mittels Stirnräderübersetzung geschehen. Erstere wäre in so ferne vorzuziehen als der Gang ein ganz geräuschloser wäre.»

Geht man von einer Feuerbedienung nur an den Endstationen aus, analog dem FZm 1/2 der Sursee–Triengen-Bahn, wären Dampfmaschine, Pfeife und Fallbremse wohl vom Kutschbock aus zu bedienen gewesen. Der Wagenführer hätte die Billettkontrolle wegen des Coupé-Systems ohnehin schon vor der Abfahrt erledigt – der kostensparende Einmannbetrieb wäre denkbar gewesen. Die Idee, von welcher uns zwei Briefe und zwei Skizzen überliefert sind, wurde jedoch nicht realisiert. Zwischen Oberglatt und Dielsdorf kamen schlussendlich normale, von einer kleinen Dampflokomotive geführte Nebenbahnzüglein zum Einsatz. Diese Kompositionen erforderten drei Mann Zugspersonal, zudem musste die Lokomotive nach jeweils lediglich zwei Stationen den oder die Wagen umfahren. Fazit: Ein betriebstüchtiger Dampftriebwagen à la Maschinenmeister Krauss wäre die Bülach–Regensberg-Bahn bedeutend günstiger gekommen.

Die im Text erwähnte Skizze des projektierten Dampftriebwagens der Bülach–Regensberg-Bahn. Das Dokument stammt aus dem Jahr 1864.

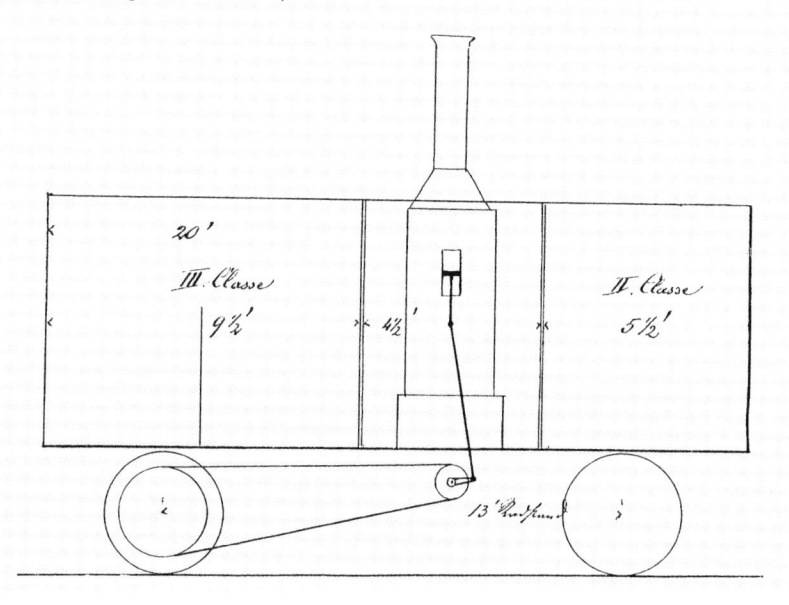

metern nur zwei Lokomotiven unter Dampf halten zu können [...]. Der CZm 1/2 der UeBB mit seinem bescheidenen Kohlenverbrauch leistete hier äusserst wertvolle Dienste im Lokalverkehr Pfäffikon–Rapperswil.»

Um 1918 nahm sich die SOB des Fahrzeugs an und baute ihm eine von den SBB vorerst mietweise zur Verfügung gestellte elektrische Beleuchtung samt Dynamo und Regler ein. Weitere Änderungen folgten, wie anno 1926 Verbesserungen am Dampfkessel, 1935 die Montage eines Spurkranz-Schmierapparates der Bauart Friedmann und 1936 ein Umbau der Wagenfenster sowie das Ersetzen der Wagenkastenbleche und der Gepäckträger.

Der sparsame Dampftriebwagen stand bei der UeBB so oft wie möglich im Einsatz und wurde gut gepflegt. Weil jedoch der Gleiszustand zu wünschen übrig liess, machten sich der kurze Radstand und der grosse Überhang des CZm 1/2 negativ bemerkbar – wie schon zu SBB-Zeiten. Bereits bei 20 Stundenkilometern kam das Fahrzeug unangenehm ins Schlingern. Insgesamt verzeichnete der Dampftriebwagen acht Entgleisungen, alle mit glimpflich verlaufenem Ausgang, drei davon wegen Achsbruchs.

Im Grossen und Ganzen war die UeBB mit ihrem Dampftriebwagen zufrieden. Keinesfalls zufrieden konnte das Unternehmen hingegen mit dem Betriebsergebnis sein, beherrschten doch tiefrote Zahlen seine Buchhaltung. Als schlussendlich das Zürcher Stimmvolk in der Abstimmung vom 26. Mai 1946 die «Reorganisation der Verkehrsverhältnisse im Zürcher Oberland» guthiess, war das Schicksal der UeBB besiegelt – ihrem Übernamen «Ueberbeibahn» wurde sie damit nun mehr als gerecht.

1948 bis 1974: Abgestellt bei den SBB
Über das weitere Schicksal der UeBB und des Dampftriebwagens wurde im «Eisenbahn-Amateur» folgendermassen berichtet und spekuliert:

EA 3/1947: «Die Verkehrsverbindung vom Zürichsee nach dem Tösstal wird bald der Vergangenheit angehören [...]. Die Strecke Hinwil–Bauma wird elektrifiziert und dem SBB-Netz einverleibt, während das Teilstück Hinwil–Uerikon dem Abbruch geweiht ist [...]. Wir Eisenbahner aber werden wehmütig an eine glücklichere Zeit zurückdenken, als man noch den Atem des romantischen Dampfrosses verspürte [...].

Durch die Reorganisation der Sekundärbahnen im östlichen Teil des Kantons Zürich tritt nun der seltene Fall ein, dass jener Dampftriebwagen [...] voraussichtlich auf den Fahrplanwechsel 1947/48

«Spiel mir das Lied vom Tod» à la Zürcher Oberland – Sergio Leone hätte seinen in Spanien gedrehten Western-Klassiker genauso gut auf der UeBB in Szene setzen können. Der einsame Bahnhof Hombrechtikon, der Dampftriebwagen, der Junge mit Velo (statt Mundharmonika und Pferd) sowie die Frau mit Hut wären ein gleichwertiger Ersatz gewesen; 11. August 1948.

wieder in den Besitz der Bundesbahnen übergeht. Nach vierzigjährigem Gastspiel bei einer Privatbahn kehrt also unser Veteran wieder zur ursprünglichen Verwaltung zurück. Was die Bundesbahnen mit ihrem einstigen «Sorgenkind» vorhaben, ist noch nicht festgelegt. Es wäre jedenfalls sehr zu wünschen, dass der erste «Leichttriebwagen» der schweizerischen Normalbahnen in die Obhut unseres Herrn Fontanellaz, das heisst ins Verkehrshaus der Schweiz käme und damit auch späteren Generationen erhalten bliebe.»

Benzinmotorwagen versus Dampftriebwagen

Die Uerikon–Bauma-Bahn befasste sich bereits vor der Übernahme des NOB/SBB-Cm 1/2 Nr. 1 mit der Frage, ob sich mit Triebwagen ein kostengünstigerer Betrieb als mit lokomotivbespannten Zügen bewerkstelligen liesse. Von Akkumulatoren gespeiste Elektrofahrzeuge schieden damals noch aus, weil sie als zu unerprobt und zu wenig leistungsfähig galten. Mehr Erfolg versprach sich der UeBB-Verwaltungsrat von «Automobilwagen mit Benzinmotoren im Bahnbetrieb». Daraufhin baute die Automobilfabrik Orion in Zürich auf eigenes Risiko einen kurzen, zweiachsigen Motorwagen. Das Fahrzeug konnte lediglich vorwärts fahren und musste deshalb an den Endstationen auf einer Drehscheibe gewendet werden. Der Testbetrieb auf der UeBB scheint nicht sehr überzeugend ausgefallen zu sein, verschwand der Wagen doch sang- und klanglos wieder aus dem Zürcher Oberland. Die Firma Orion wurde für den Versuch mit 1500.– Franken entschädigt.

Etwas erfolgreicher als der Orion-Automobilwagen war ein von der NOB in Deutschland erworbener, bereits gebrauchter Daimler-Benzinmotorwagen: Die SBB übernahmen das Fahrzeug anno 1902 und reihten es als Cm 1/2 Nr. 11 in ihren Bestand ein. Nach neun Jahren SBB-Daseins wurde es jedoch ausrangiert – der NOB/SBB/UeBB-Dampftriebwagen hingegen konnte sich bis auf den heutigen Tag halten.

EA 4/1947: «Am 11. Oktober findet die Einweihung des elektrischen Betriebes Hinwil–Bauma statt, verbunden mit der Übergabe der Linie an die SBB. Vorläufig verbleibt der Dampfbetrieb der UeBB auf der Strecke Hinwil–Uerikon.»

EA 11/1948: «Am 2. Oktober hat die Uerikon–Bauma-Bahn den Betrieb auf der noch verbliebenen Strecke Hinwil–Uerikon eingestellt. Von Dürnten bis Hombrechtikon bleibt das Gleis als Industrieanschluss bestehen, die übrigen Schienen werden abgebrochen und an verschiedene Privatbahnen verkauft. Zwei Lokomotiven vom Typ 3/3 wurden an die SBB respektive das Gaswerk Basel verkauft. Zwei Personenwagen gehen an westschweizerische Privatbahnen über, der Dampftriebwagen und der ehemalige Salonwagen der Gotthardbahn sind für das zukünftige Eisenbahnmuseum vorgesehen.»

EA 12/1948: «Nun ist ein reizendes Eisenbahn-Idyll im Züribiet für alle Zeiten verschwunden. Während fast einem halben Jahrhundert dampften und pusteten bescheidene Lokomotivlein vom Zürichsee zu den lieblichen Höhen des Oberlandes und hinüber ins Tösstal. Dem Bähnchen haftete rein nichts an von der übertriebenen Hast der neueren Zeit. Gemächlichkeit und Gemütlichkeit schienen uns wie Boten aus einer anderen Welt, ein wohltuender ruhender Pol inmitten der Hetze der

Mai 1947: Die UeBB sorgt für Hochbetrieb im 1944 von den SBB elektrifizierten Hinwil. Während der Dampftriebwagen CZm 1/2 31 samt K3-Güterwagen nach Bauma fahren wird, ist die Ed 3/4 41 vermutlich einem Bauzug vorgespannt – fünf Monate später kann nämlich bis Bauma elektrisch gefahren werden (oben). Die auch zwischen Hinwil und Uerikon abtretende UeBB wird am 29. September 1948 mit ihrer Konkurrenz, den neuen Alfa-Romeo-Bussen der Verkehrsbetriebe Zürcher Oberland, konfrontiert. Beim B 5 hinter dem CZm 1/2 31 handelt es sich um den ehemaligen Salonwagen A 2 der Gotthardbahn (links).

Auf der seit Herbst 1948 nur noch als Anschlussgleis dienenden Strecke Bubikon–Wolfhausen hängt bis heute keine Fahrleitung. Taucht ab und zu der Dampftriebwagen als Extrazug hier auf, weckt er natürlich Erinnerungen an die «gute alte UeBB-Zeit». Im Hintergrund ist das Ritterhaus von Bubikon zu erkennen; 8. Oktober 1988 (oben).

Seltener Besuch bei der Brauerei Feldschlösschen in Rheinfelden am 21. Oktober 1982: Die nostalgische Fabrikatmosphäre liefert eine stimmige Kulisse zum Treffen des UeBB-Dampftriebwagens mit der Werkslokomotive E 3/3 8481 (ex SBB-Tigerli, unten).

Nach erfolgreich absolvierter Probefahrt stellen sich die folgenden Herren vor dem völlig revidierten CZm 1/2 31 in Fotopositur (von links nach rechts): Hanspeter Landenberger, Peter Zinsli und Aimé Corbat; August 1980.

Begegnung der seltenen Art: Zur Realisierung dieses Treffens musste der Dampftriebwagen zuerst das vom SBB-Bahnhof Arth-Goldau zum Rigibahn-Depot hinaufführende Verbindungsgleis bewältigen. Letzteres ist zwar kurz, dafür aber steil und mit einer Zahnstange ausgerüstet – mit etwas Anlauf schaffte es der CZm 1/2 31 aber auch im Adhäsionsbetrieb. Anschliessend durfte er sich hinter der Zahnrad-Dampflokomotive H 2/3 16 erholen; 6. März 2004 (oben).

Rechte Seite: Den Dampftriebwagen-Spezialisten über die Schultern geschaut. Die Bilder belegen, dass die Fachmänner den CZm 1/2 31 zuerst völlig zerlegt, von Grund auf revidiert und erst dann wieder zusammengebaut haben. Klar zu erkennen ist auch der stehende Dampfkessel nach System Kittel.

neuen Technik [...]. Moderne Autobusse verpesten nun mit Rohöl- und Benzin-Gestank die heimelige Gegend. Auf schlechten Strassen entstehen endlose Staubwolken. [...] Sonntägliche Landschaft? Das Evangelium der ‹modernen Verkehrstechnik›!»

Schlussendlich wechselte der CZm 1/2 31 samt dem erwähnten Ex-GB-Wagen für insgesamt 500 Franken den Besitzer und gehörte fortan dem Verein Verkehrshaus der Schweiz. In der PLM- respektive SNCF-Remise von Vallorbe schlummerte der UeBB-Dampftriebwagen daraufhin jahrzehntelang vor sich hin und wartete auf bessere Zeiten. Als Gegenleistung für die von den SBB aufgebrachte Standplatzmiete gelangte das Fahrzeug dann vom Verkehrshausverein zu den SBB.

1974 bis heute: Der CZm 1/2 31 lernt wieder fahren

Im Jahre 1974 fand im Verkehrshaus der Schweiz die Ausstellung «Triebwagen bei Schweizer Bahnen» statt – da durfte der UeBB-Dampftriebwagen keinesfalls fehlen. Weil an eine betriebstüchtige Herrichtung noch nicht zu denken war, erhielt das Fahrzeug zumindest eine so genannte Pinselrenovation. Diese Arbeit vertraute man dem Verein Dampf-Bahn Bern an. Nach der Ausstellung in Luzern verschwand der CZm 1/2 31 allerdings wieder von der Bildfläche; nun wurde er in Le Locle unter Dach abgestellt. Bereits im Herbst 1978 stand jedoch die nächste Präsentation des urigen Dampftriebwagens auf dem Programm, und zwar in den Mustermessehallen von Basel, an der Ausstellung «Eisenbahn, Vorbild und Modell». Wie bereits in Luzern fand das Fahrzeug auch in der Rheinstadt viel Beachtung.

Anschliessend überführte man den mittlerweile knapp 80-jährigen Veteranen ins Depot Zürich – Grosses war hier nun angesagt: Nach umfassenden Vorarbeiten und einer minutiösen Planung erfolgte nämlich eine kaum für möglich gehaltene Totalsanierung des Fahrzeugs. Geleitet wurde dieses Projekt von Aimé Corbat, Werkführer der Depotinspektion Zürich – ein Mann, der selbst nach seiner Pensionierung das Heft nicht aus den Händen geben wollte und auch nicht durfte. Mit viel Begeisterung, Kompetenz und dem ihm angeborenen welschen Charme führte er sein Mitarbeiterteam zum Erfolg. Dabei ging es einerseits darum, den CZm 1/2 31 betriebstüchtig aufzuarbeiten, andererseits den UeBB-Zustand beizubehalten. Vorgängig jedoch erfolgte die sorgfältige Zerlegung in sämtliche Einzelteile sowie deren minutiöse Katalogisierung. Die anschliessende Revision, besonders die Neuanfertigung der abgewirtschafteten und nicht weiter verwendbaren Teile, wurde dadurch erschwert, dass keinerlei Pläne mehr aufzutreiben waren. Das Denken, Recherchieren, Diskutieren und handwerkliche Arbeiten fand nach 21 Monaten ein Ende. Der bis zur letzten Schraube überholte Triebwagen konnte am 14. August 1980 wieder unter Dampf gesetzt werden – zum ersten Mal seit 32 Jahren. Auch die Hürde der obligaten Kesselinspektion wurde geschafft, und die Probefahrten zeigten, dass die früheren Fahrleistungen mühelos erreicht und teilweise sogar übertroffen wurden.

Seit Herbst 1980 steht der CZm 1/2 31 für gelegentliche Extrafahrten zur Verfügung. Dabei künden seine Auftritte jeweils von einer Bahngesellschaft und einer Epoche, die beide längst verschwunden sind – oder, um Wilhelm Busch zu zitieren, von einer Zeit, in der das folgende Bonmot noch Gültigkeit hatte: «Man reist doch nicht, um anzukommen!»

CZm 1/2 31: Technische Daten

Länge über Puffer: 11 000 mm
Höhe über Kamin: 4150 mm
Dienstgewicht: 23 t
Adhäsionsgewicht: 11,6 t
Triebraddurchmesser: 1000 mm
Höchstgeschwindigkeit vorwärts: 45 km/h
Höchstgeschwindigkeit rückwärts: 45 km/h
Bauart: Heissdampf, Zwilling
Leistung: 100 PS/75 kW
Baujahr: 1902
Hersteller: Maschinenfabrik Esslingen
Fabriknummer: keine

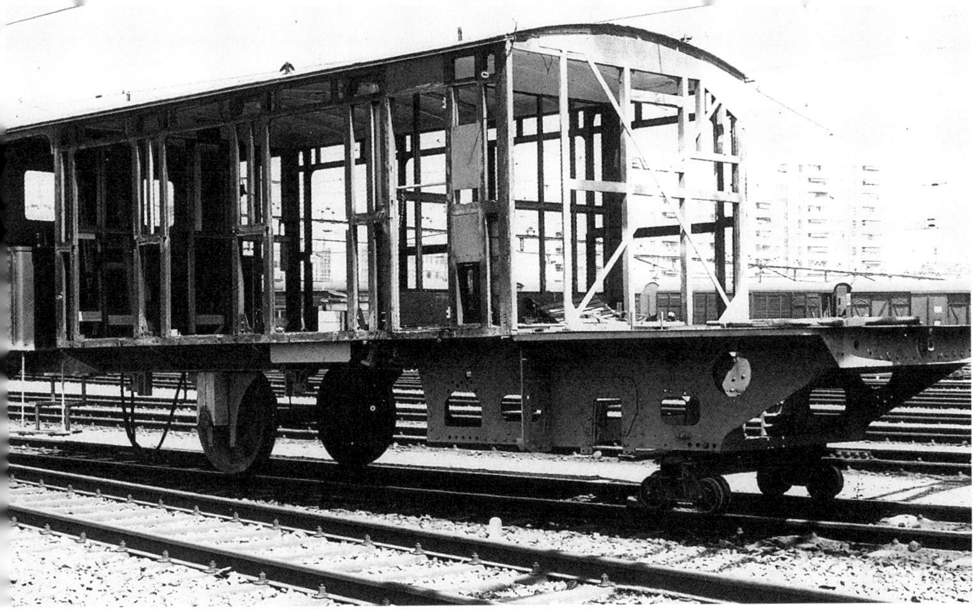

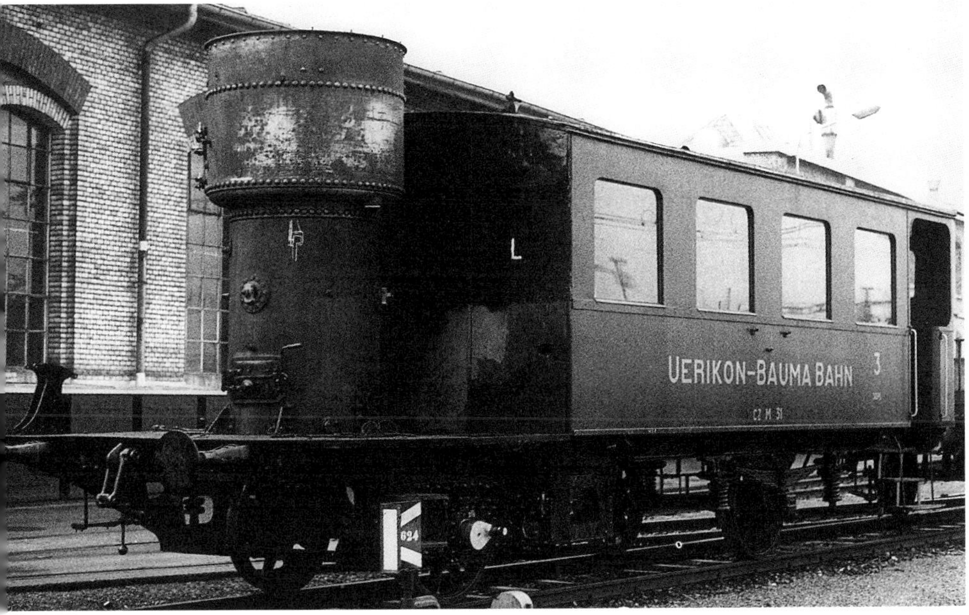
L
UERIKON-BAUMA BAHN
3
624

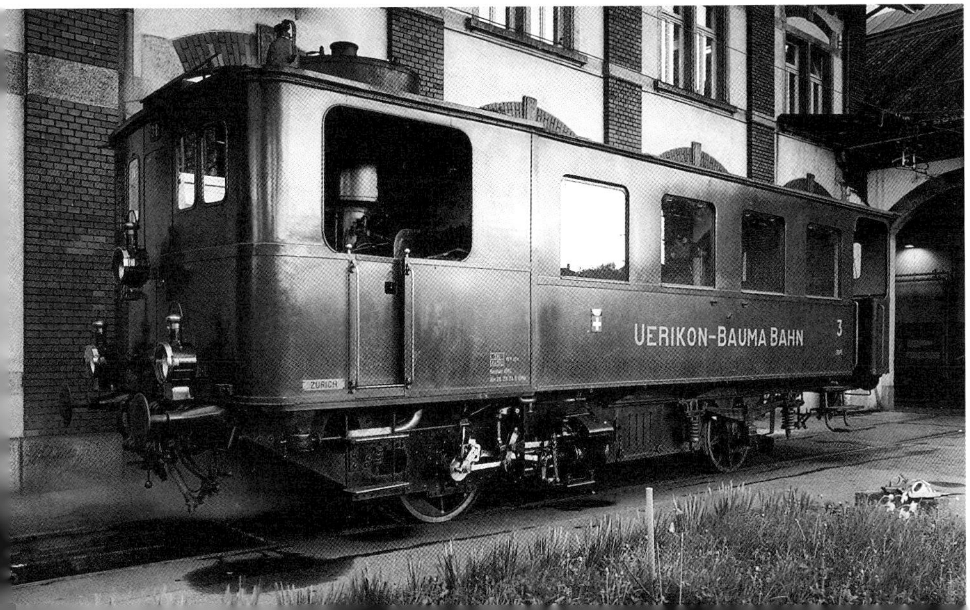
UERIKON-BAUMA BAHN
3

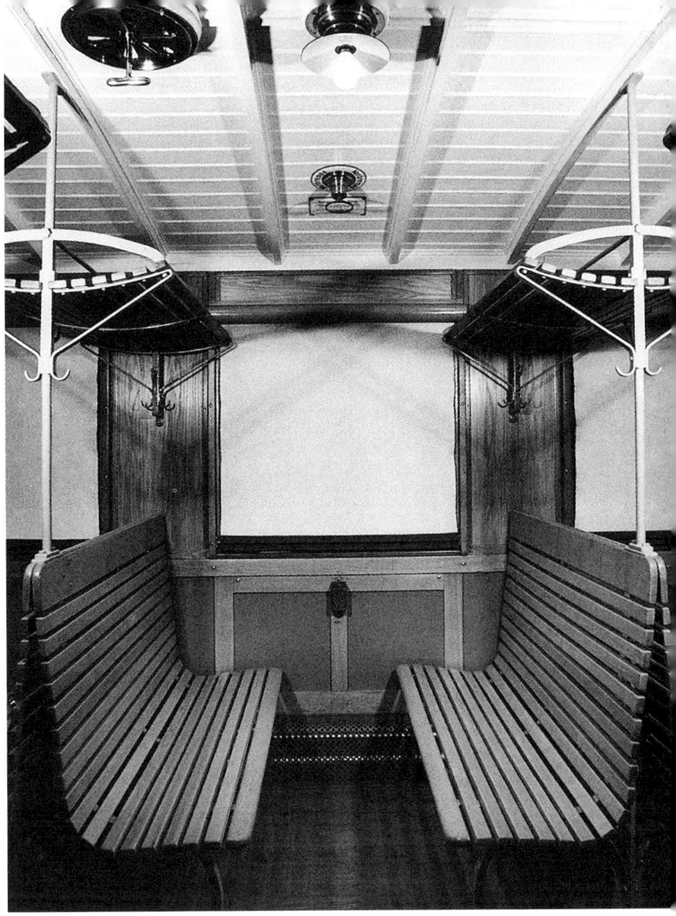

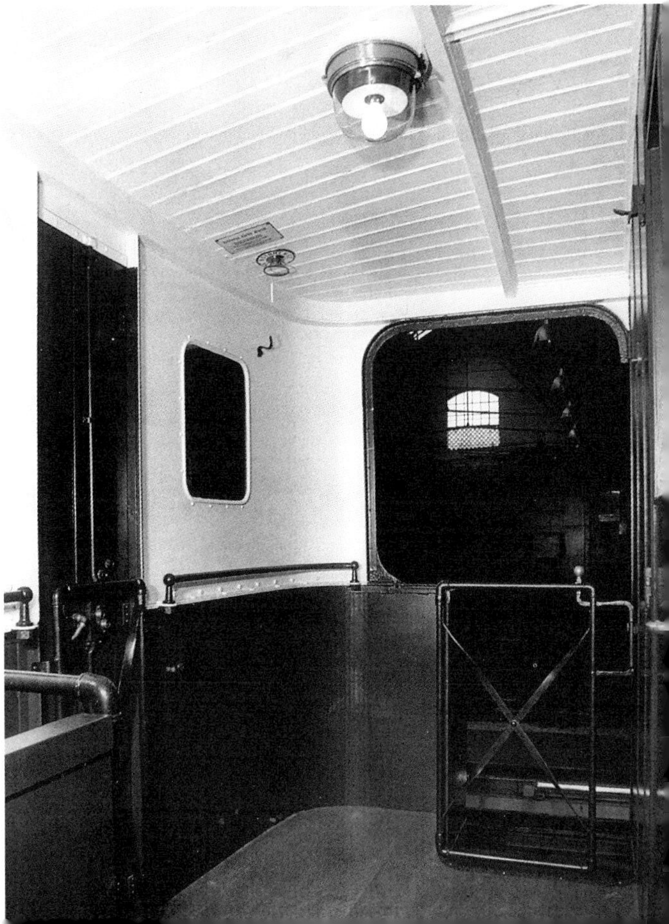

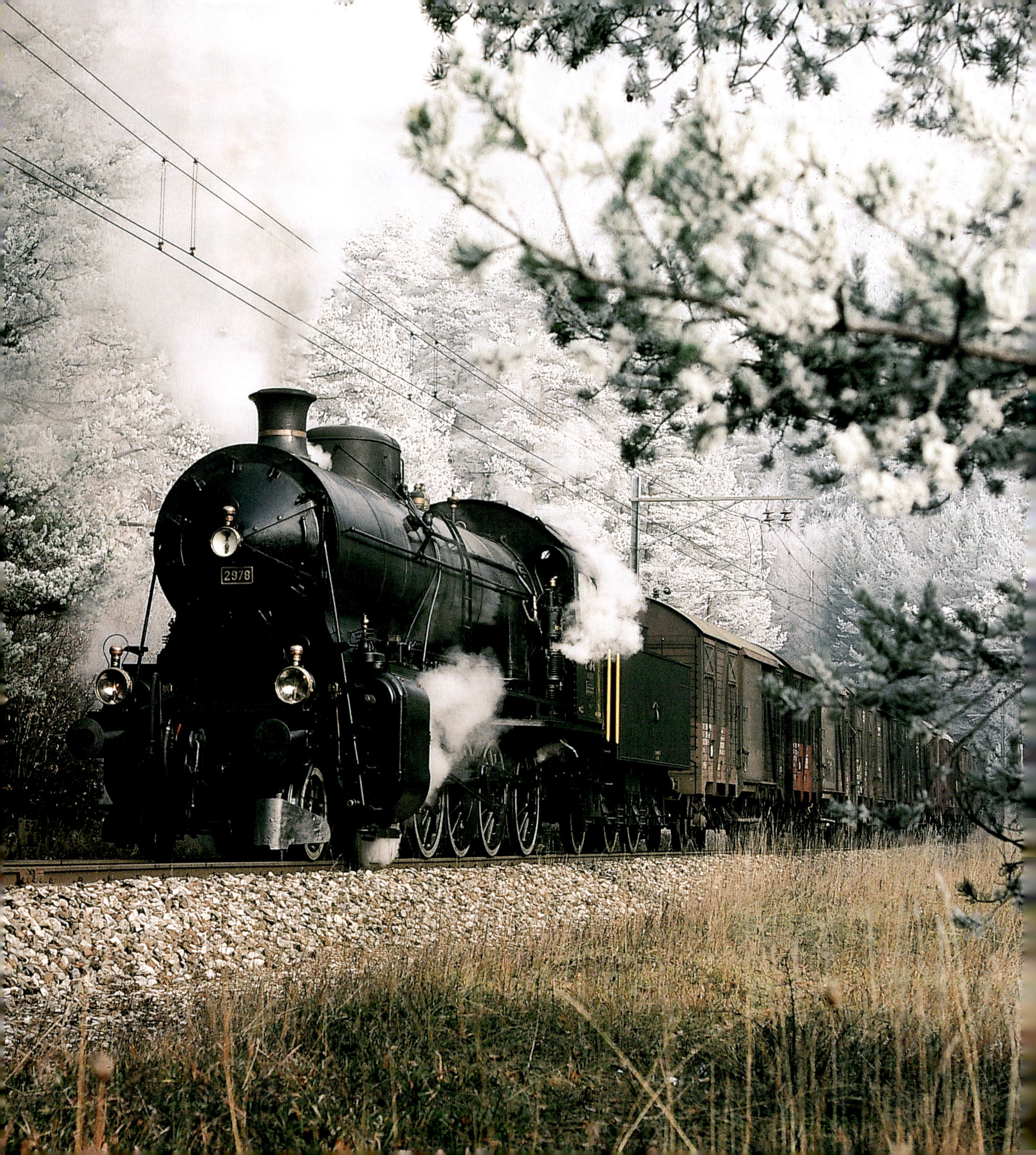
2978

C 5/6 2978 – «ELEFANT» UND ARBEITSPFERD

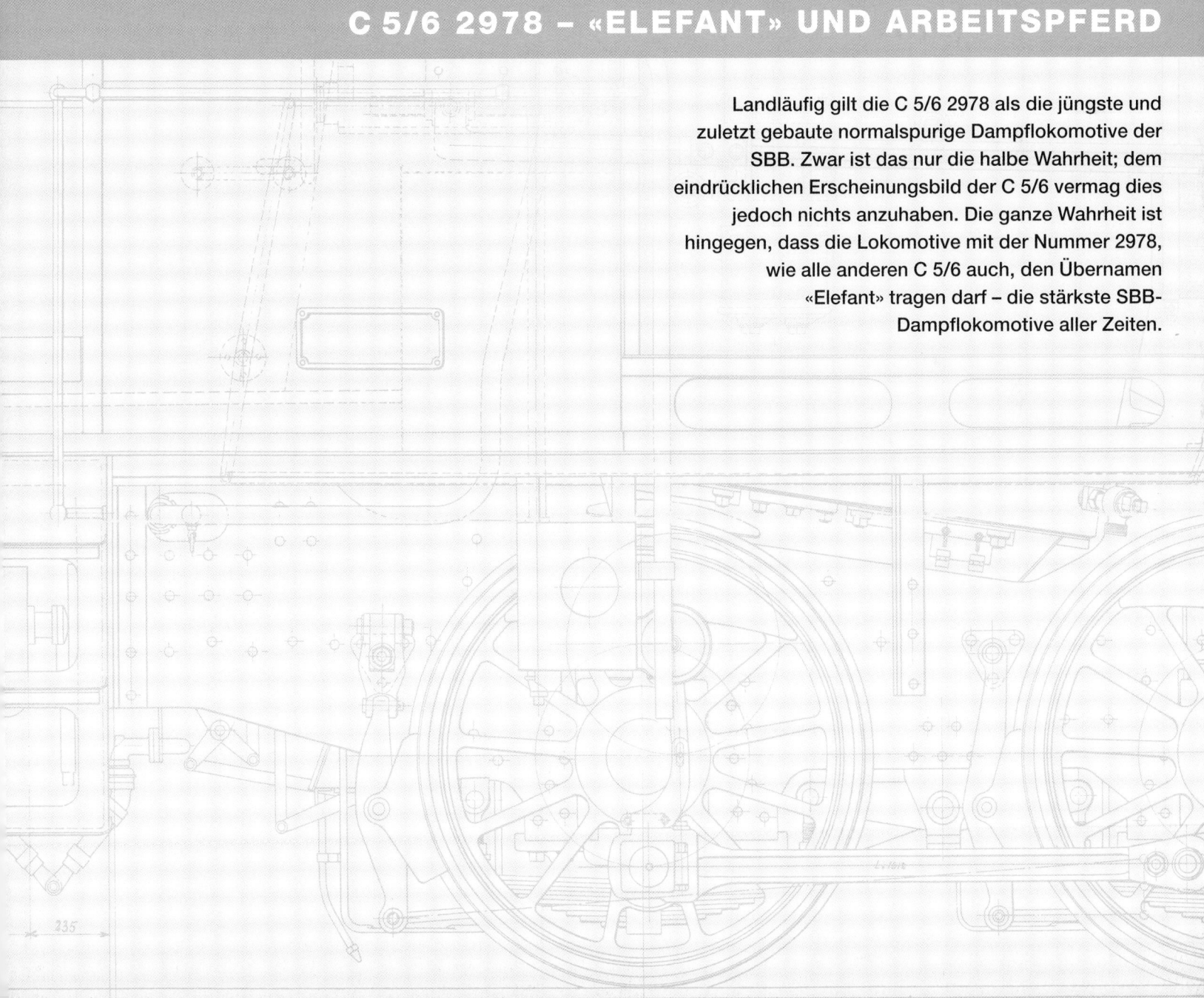

Landläufig gilt die C 5/6 2978 als die jüngste und zuletzt gebaute normalspurige Dampflokomotive der SBB. Zwar ist das nur die halbe Wahrheit; dem eindrücklichen Erscheinungsbild der C 5/6 vermag dies jedoch nichts anzuhaben. Die ganze Wahrheit ist hingegen, dass die Lokomotive mit der Nummer 2978, wie alle anderen C 5/6 auch, den Übernamen «Elefant» tragen darf – die stärkste SBB-Dampflokomotive aller Zeiten.

Seite 140: Foto-Güterzug im Jura, fotografiert am 20. November 1983 zwischen Tavannes und Sonceboz-Sombeval: Weil die Sonne erst wenige Augenblicke zuvor die herbstliche Nebeldecke durchstossen konnte, ist der Wald noch mit Raureif bedeckt.

Die C 4/5 benötigen Verstärkung

Als die Verstaatlichung der Gotthardbahn (GB) am 1. Mai 1909 Realität wurde, verfügte diese über einen Triebfahrzeugpark, der noch weitgehend von Ausrangierungen verschont geblieben war. Die SBB übernahmen deshalb beinahe alle jemals von der GB beschafften Lokomotiven. Für den Güterzugsdienst auf den Gotthardrampen standen den SBB hauptsächlich die folgenden Triebfahrzeuge zur Verfügung:
– die Mallet-Tenderlokomotive Ed 2x3/3 151, ein ungeliebter GB-Einzelgänger,
– zahlreiche ältere Schlepptenderlokomotiven der GB-Typen D 3/3 und D 4/4,
– zahlreiche C 4/5, acht davon stammten von der ehemaligen Gotthardbahn.

Dabei zeigte sich, dass selbst die vierfach gekuppelten Maschinen, also die D 4/4 und C 4/5, den laufend schwerer werdenden Güterzügen nicht mehr gewachsen waren – von den alten und abgewirtschafteten D 3/3 schon gar nicht zu reden. Alfred Moser fasst diese Situation in seinem berühmten Buch «Der Dampfbetrieb der Schweizerischen Eisenbahnen 1847–1966» folgendermassen zusammen: «Für die Strecken mit grösseren Steigungen war die Leistungsfähigkeit der 4/5-gekuppelten Güterzugslokomotive noch ungenügend. Um den Vorspann- und Schiebedienst sowie fakultative Fahrleistungen einzuschränken, ferner für den Dienst am Gotthard und auf seinen Zufahrtslinien musste eine noch stärkere Lokomotive geschaffen werden. Mit der Beschränkung des Achsdruckes auf 15 bis 16 Tonnen hätte die Ausnützung der damals zulässigen Zughakenbeanspruchung für 900 Tonnen auf 10 Promille Steigung eine Sechskupplerlokomotive erfordert.»

Mallets oder Sechskuppler – das ist hier die Frage

Aufgrund der vorgängig beschriebenen Ausgangslage traten die SBB um 1909/10 die Flucht nach vorne an und machten sich Gedanken, wie eine noch zugkräftigere Güterzugslokomotive auszusehen hätte. Dabei ist anzunehmen, dass mehrere Varianten studiert wurden. Uns interessieren in diesem Zusammenhang deren zwei:
– die Beschaffung von Mallet-Lokomotiven mit sechs oder sogar acht Triebachsen,
– die Beschaffung von sechsfach gekuppelten Einrahmen-Lokomotiven.

Ein Blick nach Deutschland zeigt, dass die Variante «Mallet» ein gangbarer Weg gewesen wäre. So wiesen die von Maffei zwischen 1913 und 1923 gebauten Mallet-Tenderlokomotiven der Baureihe 96 die Achsfolge (D)D auf und waren zu erstaunlichen Leistungen fähig.

Zu bedenken gilt es allerdings, dass um 1910, als die SBB das Projekt einer neuen Gebirgsgüterzugslokomotive wälzten, die Baureihe 96 noch nicht existierte. Ausserdem war klar, dass die komplizierten Gelenklokomotiven eine überdurchschnittliche und teure Zuwendung erforderten. Denkbar und sinnvoller wäre es zudem gewesen, nicht Tender-, sondern Schlepptenderlokomotiven der Bauart Mallet zu bestellen – das auch bei abnehmenden Betriebsvorräten unverändert bleibende Adhäsionsgewicht spricht klar für die Schlepptendervariante.

Aber auch die Variante Sechskuppler hätte erfolgversprechend sein können. Allerdings gilt es zu beachten, dass um das Jahr 1910 herum der Bau einer sechsfach gekuppelten Dampflokomotive noch ein grosses Wagnis darstellte. So kam der weltweit neue Massstäbe setzende österreichische Sechskuppler von Karl Gölsdorf, die legendäre 1'F-Schlepptenderlokomotive 100.01 mit Vierzylinder-Verbundtriebwerk, erst im Frühling 1911 in Betrieb. Zudem unterblieb schlussendlich der geplante Serienbau – allerdings nicht aus technischen Gründen.

Der Vollständigkeit halber sei noch erwähnt, dass die erste Lokomotive mit sechs fix gekuppelten Achsen bereits 1863 realisiert worden war, und zwar vom Amerikaner James Millholland.

Keine Experimente – von der C 4/5 zur C 5/6

In Anbetracht der geschilderten Ausgangslage ist es nachvollziehbar, dass sich die SBB für ein pragmatisches Vorgehen entschieden und der Devise «Keine Experimente!» huldigten – also keine riesigen Mallets und auch keine unerprobten Sechskuppler. Dafür favorisierten die SBB den Bau von fünffach gekuppelten Güterzugslokomotiven. Eine Planskizze aus dem Hause Maffei, München, datiert vom 15. Dezember 1910, zeigt denn auch eine gedrungene C 5/5, deren Verwandtschaft mit der von 1911 bis 1924 gebauten bayerischen G 5/5, der späteren Baureihe 57.5, überdeutlich ist. Typisch für das GB/SBB-Projekt ist hingegen der lediglich dreiachsige Tender – dies mit Rücksicht auf die relativ kurzen, noch aus der GB-Zeit stammenden Drehscheiben. Schlussendlich schaffte die Maffei'sche Gotthard-C-5/5 den Durchbruch aber nicht und blieb als unrealisierter Plan in den Schubladen liegen.

Ans Werk machte sich hingegen die SLM in Winterthur und entwarf im Jahre 1912 eine 5/6-gekuppelte Güterzugslokomotive. Noch während der Planungsphase machten die SBB von der Option Gebrauch, eine bereits laufende C-4/5-Bestellung in einen ersten C-5/6-Auftrag von fünf Einheiten umzuwandeln. Gemäss der Broschüre «Schweizerische Landesausstellung 1914 – Das Rollmaterial der Schweizerischen Bundesbahnen» sind die C 5/6 «... hauptsächlich zur Beförderung schwerer Güterzüge auf Strecken mit starken Steigungen bestimmt, jedoch auch zur Führung von Personen- und Schnellzügen auf Gebirgsstrecken verwendbar [...]. Mit Rücksicht auf die Verwendbarkeit im Personen- und Schnellzugsdienst ist die Lokomotive mit vorderer Laufachse ausgeführt worden.»

Verbund- oder Vierlingstriebwerk?

Beinahe schon selbstverständlich war zu dieser Zeit, dass die C 5/6 als Heissdampflokomotiven geordert wurden. Noch immer ungeklärt war hingegen die Frage, ob ein Vierlings- oder ein Vierzylinder-Verbundtriebwerk die bessere Lösung sei. Die SBB liessen deshalb drei Lokomotiven in der Vierzylinder-Verbund- und zwei Maschinen in der Vierlingsausführung bauen. Abgeliefert wurden sie in der zweiten Hälfte des Jahres 1913.

Bereits während der Probe- und Messfahrten zeigte sich, dass die Verbundvariante in beinahe allen Punkten dem Vierling überlegen war. Eine bereits laufende, diesbezüglich aber noch offen gelassene C-5/6-Bestellung wurde deshalb dementsprechend angepasst. Weil die benötigten Werkstoffe damals Man-

Die C 5/6 2901 ist einer der zwei ungeliebten Prototypen mit Vierlingstriebwerk. Äusserlich waren die beiden Maschinen, zumindest bis zum Anfang der Zwanzigerjahre erfolgten Umbau, an der andersartigen Form der Zylinder erkennbar. Bei der rechts sichtbaren Lokomotive handelt es sich um die Ec 3/4 6525.

143

Ursprünglich für den Gotthard und die Simplon-Südrampe gebaut, wanderten die C 5/6 nach der Elektrifikation dieser Linien schon früh ins Mittelland ab. «Am Berg» waren sie daraufhin lediglich noch in Ausnahmefällen anzutreffen – wie hier, als die Tessiner Maschine 2956 mit dem Hilfszug anrücken musste; zwischen Lavorgo und Faido, 26. Juni 1958.

gelware waren, dauerte die Beschaffung der C-5/6-Serie schlussendlich mehrere Jahre. Als letzte C 5/6 wurde am 23. Juli 1917 die Nr. 2978 abgeliefert – Ironie des Schicksals oder Fingerzeig desselben: Einen Monat zuvor hatten die SBB ihre Prototyp-Lokomotiven für den elektrischen Betrieb am Gotthard bestellt. Das Zeitalter der dampfenden Züge war somit am Zenit angelangt; zumindest in der Schweiz.

Die Anordnung der Zylinder entsprach der Bauart von Borries: Somit befanden sich die Hochdruckzylinder zwischen dem Rahmen, die mächtigen Niederdruckzylinder ausserhalb desselben. Demgegenüber entsprach die Bauart des Triebwerks der Ausführung De Glehn: Beide Hochdruckzylinder arbeiteten auf die doppelt gekröpfte zweite Triebachse, die zwei Hochdruckzylinder hingegen auf die Räder der dritten Kuppelachse. Rückblickend kann festgestellt werden, dass sich diese Konzeption bewährte, im Gegensatz zu den 600er-Schnellzugslokomotiven, bei denen alle vier Zylinder auf eine einzige Triebachse wirkten.

Die beiden Doppel-Zwillingsmaschinen 2901 und 2902 wurden Anfang der Zwanzigerjahre in Verbundlokomotiven umgebaut. Aber auch dann vermochten sie wenig zu überzeugen. Sie wurden deshalb bereits 1933 ausrangiert und abgebrochen – 21 Jahre vor der ersten C 5/6 aus der Serie 2951 bis 2978.

C 5/6 am Gotthard und am Simplon

Die C 5/6 wurden anfänglich dem SBB-Kreis V, also dem ehemaligen Gotthardbahnbereich, zugeteilt. Genau zu dem Zeitpunkt, als die SBB mit den C 5/6 über zugkräftige Lokomotiven für die Gotthardstrecke verfügten, begann jedoch der Verkehr massiv und lang anhaltend zu schrumpfen – 1914 setzte der Erste Weltkrieg ein. Als ab Mitte 1915 auch Italien im mörderischen Ringen mitmachte, kamen die Transportleistungen sogar beinahe zum Erliegen.

Ende 1920 konnte am Gotthard zwischen Erstfeld und Biasca, ab Mitte des folgenden Jahres bis Bellinzona und ab Februar 1922 sogar bis nach Chiasso elektrisch gefahren werden. Die C 5/6 verloren somit sehr schnell ihr Haupteinsatzgebiet, die klassische Gotthardstrecke.

Nun wurde Brig zum wichtigsten C-5/6-Depot. Zwar fuhren die meisten Züge von Anfang an elektrisch durch den mit einer aufwendigen Drehstromfahrleitung ausgerüsteten Simplon-Tunnel, südlich davon herrschte jedoch bis im Mai 1930 König Dampf. Für den in Italien liegenden, allerdings von den SBB betriebenen Abschnitt Domodossola–Iselle waren die C 5/6 genau das Richtige: Schwere Züge und Steigungen von 25 Promille gehörten hier zum Alltag. Erhalten gebliebene Dienstpläne zeigen, dass zahlreiche der bergwärts fahrenden Züge zwei C 5/6 benötigten, nämlich vor Schnellzügen in Doppeltraktionen (Vorspann), vor Güterzügen je eine Maschine an der Spitze und eine am Schluss (Schiebelok).

Die C 5/6, der «Elefant»

Warum tragen die C 5/6 2951 bis 2978 den Übernamen «Elefant»? Diese Frage kann nicht mit Sicherheit, dafür aber spekulativ beantwortet werden: Elefanten sind gross, überaus kräftig, zum Schleppen schwerer Lasten geeignet und nicht allzu schnell – jedes dieser Attribute trifft genau auf die C 5/6 zu. Zudem wirken ihre mächtigen, aussen liegenden Niederdruckzylinder wie riesige Ohren – Elefantenohren eben.

Im November 1957 liessen die SBB auf der Gotthard-Nordrampe einen mit drei «Elefanten» bespannten Film- und Foto-Güterzug verkehren. Während an der Spitze die Maschinen 2977 und 2978 arbeiteten, schob die 2964 – hier allerdings nicht sichtbar – am Zugschluss nach. Leider sind die Streckenbilder nicht gut gelungen, dafür vermag das vor Abfahrt im Bahnhof Erstfeld entstandene Bild zu überzeugen. Ein Detail am Rande: Die Ae 6/6 11413 «Schaffhausen» war damals erst rund ein Jahr alt (oben).

Im Gegenlicht des glitzernden Zürichsees dampft eine C 5/6 mit ihrem Güterzug ostwärts. Die zwei der Lokomotive folgenden Güterwagen weisen Bremserhäuser auf, eine Einrichtung, die mittlerweile beinahe vollständig verschwunden ist. Fotografiert hat dieses Stimmungsbild Hugo Hürlimann um 1950 (unten).

Folgende Doppelseite: Frühmorgens eilt die C 5/6 2978 am 12. März 1997 bei Solothurn über die Aare, stand an diesem Tag doch die Rundreise Biel–Olten–Läufelfingen–Basel–Delémont–Moutier–Sonceboz–Biel auf dem Programm. Direkt hinter der Lokomotive ist der historische Dreiachser C 3 7727 eingereiht.

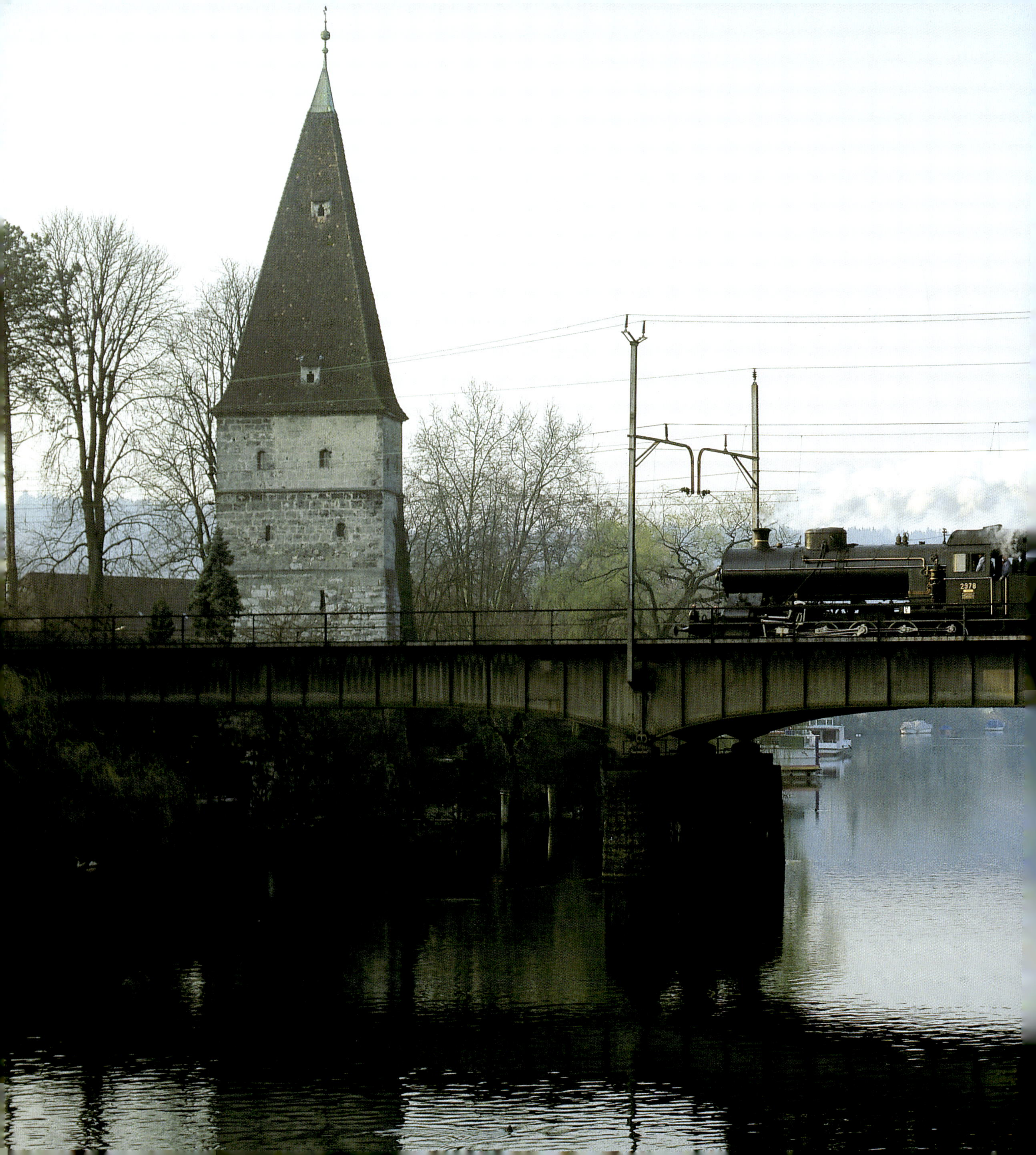
2978

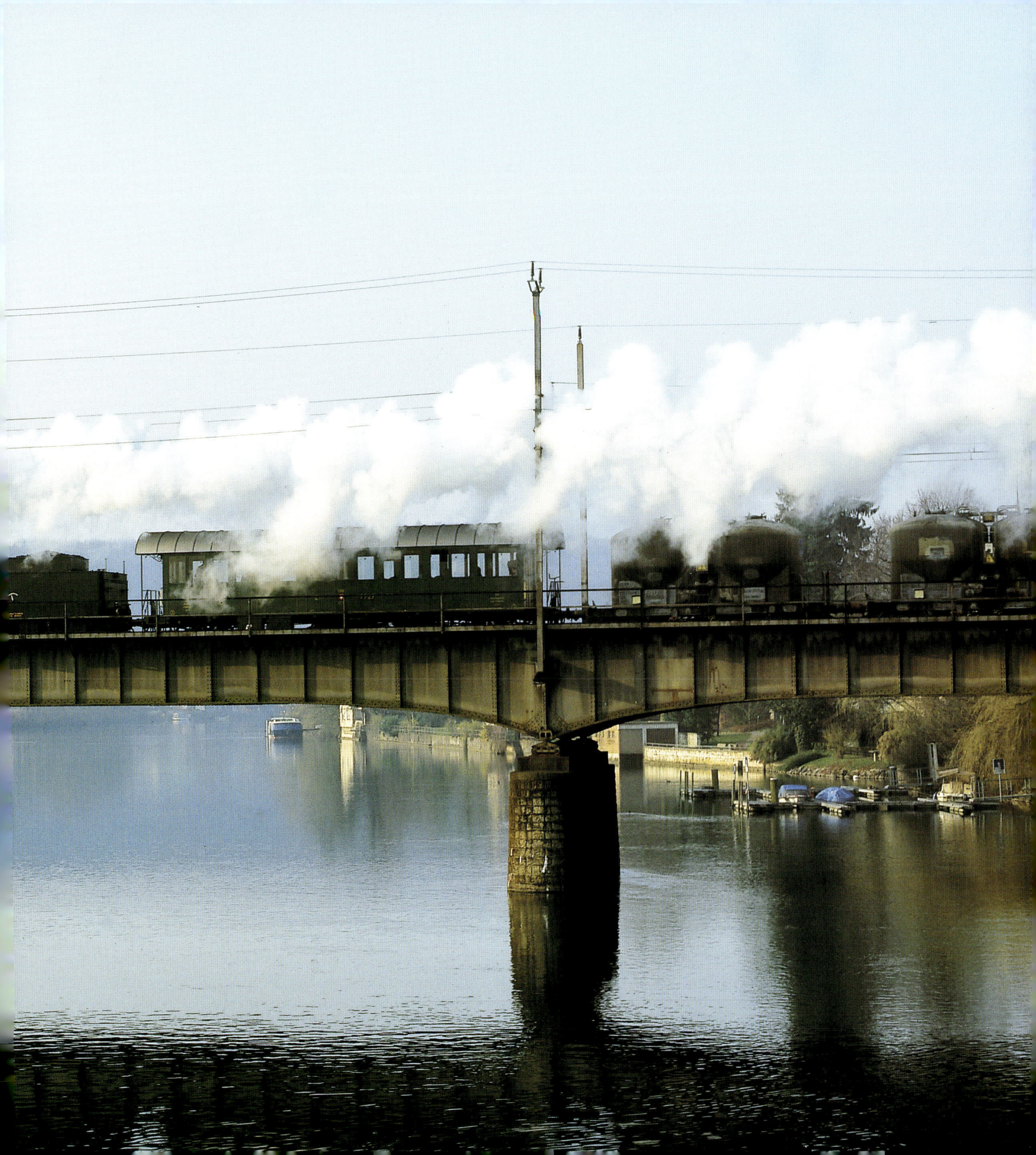

C 5/6 in Basel – das stellt eine lange Erfolgsgeschichte dar, bot sich doch gerade hier den nicht allzu schnellen, dafür aber starken Maschinen ein umfassendes Betätigungsfeld an. Selbst vor den grenzüberschreitenden Schnellzügen zum und vom Badischen Bahnhof machten sie sich nützlich; Basel SBB, Juni 1955.

C 5/6 auf Wanderschaft

Die C 5/6 wusste man in den Zwanzigerjahren aber nicht nur in Brig, sondern auch in anderen SBB-Depots zu schätzen. Die zügig voranschreitende Elektrifizierung der SBB-Hauptlinien brachte es allerdings mit sich, dass die C 5/6 laufend Aufgaben verloren, die bis anhin zu ihrem Tätigkeitsgebiet gehörten. Wichtige derartige Zäsuren stellten zum Beispiel der 18. Oktober 1926 (Brugg–Bözberg–Basel) dar sowie der 15. Mai 1930 (Simplon-Südrampe).

Nun stieg Basel zum Mekka der C 5/6 auf. Zeitweise über 14 Elefanten zählte das dortige Depot. Damit wurde Basel zur einzigen Dienststelle, welche regelmässig eine grössere Anzahl von C 5/6 beschäftigte. In der übrigen Schweiz allerdings konnte mehr und mehr auf diese kräftigen Maschinen verzichtet werden. Zwar existierten noch zahlreiche nicht elektrifizierte Nebenstrecken, elefantenstarke Lokomotiven wurden dort aber nicht benötigt. Die SBB konnten es sich deshalb leisten, mehrere C 5/6 langjährig zu remisieren. Dass man sie weder verkaufte noch ausrangierte, sollte ein Glücksfall werden, nahm doch ab 1939 der Transitgüterverkehr auf der Nord-Süd-Achse gewaltig zu; so gewaltig, dass die SBB alle Lokomotiven wieder in Betrieb nehmen mussten. C 5/6 vor schweren Zügen gehörten nun zum alltäglichen Bild, sowohl unter Fahrdraht als auch auf nicht elektrifizierten Strecken wie der grenzüberschreitenden Tessiner Linie Bellinzona–Luino.

C 5/6 im Ausland

Ein wichtiges Kapitel in der Geschichte der C 5/6 stellen die kriegsbedingten Auslandseinsätze oder zumindest das ausländische Interesse an diesen zugkräftigen SBB-Lokomotiven dar. Zusammengefasst zeigt sich das folgende Bild.

Frankreich, Erster Weltkrieg und kurz danach: Ab Frühling 1917 wurde es notwendig, zur Linderung der hierzulande herrschenden Rohstoffknappheit Versorgungszüge innerhalb Frankreichs zu führen. Die Schweiz hatte dafür bis zu 54 Dampflokomotiven der Typen C 4/5 und C 5/6 samt Personal zu stellen.

Deutschland, Erster Weltkrieg und kurz danach: Aber auch in unserem nördlichen Nachbarland standen – zusätzlich zu den verkauften Maschinen – zahlreiche den SBB gehörende Dampflokomotiven im Mieteinsatz. Hierbei handelte es sich um Triebfahrzeuge, die vor allem innerhalb Deutschlands Verwendung fanden. Was die C 5/6 anbelangt, sind lediglich die zwei (unbeliebten) Prototypen mit Vierlingstriebwerk, also die Nummern 2901 und 2902, als Mietlokomotiven abgegeben worden.

Frankreich, Zweiter Weltkrieg: Vom 26. April 1940 an standen mehrere C 5/6 samt SBB-Personal auf der Strecke Genève–Bellegarde–Ambérieu im Einsatz. Bereits am 16. Juni 1940 beendete jedoch das fortschreitende Kriegsgeschehen diese Einsätze.

Nach der C 5/6 die C 6/7?

Alfred Mosers Urteil über die C 5/6 lautete folgendermassen: «Mit dieser Maschine hat die Entwicklung der Dampflokomotive in der Schweiz ihren würdigen Abschluss gefunden. Auf beachtenswerter technischer Stufe angelangt, hätte sie noch von der Vierkuppler-Schnellzugs- und von der Sechskuppler-Güterzugslokomotive übertroffen werden können, wie sie nunmehr für den elektrischen Betrieb [gemeint sind damit die Ce 6/8 sowie die Be 4/6 und Be 4/7] geschaffen worden sind.»

Ungarn und Rumänien, Zweiter Weltkrieg: Nichts wurde aus den Bemühungen, ab Januar/Februar 1941 SBB-Dampflokomotiven nach Ungarn zu vermieten. Damit sollte die rasche Lieferung von Brennholz und Holzkohle aus Siebenbürgen eingehandelt werden. Ebenfalls nicht in die Tat umgesetzt wurde eine ähnliche Anfrage aus Rumänien.

Deutschland, Zweiter Weltkrieg: Am 5. März 1942 teilte die Wirtschaftsabteilung der deutschen Gesandtschaft der Handelsabteilung des Eidgenössischen Volkswirtschaftsdepartements mit, dass im Hinblick auf die Transportlage in Deutschland die monatlichen 150 000 Tonnen Steinkohle nur dann geliefert werden könnten, wenn die SBB nicht nur die Wagen, sondern auch die Lokomotiven, aber ohne Personal, mietweise zur Verfügung stellen würden. Dies vor dem Hintergrund, dass die Deutsche Reichsbahn Gesellschaft (DRB) ihre eigenen Lokomotiven für den Krieg im Osten selbst benötigte. Noch während die SBB mit der DRB einen «Vertrag über die Vermietung von 25 leistungsfähigen Güterzug-Dampflokomotiven» aushandelten, zog Deutschland die Schrauben an und unterband ab 17. März 1942 die Kohlenzufuhr vollständig. Daraufhin übergaben die SBB zwischen dem 18. und dem 30. März 1942 die geforderten Mietmaschinen an die DRB. Ab 1. April 1942 setzten die Kohlenlieferungen aus dem Saarland und dem Ruhrgebiet dann auch tatsächlich wieder ein und dauerten bis etwa August 1944.

Es darf allerdings angenommen werden, dass im Laufe der Zeit einige der SBB-Maschinen auch anderweitig verwendet worden sind. Darauf deutet der Verlust der C 4/5 2721 hin, welche derartig schwere Schäden erlitt, dass sich eine Reparatur nicht mehr lohnte – gemäss dem Buch «Schweizer Bahnen damals» ging diese SBB-Lokomotive in Polen oder Russland verloren. Unterstützung findet diese Sichtweise durch folgenden, von Oskar Welti publizierten Hinweis: «Während der Kriegsjahre korrespondierte ich mit einem DRB-Ingenieur in Norddeutschland. Dieser berichtete mir einmal, dass ein ihm befreundeter Eisenbahnoffizier aus Kiew geschrieben habe: ‹Dieser Tage sind in Kiew und sogar weiter ostwärts, so weit wir umgespurt haben, schweizerische Dampfloks an Militärtransportzügen aufgetaucht. [...] Bestimmt gesehen habe ich eine der Serie 2900.›»

Unterstützung erhält dieser Hinweis auch durch ein SBB-Dokument vom 30. Juni 1944 mit dem Titel «Massnahmen zur Aufrechterhaltung des Dampfbetriebes». Darin wird unter anderem festgehalten: «Die Lokomotiven wurden der Reichsbahn mietweise und zur beliebigen Verwendung im Gebiete der Reichsbahndirektion Karlsruhe überlassen.»

Bis Januar 1945 kehrten alle C 5/6 in die Schweiz zurück – mit Ausnahme der schadhaften 2978. Die Lokomotive fiel daraufhin der französischen Besatzungsmacht in die Hände und sorgte für beträchtliches Aufsehen. Erst nach langwierigen Verhandlungen durfte die C 5/6 2978 dann am 25. März 1945 wieder in ihr Heimatland zurückkehren.

Frankreich, Zweiter Weltkrieg und erste Nachkriegszeit: Nachdem sich die militärische Lage zugunsten der Alliierten gewendet hatte, kamen zwischen November 1944 und Juni 1946 zahlreiche C 5/6 und C 4/5 in Frankreich zum Einsatz. Sie schleppten vorwiegend Versorgungszüge in Richtung Schweiz. Damit die SBB-Lokomotiven ins kleinere Lichtraumprofil der SNCF respektive der ehemaligen PLM (Paris–Lyon–Méditerranée) passten, mussten vorgängig am Kamin, am Sanddom und an der Luftklappe des Führerstandes einige Anpassungen vorgenommen werden. Mit dabei in unserem westlichen Nachbarland war damals auch die C 5/6 2978 sowie die heute im Verkehrshaus in Luzern ausgestellte C 5/6 2965.

C 5/6 2978 in den Niederlanden: Völlig unbelastet von kriegerischen Ereignissen spielte sich hingegen ein Gastspiel der C 5/6 2978 in Holland ab, galt es doch im Sommer 1989 das Jubiläum «150 Jahre niederländische Eisenbahnen» zu feiern. Dazu wurde auch aus-

Zwei der drei hier abgebildeten Lokomotiven sind mittlerweile nicht mehr vorhanden. Während die Ce 4/4 13501 als erste Wechselstromumformer-Lokomotive der Schweiz im Verkehrshaus eine dauerhafte Bleibe gefunden hat, sind die C 5/6 2975 und die Eb 2/4 5426 (ex Gotthardbahn 26) nicht nur ausrangiert, sondern auch verschrottet worden; Depot Erstfeld, März 1935.

Diese Aufnahme zierte einst das Titelbild des SBB-Nachrichtenblattes 12/1960 und begeisterte sowohl den Autor dieses Buches als auch zahlreiche andere Eisenbahnfreunde. Der damalige Originaltext lautete: «Rückblick am Jahresende: Mit dem Abschluss der Elektrifikation der SBB gehört das vertraute Bild der Dampflokomotive in der Magadinoebene der Vergangenheit an.» Entstanden ist das Foto im Februar 1960, und es dokumentiert den Einsatz der C 5/6 2974 bei Cadenazzo.

ländische Dampfprominenz eingeladen. Dankend nahmen die SBB das Angebot an und schickten ihren «Elefanten» ins ferne Holland – notabene in eigener Kraft, hin und zurück.

C-5/6-Einsätze nach dem Zweiten Weltkrieg

Das einige Jahre nach dem Zweiten Weltkrieg einsetzende Wirtschaftswunder verhalf den verbliebenen SBB-Dampflokomotiven zu einem ungeahnten Comeback. Auf die zugkräftigen C 5/6 konnte somit bis zur Vollendung der Elektrifikation des SBB-Netzes keinesfalls verzichtet werden. Insbesondere der Raum Basel mit seiner Verbindungsbahn, den schweren Überfuhr-

güterzügen, den umfangreichen Rangieraufgaben und den Ablaufbergen entwickelte sich zu einer C-5/6-Hochburg respektive zu einem Dampf-Eldorado. Zur Steigerung der Zugkraft erhöhte man bei mehreren der Basler Maschinen sogar das Adhäsionsgewicht. Dazu erhielten sie im Rahmen untergebrachte 10-Tonnen-Bleieinlagen.

Beachtliche Dampflokomotivaktivitäten fanden aber auch im Tessin statt. Die Gotthard-Hauptstrecke war zwar seit Jahrzehnten durchgehend elektrifiziert, nicht jedoch die einspurige Entlastungslinie von Bellinzona über Cadenazzo ins italienische Luino. Bevor hier 1960 eine Fahrleitung installiert wurde, gehörte das Feld uneingeschränkt den

SBB-Dampflokomotiven – die erste Dieselmaschine tauchte erst 1959 auf, eine Bm 6/6. Aber nicht nur im Streckendienst, auch im Rangierdienst war die «Tessiner Abteilung» der SBB weiterhin auf ihre Dampflokomotiven angewiesen. Insbesondere in den schweizerisch-italienischen Grenzbahnhöfen, wie zum Beispiel in Chiasso, konnte auf die von der Fahrleitung unabhängigen Triebfahrzeuge noch nicht verzichtet werden.

C 5/6 mit Ölfeuerung

Nicht unerwähnt bleiben soll die C 5/6 2976, welche im Jahr 1953 auf Ölfeuerung nach System Sprenger umgebaut wurde. Dergestalt leistete die Maschine

Mit einem schweren Güterzug am Tenderhaken passiert die C 5/6 2964 am 21. Juni 1958 das Semaphorsignal bei S. Nazzaro. Typisch für die damalige Zeit sind aber auch die unzähligen Elektro- und Telefonkabel auf der gegenüberliegenden Seite des Gleises (oben).

SBB-Dampflokomotive auf italienischem Boden, im Grenzbahnhof Luino: Obwohl es die örtliche Polizei nicht sonderlich schätzte, bannte Werner Reber im Juni 1958 die C 5/6 2964 auf Film. Flankiert wird das SBB-Fahrzeug von den FS-Maschinen 735 375 und 835 025 (unten).

Am 20. September 1962 liess Harald Navé Büro Büro sein und «düste» im VW-Käfer nach Hornussen – ein Telefon hatte Wichtigeres angekündigt: «Der Güterzug 7577 Basel–Bözberg–Brugg wird mit der C 5/6 2963 geführt.»

Rechte Seite: Bilderbogen C 5/6 2978: Einachsen am 13. Juni 1996 in der HW Biel sowie Stillleben vom 21. Mai 1997 im Bahnhof Lausanne.

Dienst bis Anfang der Sechzigerjahre. Rückblickend kann festgehalten werden, dass die «Sprenger-Lok» zwar eine interessante Konstruktion darstellte und über ein beträchtliches Entwicklungspotenzial verfügte. Schlussendlich kam sie aber zu spät – zumindest für die Schweiz.

Das Ende naht – auch für die C 5/6

Wie bereits erwähnt, konnten die SBB während langer Zeit keinesfalls auf die C 5/6 verzichten. Dies belegen allein schon die Ausrangierungsdaten: Die erste Lokomotive aus der Serie 2951 bis 2978 wurde im Jahr 1954 aufs Abstellgleis geschoben, bis Ende 1959 folgten lediglich drei weitere Exemplare. Dann jedoch begann sich auch für die C 5/6 das Ende abzuzeichnen. Einzelne Maschinen verdienten zwar noch als Heizlokomotiven ihr Gnadenbrot, im Streckendienst hingegen traf man sie beinahe nie mehr an.

Dann, am 25. November 1968, galt es, Abschied zu nehmen: Der C 5/6 2969 fiel die Ehre zu, den letzten dampfgeführten SBB-Güterzug zu bespannen. Von zahlreichen fotografierenden und filmenden Eisenbahnfreunden per Auto «begleitet», zog die Lokomotive den Extra-Güterzug 68345 von Erstfeld über Walchwil, Zug, Affoltern am Albis nach Zürich Rangierbahnhof. Den offiziellen Schlusspunkt setzten die SBB jedoch fünf Tage später: Am 30. November 1968 führte die C 5/6 2969 einen Reise-Extrazug von Zürich über Turgi, Eglisau, Bülach nach Winterthur. Diese Fahrt gilt in der helvetischen Bahngeschichte als «letzter fahrplanmässig von einer Dampflokomotive gezogener Zug der SBB».

Erhalten gebliebene C 5/6

Im Gegensatz zu den meisten anderen Dampffahrzeugen von SBB Historic stellt die C 5/6 2978 kein Einzelstück dar. Bis heute haben nämlich vier «Elefanten» überlebt:

C 5/6 2958: Von 1973 bis 1996 thronte sie als Denkmal vor der SBB-Hauptwerkstätte Olten. Mittlerweile ist sie von dort verschwunden und in die Obhut der Eurovapor, der Europäischen Vereinigung zur Erhaltung betriebsfähiger Dampflokomotiven, gelangt. Vorgesehen ist, die Lokomotive bis 2007 wieder betriebsfähig aufzuarbeiten (Stand Sommer 2004). Dafür sollen einzelne Baugruppen der C 5/6 2969 verwendet werden, unter anderem der Rahmen und das Laufwerk. Es ist deshalb möglich

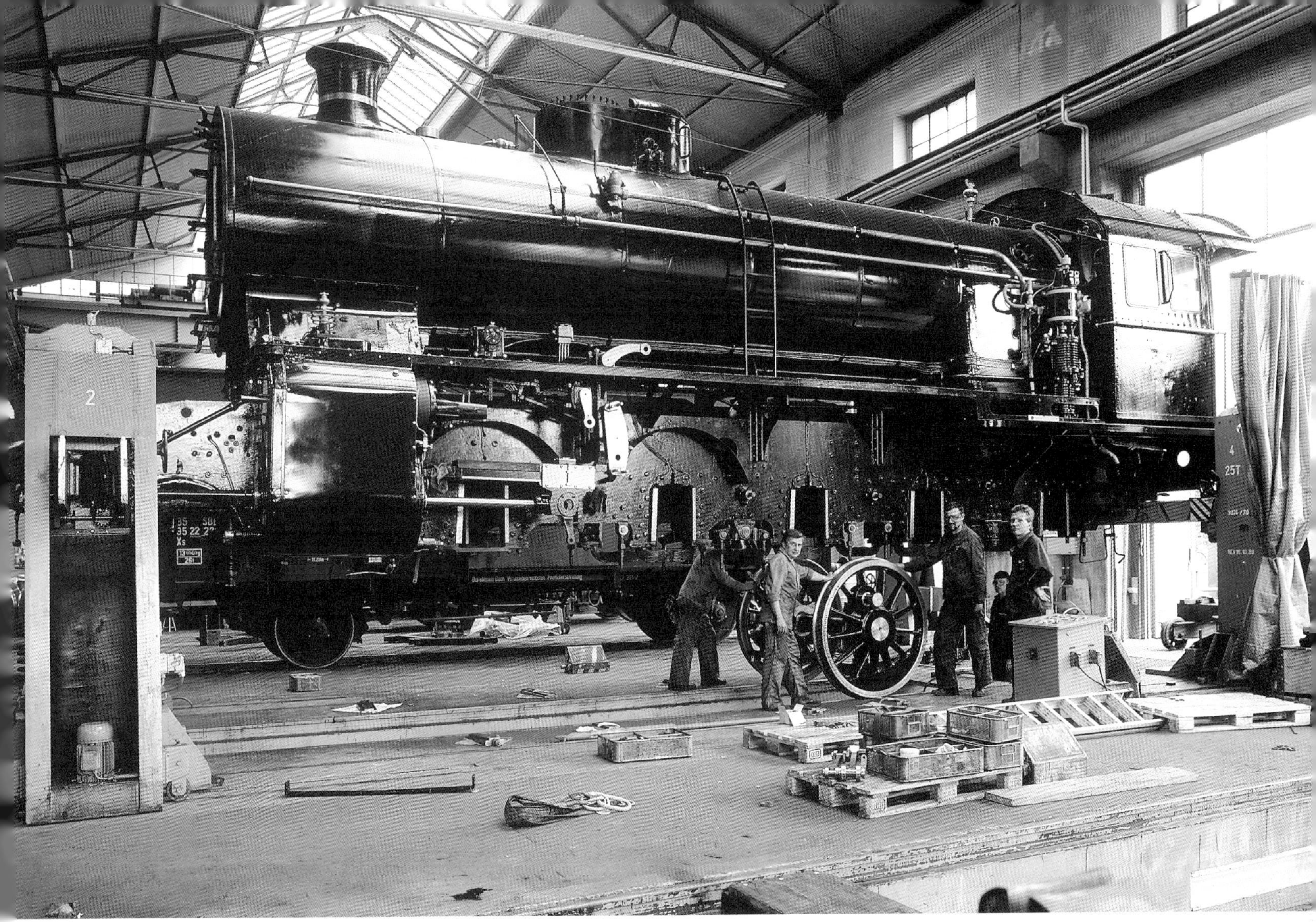
2
4
25T

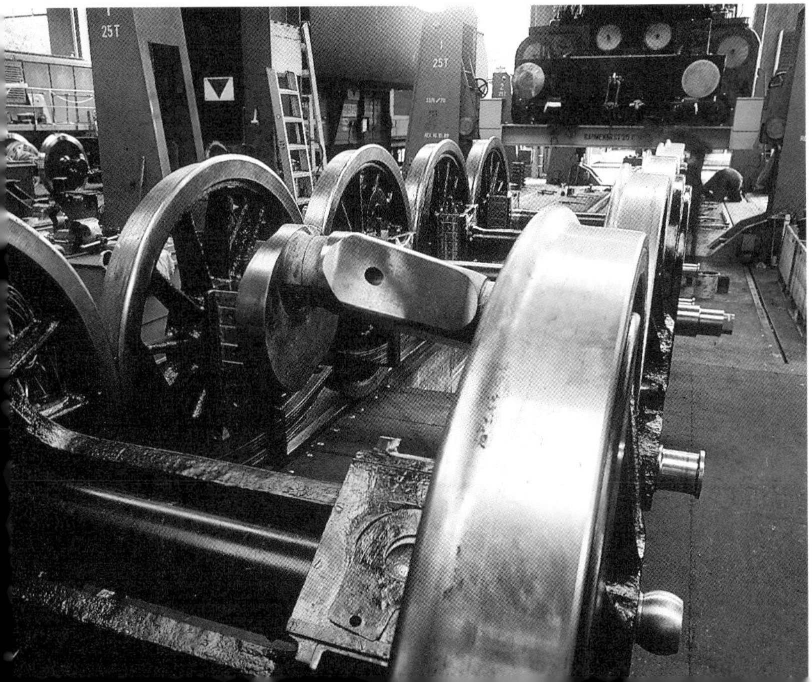
25T

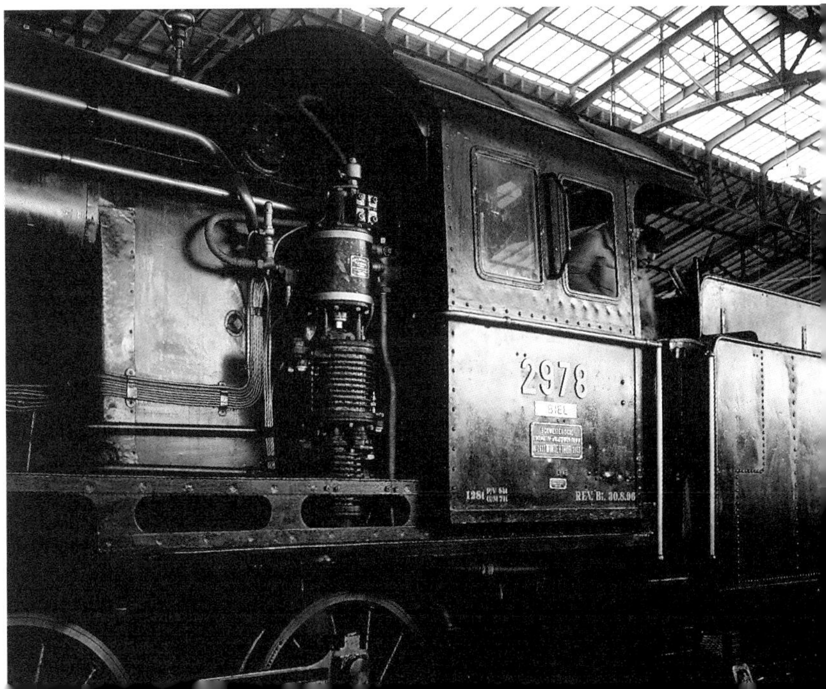
2978

Sic transit gloria mundi – so vergeht die Herrlichkeit der Welt: Eine Be 4/6 und die C 5/6 2959 werden beim Schrotthändler in Biasca Stück für Stück zerlegt, anschliessend wandert alles in den Hochofen. Was aus dem neu gewonnenen Stahl wohl entstehen wird?

Rechte Seite: Im letzten Sonnenlicht des 20. November 1983 verlässt die C 5/6 2978 mit ihrer gemischten Last Sonceboz-Sombeval und rollt ohne grosse Anstrengung talwärts, Biel entgegen.

C 5/6 2978 – die jüngste SBB-Dampflokomotive?

Oftmals wird die These vertreten, die C 5/6 2978 sei die jüngste SBB-Dampflokomotive. Ein Blick auf die Fakten ist deshalb notwendig und schafft Klarheit – so meint man. Schlussendlich präsentiert sich die Situation aber eher verwirrend als klärend:
– Bezogen auf das Baujahr müsste es klar die 1933 entstandene E 4/4 8917 sein – Rahmen und Triebwerk stammten allerdings von der 1912 erbauten C 4/5 2616.
– Als letztes von Grund auf neu entstandenes SBB-Dampfross gilt die HG 3/3 1068 von 1926 – seit 1943 trägt die Maschine jedoch den Kessel der HG 3/3 1060 von 1908.
– Mit Baujahr 1917 ist die C 5/6 2978 das zuletzt von Grund auf neu entstandene normalspurige SBB-Dampfross – 1960 erhielt die Lokomotive allerdings den Kessel der aus dem Jahre 1914 stammenden C 5/6 2956.

Von diesen drei Maschinen haben zwei überlebt: die HG 3/3 1068 bei der Ballenberg Dampfbahn AG und die C 5/6 2978 bei der Stiftung SBB Historic. Nicht mehr am Leben ist die E 4/4 8917. Aber auch keine ihrer Schwestern konnte vor dem Schneidbrennertod gerettet werden. Die Frage, welche SBB-Dampflokomotiven heute die jüngste ist, müssen demnach die C 5/6 2978 und die HG 3/3 1068 unter sich ausmachen.

und würde auch den Gepflogenheiten entsprechen, dass die fertig zusammengestellte C 5/6 schlussendlich nicht mehr die Nr. 2958, sondern die Nr. 2969 tragen würde.

C 5/6 2965: Anfänglich erinnerte sie vor dem SBB-Depot Erstfeld an die Zeit des Dampfbetriebes auf der Gotthardstrecke, seit Mitte 1982 macht sie das im Verkehrshaus der Schweiz. Die Lokomotive ist nicht betriebsfähig.

C 5/6 2969: Nach ihrer Ausrangierung kündete sie als Denkmal während rund 30 Jahren von der Zeit, als die SLM noch existierte und in Winterthur (Dampf-)Lokomotiven gebaut wurden. Ende 1999 ist die C 5/6 2969 ihres statischen Daseins in Winterthur überdrüssig geworden und liess sich vom Sockel in die Werkstätte zügeln. Gemäss dem Motto «Aus drei mach zwei» dient die Maschine seither als Spender ganzer Baugruppen sowie zahlreicher Ersatz- und Reserveteile. Nutzniesser dieser Aktion sind sowohl die C 5/6 2978 als auch die C 5/6 2958.

C 5/6 2978: Betriebsfähiger «Elefant» der Stiftung SBB Historic; 1968 sowie 1996 unterzog man diese Lokomotive jeweils einer grossen Revision.

Die C 5/6 2978 – ein betriebsfähiges Museumsstück

Wer rastet, rostet! Um dies zu verhindern, setzten die SBB ihre C 5/6 2978 vor Extrazügen ein. Nicht allzu oft, aber doch so fleissig, dass die Maschine im Jahr 1995 ziemlich ausgeleiert wirkte; jedenfalls dann, wenn Fachleute genauer hinschauten. Weil die Lokomotive aber für das 1997 über die Bühne gehende Jubiläum «150 Jahre Schweizer Bahnen» wieder fit sein sollte, drängte sich eine Revision geradezu auf. Ein Team aus Lokomotivführern der Depotinspektionen Biel und Bern sowie aus Handwerkern der Hauptwerkstätte Biel erhielt daraufhin den Auftrag, sich der C 5/6 2978 anzunehmen.

Als Lohn der umfangreichen, aufwendigen und gut ein Jahr dauernden Arbeiten resultierte eine wieder tadellos funktionierende Dampflokomotive. Unter Beweis stellen konnte die C 5/6 2978 das sowohl im Jubiläumsjahr 1997 als auch später.

C 5/6 2978: Technische Daten

Länge über Puffer: 19 195 mm
Höhe über Kamin: 4480 mm
Dienstgewicht mit Tender: 128 t
Adhäsionsgewicht: 76 t
Triebraddurchmesser: 1330 mm
Höchstgeschwindigkeit vorwärts: 65 km/h
Höchstgeschwindigkeit rückwärts: 40 km/h
Bauart: Heissdampf, Vierzylinderverbund
Leistung: 1620 PS/1200 kW
Baujahr: 1917
Hersteller: SLM, Winterthur
Fabriknummer: 2612

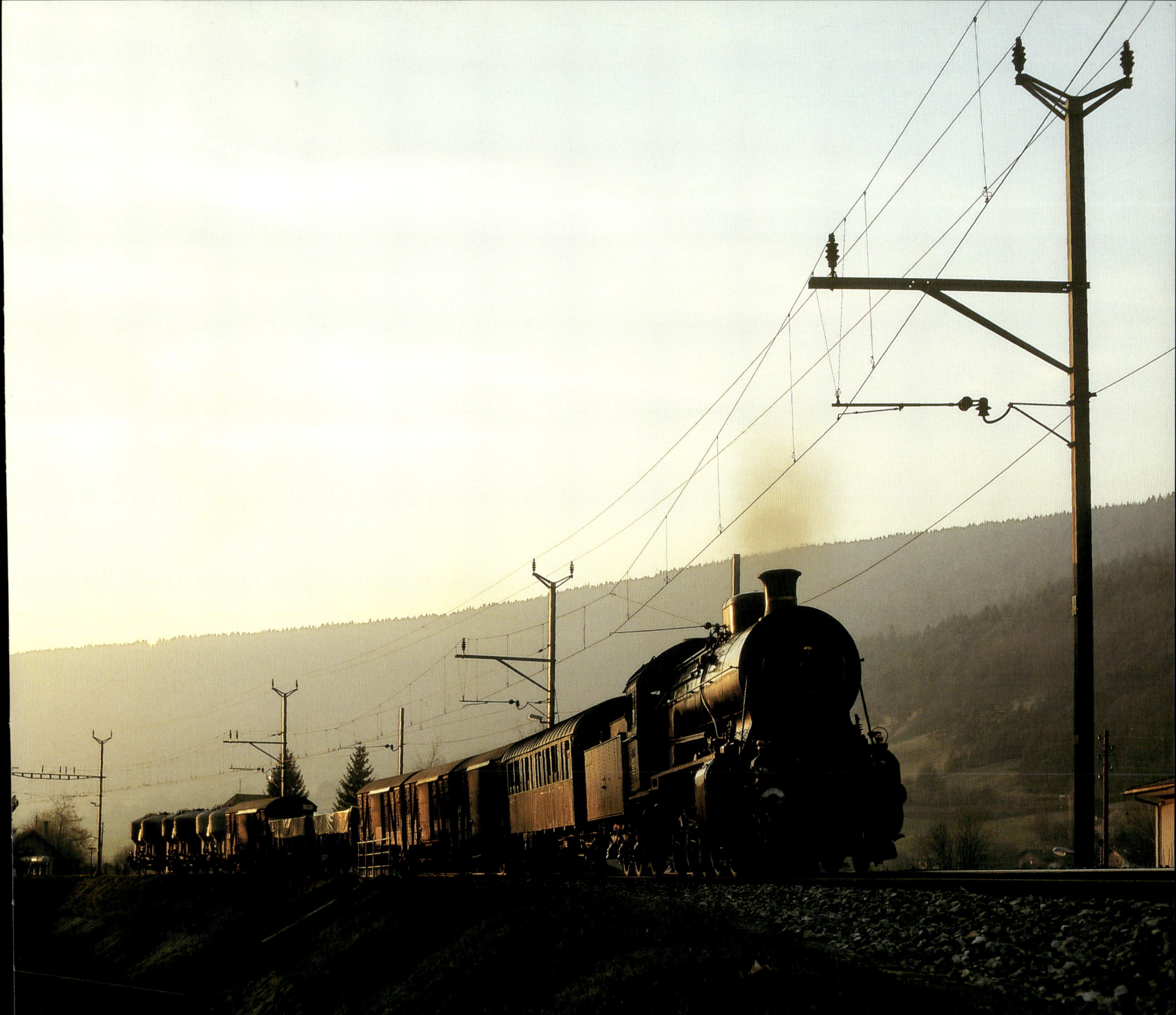

Verbleib der SBB-Dampflokomotiven

Die vierte Auflage des Buches über den Dampfbetrieb der schweizerischen Eisenbahnen von Alfred Moser, die 1967 erschien, trug den Untertitel «Ein abschliessendes und umfassendes Werk». Tatsächlich wurden mit Ausnahme einiger Zahnradlokomotiven für die Brienz–Rothorn-Bahn und die Bergbahn Montreux–Glion–Rochers-de-Naye in der Schweiz danach keine neuen Dampflokomotiven mehr in Betrieb gesetzt.

Was aber auch nach dem Erscheinen des «Mosers» aufzuzeigen bleibt, ist, wie viele Dampflokomotiven der SBB Anfang des 21. Jahrhunderts noch vorhanden sind. Von den jemals in der Schweiz in Betrieb gestandenen Dampflokomotiven (total 2315, davon 1763 bei den SBB) sind heute noch 199 vorhanden. 55 dieser Lokomotiven sind ehemalige SBB-Fahrzeuge, 22 davon in betriebsfähigem Zustand. Mit ganz grossem Abstand die beliebteste historische Lokomotive scheint dabei die E 3/3 «Tigerli» zu sein; 29 Stück sind noch vorhanden, entweder abgestellt oder betriebsbereit.

Wenn man diese Zahlen gegenüberstellt, fällt auf, dass von den SBB-Dampflokomotiven knapp 3 Prozent überlebt haben, von den Privatbahnlokomotiven aber 26 Prozent, also jede vierte Lokomotive. Ob dies auf die grossen Serien der SBB-Dampflokomotiven zurückzuführen ist oder ob bei den Privatbahnen und ihren Fans die Sammellust grösser war, bleibe dahingestellt.

Die folgende Tabelle (Stand Mai 2004) zeigt Standort und Betriebszustand aller noch vorhandenen SBB-Lokomotiven.

Lokomotivtyp	Betriebsnummer Name	SBB-Nummer	Baujahr	Erbauer	Fabriknummer	Spurweite (in Millimeter)	Besitzer	Standort	Zustand Bemerkungen	frühere Besitzer
A 3/5	705	705	1904	SLM	1550	1435	SBB Historic	Brugg	betriebsfähig	
B 3/4	1367	1367	1916	SLM	2557	1435	SBB Historic	Brugg	betriebsfähig	
C 5/6	2958	2958	1914	SLM	2495	1435	Eurovapor	Sulgen	in Aufarbeitung	SBB, Denkmal Olten
C 5/6	2965	2965	1916	SLM	2518	1435	SBB Historic	VHS Luzern	ausgestellt	
C 5/6	2969	2969	1916	SLM	2522	1435	Eurovapor	diverse	Ersatzteilspender (zerlegt)	SBB, Denkmal Winterthur
C 5/6	2978	2978	1917	SLM	2612	1435	SBB Historic	Delémont	betriebsfähig	
CZm 1/2	31	31 (UeBB)	1902	Esslingen	–*	1435	SBB Historic	Zürich	betriebsfähig, Dampftriebwagen	UeBB
D 1/3	1 Limmat	1 (NOB)	1947	SLM	3937	1435	SBB Historic	VHS Luzern	ausgestellt, Rekonstruktion, Original 1882 ausrangiert	
E 2/2	11	11 (GB)	1881	SLM	236	1435	Verkehrshaus	VHS Luzern	ausgestellt	GB, Von Roll Choindez, Von Roll Klus, Von Roll Gerlafingen
E 3/3	3 Beinwyl	3 (STB)	1882	Krauss	1150	1435	Verein historische Seethalbahn	Bremgarten West	betriebsfähig	Seethalbahn, Zementfabrik Holderbank, Denkmal Holderbank
E 3/3	401	401 (UeBB)	1901	SLM	1387	1435	Dampfbahn-Verein Zürcher Oberland	Uster	in Revision	UeBB, Gaswerk St. Gallen
E 3/3	853	853 (JS)	1890	SLM	629	1435	Verein Dampfbahn Bern	Laupen BE	betriebsfähig	JS/SBB, RVT, Von Roll Klus, Von Roll Gerlafingen
E 3/3	11	855 (JS)	1890	SLM	631	1435	Verein Dampfbahn Bern	St-Sulpice NE	eingestellt	JS/SBB, RVT, Von Roll Gerlafingen
E 3/3	3	8410	1901	SLM	1359	1435	privat	Zürich	abgestellt	SCB/SBB, von Moos Emmenbrücke
E 3/3	8463	8463	1904	SLM	1623	1435	Club San Gottardo	Mendrisio	in Aufarbeitung	SBB, Monteforno Bodio
E 3/3	8474	8474	1907	SLM	1805	1435	privat	Koblenz	eingestellt	SBB, Reederei Basel Kleinhüningen
E 3/3	10	8476	1907	SLM	1807	1435	Dampfbahn-Verein Zürcher Oberland	Sulgen	betriebsfähig	SBB 8476, Chemie Uetikon, als Leihgabe bei Eurovapor
E 3/3	5	8479	1907	SLM	1810	1435	Sursee–Triengen-Bahn	Triengen	betriebsfähig	SBB 8479
E 3/3	8481	8481	1907	SLM	1877	1435	Brauerei Feldschlösschen	Rheinfelden	betriebsfähig	SBB
E 3/3	7	8483	1907	SLM	1879	1435	Oensingen–Balsthal-Bahn	Balsthal	abgestellt	SBB, von Moos Emmenbrücke, Eurovapor
E 3/3	8485	8485	1907	SLM	1881	1435	Historische Eisenbahngesellschaft	Delémont	in Aufarbeitung	SBB, HOWAG Ems, privat
E 3/3	8487	8487	1909	SLM	1967	1435	SBB Historic	Buchs SG	Denkmal	
E 3/3	6	8492	1909	SLM	1972	1435	Papierfabrik Perlen	Perlen	betriebsfähig	SBB (8492)

* Bei der Maschinenfabrik Esslingen galten Triebwagen als Wagen und erhielten deshalb nicht wie Lokomotiven eine Fabriknummer (samt Fabrikschild); die Wagenliste von Esslingen ist zudem nie veröffentlicht worden.

Lokomotivtyp	Betriebsnummer Name	SBB-Nummer	Baujahr	Erbauer	Fabriknummer	Spurweite (in Millimeter)	Besitzer	Standort	Zustand Bemerkungen	frühere Besitzer
E 3/3	8494 Steg II	8494	1909	SLM	1974	1435	Comp. du Train à Vapeur de la Vallée de Joux	Le Pont	betriebsfähig	SBB, Vigier Ciments Reuchenette, Alusuisse Steg
E 3/3	6	8500	1910	SLM	2075	1435	Oensingen–Balsthal-Bahn	Balsthal	abgestellt	SBB, von Moos Emmenbrücke, Eurovapor
E 3/3	8501	8501	1910	SLM	2076	1435	Club San Gottardo	Mendrisio	betriebsfähig	SBB, Ems Chemie, OSS
E 3/3	30 Sierre	8507	1910	SLM	2130	1435	privat	Sierre	Denkmal	SBB (8507), Alusuisse Steg
E 3/3	3	8511	1911	SLM	2134	1435	Vapeur Val-de-Travers	St-Sulpice NE	betriebsfähig	SBB, Gaswerk Genève
E 3/3	8512	8512	1911	SLM	2135	1435	SBB Historic	St-Maurice	eingestellt	ausgestellt im VHS
E 3/3	8516	8516	1911	SLM	2139	1435	privat	Zürich	in Aufarbeitung, «Filmstar» aus «Hinter den sieben Gleisen»	SBB, MThB
E 3/3	8518	8518	1913	SLM	2341	1435	Dampfbahn-Verein Zürcher Oberland	Bauma/Uster	betriebsfähig	SBB, Vigier Ciments Reuchenette
E 3/3	8522	8522	1913	SLM	2345	1435	Sursee–Triengen-Bahn	Triengen	betriebsfähig	SBB (Kessel zeitw. als Versuch elektrisch beheizt)
E 3/3	29 Chippis	8523	1915	SLM	2503	1435	Comp. du Train à Vapeur de la Vallée de Joux	Le Pont	eingestellt	SBB, Alusuisse Steg
E 3/3	2	8527	1915	SLM	2507	1435	Mainstation 1901	Chur	Denkmal, «Filmstar» aus «Hinter den sieben Gleisen»	SBB 8527, Von Roll Klus, Messerli Kaufdorf
E 3/3	8532	8532	1915	SLM	2544	1435	Eurovapor	Kandern	betriebsfähig	SBB
E 3/3	8551	8551	1894	SLM	897	1435	privat	Basel	Denkmal	NOB/SBB, Reederei Basel Kleinhüningen
E 3/3	5	8554	1894	SLM	900	1435	privat	Dietikon	Denkmal	NOB/SBB, Société Industrielle Sébeillon, von Moos Emmenbrücke
E 3/3	1	8651	1909	Maffei	2983	1435	Oensingen–Balsthal-Bahn	Balsthal	in Revision	KLB, SBB, Von Roll Klus
Eb 2/4	35 (JS)	5469	1891	Esslingen	2498	1435	SBB Historic	Delémont	in Aufarbeitung	JS
Eb 3/5	5810	5810	1911	SLM	2211	1435	Verein Dampfbahn Bern	Burgdorf	in Aufarbeitung	SBB, MThB
Eb 3/5	5811	5811	1912	SLM	2212	1435	SBB Historic	Glarus	eingestellt, Ersatzteilspender, grüner Schutzanstrich	Denkmal Baden
Eb 3/5	5819	5819	1912	SLM	2220	1435	SBB Historic	Delémont	betriebsfähig	
Eb 3/5	6	5886	1910	Maffei	3126	1435	Gemeinde Degersheim	Degersheim	Denkmal	BT, SBB
Eb 3/5	9	5889	1910	Maffei	3129	1435	Dampfloki Club Herisau	Herisau	betriebsfähig	BT, SBB
Ec 2/5	28 Genf	28	1858	Esslingen	396	1435	SBB Historic	VHS Luzern	ausgestellt, älteste existierende Dampflok der Schweiz	SCB
Ec 3/3	5	5 (VHB)	1936	SLM	3610	1435	SBB Historic	Erstfeld	betriebsfähig	HWB/VHB, Sulzer Winterthur, nie bei SBB
Ed 2x2/2	196	196	1893	Maffei	1710	1435	SBB Historic	Balsthal	betriebsfähig	SCB, Leihgabe bei OeBB
G 3/3	6	109	1901	SLM	1341	1000	Blonay-Chamby	Chaulin-Musée	betriebsfähig	JS, SBB (Brünig), BAM, Renfer Biel Mett
G 3/4	203	203	1912	SLM	2222	1000	Griechische Staatsbahnen	Volos (GR)	abgestellt	SBB (Brünig)
G 3/4	208	208	1913	SLM	2403	1000	Ballenberg Dampfbahn	Interlaken Ost	betriebsfähig	SBB (Brünig)
HG 3/3	1058	1058	1908	SLM	1912	1000	Griechische Staatsbahnen	Volos (GR)	abgestellt, Zahnrad ausgebaut	SBB (Brünig)
HG 3/3	1063	1063	1909	SLM	1993	1000	Verkehrshaus	VHS Luzern	ausgestellt, aufgeschnitten, Adhäsion und Zahnrad	SBB (Brünig)
HG 3/3	1067	1067	1910	SLM	2083	1000	Ballenberg Dampfbahn	Interlaken Ost	betriebsfähig, Adhäsion und Zahnrad	SBB (Brünig)
HG 3/3	1068	1068	1926	SLM	3134	1000	Ballenberg Dampfbahn	Interlaken Ost	in Aufarbeitung, Adhäsion und Zahnrad	SBB (Brünig), Denkmal Meiringen
Xrotm	100	100	1896	Henschel	4309	1435	SBB Historic	VHS Luzern	ausgestellt, Dampfschneeschleuder	

Literaturverzeichnis

Nachfolgend sind die wichtigsten Publikationen aufgelistet, welche vom Autor benützt worden sind. Nicht detailliert aufgeführt sind diejenigen Unterlagen, die in der Infothek von SBB Historic eingesehen wurden.

- «Brosius und Koch's Lokomotivführer. Der Lokomotivkessel und seine Armatur», Verlag J. F. Bergmann, Wiesbaden 1887
- «Die Lokomotiven der Schweizerischen Bundesbahnen incl. G.-B./Les Locomotives des Chemins de fer fédéraux incl. Gotthard» von Jb. Hafner «unter Mitwirkung von Freunden», Dépôtbeamter, Selbstverlag, Zürich 1904
- «Brosius und Koch's Lokomotivführer. Die Maschine und Wagen», Verlag J. F. Bergmann, Wiesbaden 1906
- «Schweizerische Landesausstellung 1914. Das Rollmaterial der Schweizerischen Bundesbahnen», Huber & Co., Frauenfeld 1914
- «Die Welt auf Schienen» von Artur Fürst, Verlag Albert Langen, München 1918
- «Lokomotiven, Wagen und Bergbahnen. Geschichtliche Entwicklung in der Maschinenfabrik Esslingen seit dem Jahre 1846» von Max Mayer, herausgegeben von der Maschinenfabrik Esslingen, 1924
- «Die Dampflokomotive in entwicklungsgeschichtlicher Darstellung ihres Gesamtaufbaus» von J. Jahn, Verlag von Julius Springer, Berlin 1924
- «Beiträge zur schweizerischen Eisenbahngeschichte» von Ernst Mathys, Selbstverlag, Bern 1944
- «Zürich–Baden. Die Wiege der schweizerischen Eisenbahnen» von Oskar Welti, Orell Füssli Verlag, Zürich 1946
- «Männer der Schiene» von Ernst Mathys, Selbstverlag, Bern 1947
- «Dampf und Rauch im Sunneschy! Fahrt in die Romantik...» von Benj Lorenz und Hugo Hürlimann, Selbstverlag, Wil und Wädenswil 1947
- «Dampfrossromantik am Gotthard» von Paul Winter, Schweizer Spiegel, Zürich 1947
- «Die Dampflokomotive. Geschichte – Bau – Typen» von Alexander Niklitschek, Universum Verlagsgesellschaft, Wien 1947
- «10 000 Auskünfte über die schweizerischen Eisenbahnen – Ein Nachschlagewerk» von Ernst und Hermann Mathys, Selbstverlag, Bern 1949
- «Die Geheimnisse der Eisenbahn», diverse Autoren, Verlag für Wissenschaft, Technik und Industrie, Basel, 2. Auflage 1955
- «Ein Jahrhundert Schweizer Bahnen 1847–1947», Band III: «Das Rollmaterial der Normal- und Schmalspurbahnen», Verlag Huber & Co., Frauenfeld, 1957
- «Der Dampfbetrieb der Schweizerischen Eisenbahnen 1847–1966» von Alfred Moser, Paul Winter, Hans Schneeberger, Wilhelm Haldi, Walter Trüb und Alex Amstein, Birkhäuser Verlag, Basel und Stuttgart, 4. Auflage 1967
- «Rauch, Dampf und Pulverschnee. Die Dampf-Schneeschleudern der Schweizer Bahnen» von Alfred Leuenberger, Orell Füssli Verlag, Zürich 1967
- «Erinnerungen eines alten Mechanikers» von Niklaus Riggenbach, Verlag Gute Schriften, Basel, Neuausgabe, 1967
- «Nos inoubliables Vapeurs» von Phil Dambly, Éditions Le Rail, Brüssel 1968
- «Les Locomotives Articulées du Système Mallet dans le Monde» von Lucien Maurice Vilain, Éditions Vincent, Fréal et Cie., Paris 1969
- «ČSD-Dampflokomotiven, Teil 1 und 2» von Helmut Griebl, Verlag Josef Otto Slezak, Wien 1969
- «Taschenbuch Deutsche Dampflokomotiven» von Horst J. Obermayer, Franckh'sche Verlagshandlung, Stuttgart 1969
- «Articulated Locomotives» von Lionel Wiener (Neuauflage der 1930 erschienenen Originalausgabe), Verlag Kalmbach Publishing Co., Milwaukee (USA) 1970
- «Die elektrischen und Dieseltriebfahrzeuge schweizerischer Eisenbahnen – Die Schweizerischen Bundesbahnen (SBB)» von Claude Jeanmaire, Verlag für Eisenbahn- und Strassenbahnliteratur, Basel 1970
- «Schweizerischer Lokomotivbau 1871–1971», herausgegeben von der Schweizerischen Lokomotiv- und Maschinenfabrik Winterthur, 1971
- «Dampflokomotiven in der Schweiz» von Harald Navé, Franckh'sche Verlagshandlung, Stuttgart 1975
- «Swiss Steam: Normalspur-Dampflokomotiven in der Schweiz» von Claude Jeanmaire, Verlag Eisenbahn, Villigen, 2. Auflage 1976
- «Schweizer Bahnen damals» (drei Bände) von Hansrudolf Schwabe, Pharos-Verlag, Basel 1974 bis 1980
- «Dampf in Afrika» von A. E. Durrant, C. P. Lewis und A. A. Jorgensen, Orell Füssli Verlag, Zürich 1981
- «Volldampf – A toute vapeur!» von Marcel Broennle, Eigenverlag, Petit-Lancy 1982
- «Bahnen unserer Väter» von Werner Hardmeier, Orell Füssli Verlag, Zürich 1983
- «Uerikon–Bauma-Bahn. Rückblick und Ausblick» von Walter Aeschlimann und Hugo Wenger, Eigenverlag, Thalheim an der Thur und Tann 1984
- «Die historischen Fahrzeuge der SBB und des Verkehrshauses der Schweiz» von Paul Winter, Generalsekretariat SBB, Bern 1985
- «Die Baureihe 18 4-6. Geschichte einer legendären Dampflokomotive» von Steffen Lüdecke, EK-Verlag, Freiburg/Breisgau 1985
- «Alaska – Feuerland. Reise- und Bahnerlebnisse» von Harald Navé, Orell Füssli Verlag, Zürich 1986
- «Onze Nederlandse Stoomlocomotieven in woord en beeld» von H. Waldorp, Uitgeverij De Alk bv, Alkmaar (Holland), 1986
- «Les Locomotives Suisses» von Camille Barbey, Edition précédée d'une préface de Paul Winter, et complétée par Hans G. Wägli (Neuauflage der 1896 erschienenen Originalausgabe), Editions Slatkine, Genève, 1987
- «Die Streckentriebfahrzeuge und Schneeschleudern der Rhätischen Bahn» von Theo Stolz und Andreas Hänecke, Verlag Stolz & Co., Tramelan 1987
- «Schweizer Bahnen unter Fahnen» von Paul Winter, Verlag Minirex, Luzern 1988
- «Die Brünigbahn. SBB auf schmaler Spur», von Hans Waldburger und Martin Senn, Verlag Minirex, Luzern 1988
- «Die Vereinigten Huttwil-Bahnen» von Otto Schuppli, Verlag Minirex, Luzern 1989
- «Die Bahnen der BLS-Gruppe. Geschichte und Rollmaterial. Das Rollmaterial 1872–1943» von Theo Stolz, Verlag Stolz Co., VRS-Buchvertrieb, 1989
- «Faszination Gotthard», Sondernummer der «Eisenbahn-Zeitschrift» (EZ), diverse Autoren, Komet Verlag AG, Köniz 1990
- «Die Baureihe 96. Malletriesen für den Schiebedienst» von Steffen Lüdecke, EK-Verlag, Freiburg/Breisgau 1991
- «Historische Fotos aus der Welt der Eisenbahn: Glasplatten-Negative aus der Sammlung von Ernst Trechsel (1878–1959)», Verkehrshaus der Schweiz (Hrsg.), Ott Verlag, Thun 1993
- «Die älteste Eisenbahn auf Schweizer Boden, 1844 – Die neueste Bahnstrecke in Basel, 1994» von Hansrudolf Schwabe, Pharos-Verlag, Basel 1994
- «Deutsche Dampflokomotiven. Die Entwicklungsgeschichte» von Karl-Ernst Maedel und Alfred B. Gottwald, Transpress Verlagsgesellschaft, Berlin 1994

- «Die elektrischen und Dieseltriebfahrzeuge schweizerischer Eisenbahnen – Die Triebwagen der Schweizerischen Bundesbahnen (SBB)» von Claude Jeanmaire, Verlag Eisenbahn, Villigen, 1994
- «Inventar der Dampf-Lokomotiven, -Triebwagen und -Schneeschleudern in der Schweiz existierend am 1. 1. 1994» vom Verein Rollmaterialverzeichnis Schweiz, Winterthur 1994
- «Lokomotiv-Athleten. Geschichte, Leistung und Kurvenlauf der Sechs- und Siebenkuppler» von Adolph Giesl-Gieslingen, Verlag Josef Otto Slezak, Wien 1995
- «Meier mit Dampf. Lokomotivführergeschichten von Rudolf Meier» von Hansruedi Meier, Verlag Ernst B. Leutwiler, Zürich 1995
- «Bahnpanorama Schweiz» von Harald Navé, Werd Verlag, Zürich 1996
- «Dampflokomotiven der Schweizerischen Bundesbahnen in den zwanziger Jahren» von Alfred Furrer, Förderverein Lokomotivdepot Basel, Basel 1996
- «Bahnsaga Schweiz. 150 Jahre Schweizer Bahnen», diverse Autoren, AS Verlag, Zürich 1997
- «3 x 50 Jahre Schweizer Eisenbahnen in Vergangenheit, Gegenwart und Zukunft» von Hansrudolf Schwabe, Alex Amstein, Karl Wyrsch, Peter Willen und Werner Latscha, Pharos-Verlag, Basel 1997
- «Kohle, Strom und Schienen», diverse Autoren, Verlag Neue Zürcher Zeitung, Zürich 1997
- «Olten – Drehscheibe der Schweiz» von Fred von Niederhäusern und Reto Danuser, Verlag Minirex, Luzern 1997
- «Historische Lokomotiven der Schweizerischen Bundesbahnen», Separatdruck des offiziellen SBB-Reglements [310.4], mit fotografischem Anhang, Generalsekretariat SBB, Bern 1997
- Taschenbuch-Festführer «Mega. 150 Jahre Schweizer Bahnen» von der Projektleitung Jubiläum 1997, Generalsekretariat SBB (Hrsg.), Bern 1997
- «SBB Dampflokomotiven», Generalsekretariat SBB (Hrsg.), Bern 1997
- «Schienennetz Schweiz. Ein technisch-historischer Atlas» von Hans G. Wägli, Sébastien Jacobi, Ismeth Rexhaj, Beat Pfeuti, Grégoire Gagnaux und Michael Blum, SBB und AS Verlag, Zürich 1998
- «Eisenbahn-Geschichten aus dem oberen Baselbiet», zusammengetragen von Heinz Spinnler, Verlag Volksstimme, Sissach 1998
- «Dampflokverzeichnis Schweiz 2001» von Cyrill Seifert, Eigenverlag, Effretikon, 2001
- «Vereinigte Dampf-Bahnen. Die Fahrzeuge in unseren Dampfzügen», Eigenverlag, 2002
- «125 Jahre Schweizerische Lokomotiv- und Maschinenfabrik 1871–1997», 2. und erweiterte Auflage, von Kaspar Vogel, Verlag Minirex, Luzern 2003
- «Der Dampftriebwagen UeBB CZm 1/2 31. Eine eisenbahngeschichtliche Rarität» von Aimé Corbat und Fredy Landenberger, Eigenverlag, 2004
- «Dampflokverzeichnis Schweiz 2004», CD mit Abbildungen, von Cyrill Seifert, Eigenverlag, Effretikon 2004
- «Das Ende der Dampfepoche in der Schweiz» von Hugo Hürlimann und Sébastien Jacobi, Reihe Bahnromantik, AS Verlag, Zürich 2004
- «Die ölgefeuerte Dampflokomotive C 5/6 2976 der SBB» von Hans Schneeberger, erschienen in der Schweizer Eisenbahn-Revue (SER), Ausgabe 5–6/1990
- «Die Geschichte der Güterzug-Dampflokomotiven C 5/6 der SBB und die Aufarbeitung der Lokomotive 2978» von Lorenz Scherler, erschienen in der SER, Ausgabe 12/1996
- «Die Schnellzug-Dampflokomotive A 3/5 700» von Lorenz Scherler, erschienen in der SER, Ausgabe 6/1997
- «100 Jahre SBB, Teil 1: 1902–1920» von Christian Zellweger, erschienen im Märklin-Magazin, Ausgabe 6/2001
- «Die Lokomotive ‹Rhein›: vom historischen Vorbild zum aktuellen Märklin-Modell» von Christian Zellweger, erschienen im Märklin-Magazin, Ausgabe 1/2004
- «Dokumentation der Ausstellungsobjekte», verschiedene Ausgaben, von Hans Wismann, Verkehrshaus der Schweiz
- diverse Ausgaben der Zeitschriften «Schweizer Eisenbahn-Revue», «Eisenbahn-Amateur», «Lok-Magazin» und «Eisenbahn-Zeitschrift» sowie Beiträge und Archiv des Verfassers

Bildnachweis

Abkürzungen: o oben, m Mitte, u unten, l links, r rechts

Sammlung Walter Aeschimann: S. 131, 135 u
Alex Amstein: S. 62
Hans Dellsperger: S. 16 o
DLM AG: S. 93 o, u
Sammlung Eugène Fontanellaz: S. 41 m
Ueli Gfeller: 66, 67 u, 114 l, 148
Giuliano Giulini: S. 154
Bruno Hitz: S. 123 u
Hugo Hürlimann: S. 10 u, 16 u, 31, 120 o, 135 o, 145 u
Sammlung Fredy Landenberger: S. 136 u, 137
Sammlung Ernst B. Leutwiler: S. 134
Christian Lüber: S. 42, 47, 48 o l
Hans Münch: S. 136 o
Harald Navé: S. 68 u r, 69, 70, 71, 99, 152
Kurt Niederer/Sammlung Christian Winter: S. 61
Archiv NOB/SBB Historic: S. 132
Werner Reber: S. 24 o, 67 o, 100 o, u, 121 o, 151 o, u
Willy Ritschard: S. 72
Philippe Samly: S. 18 o
SBB Hauptwerkstätte Zürich: S. 26, 77 u, 113 o, u, 139 o l, m l, o r, u r
Archiv SBB Historic: S. 9, 17, 19 o, u, 29, 30, 33, 43, 51, 58, 59, 65, 73, 82, 83, 84, 88, 97, 101, 102 o, u, 103, 105, 110, 111, 112 o r, 117, 129, 141, 145 o, 150, 160
Sammlung Lorenz Scherler: S. 14, 125, 127
Hans Schneeberger: S. 22 l, 23 o l, u r, 32 o l, 53 u, 56, 78/79, 120 u, 144
Erik Schneider: S. 12/13
Armin Schmutz: S. 49 u, 124
Ralph Schorno: S. 85, 87, 89
SLM: S. 107
Herbert Stemmler: S. 44, 121 u
Walter Trüb: S. 133
Archiv Verkehrshaus der Schweiz: S. 46, 90, 118
Daniel Wietlisbach: Umschlagvorderseite
Ruedi Wilhelm, Sammlung Peter Gerber/Förderverein Depot Basel: S. 35
Peter Willen: S. 23 m r
Christian Zellweger: S. 6, 8, 18 l, 20/21, 24 u, 25, 27, 28, 34, 36, 37 o, u, 38 l, 38 r, 39, 40, 48 o r, 49 o, 50, 54, 57 o, u, 64, 68 o l, 75, 80, 81 o, u, 86, 91, 92 o l, u r, 94 u, 95, 96, 98, 104, 115, 116, 123 o, 128, 138, 139 u l, 140, 146/147, 153, 155, Umschlagrückseite
Sammlung Christian Zellweger: S. 10 o, 11, 15 o, u, 22 r, 32 o r, 41 o, u, 45, 52 l, 52 r, 53 o, 55, 60, 63, 74, 76, 77 o, 94 o, 109 o, u, 112 o l, 114 r, 119, 122, 126, 143, 149

Dank

Dieses Buch beruht auf dem Studium zahlreicher Publikationen und amtlicher Unterlagen. Aber auch zahlreiche Gespräche mit Spezialisten, sei es für die Interviews oder für den Textteil, führten zu interessanten Erkenntnissen.

Besonderer Dank gebührt Hans Wismann und Alex Amstein, welche die Texte der einzelnen Kapitel auf ihre Richtigkeit überprüften und fallweise mit weiteren interessanten Informationen ergänzten. Werner Hardmeier und Rainer Siegenthaler verdanken wir die Beschaffung des Textes und der Dampftriebwagen-Skizze auf Seite 132. Ein Merci geht aber auch an Sigi Liechti, Harald Navé, Roger Waller und Lorenz Scherler dafür, dass sie sich für Interviews zur Verfügung gestellt haben. Die Tabelle am Schluss des Buches wurde von Thomas Köppel/SBB Historic, basierend auf umfangreichen Vorarbeiten von Cyrill Seifert, zusammengestellt. Die Pläne, die als Basis für die Titelblätter der einzelnen Artikel dienten, stammen zum grössten Teil aus dem SLM-Archiv in Winterthur.

Ohne die grosszügige Mithilfe und Professionalität aller Beteiligten hätte sich dieses Buchprojekt nicht realisieren lassen. Ihnen allen gebührt unser Dank.

SBB Historic zum Anfassen

Die Stiftung Historisches Erbe der SBB sammelt nicht nur Dampflokomotiven, sondern besitzt auch eine umfassende Sammlung elektrischer Triebfahrzeuge der SBB, von Wagen und Sonderfahrzeugen. Zum Stiftungsgut gehören auch sämtliche Bestände der Bibliothek, des historischen Archivs, des Fotoarchivs und der Film-, Video- und Plakatsammlungen der SBB. In der Infothek am Bollwerk 12 in Bern stehen diese Sammlungen zum grössten Teil zur Einsicht zur Verfügung. Die werktags geöffnete Infothek ist unter der Telefonnummer 0512/20 25 11 erreichbar oder per E-Mail unter infothek@sbbhistoric.ch.

Ebenfalls zur Stiftung gehören der SBB Historic Bahn-Treff beim Bahnhof Interlaken West, der im Sommerhalbjahr täglich eine Sammlung von Modelleisenbahnen und Perlen aus den Beständen von SBB Historic zeigt, sowie das Archiv der Schweizerischen Lokomotiv- und Maschinenfabrik SLM in Winterthur. Ein Teil des Rollmaterials ist im Verkehrshaus der Schweiz in Luzern zu besichtigen, eine Laternensammlung ist im Ortsmuseum Estavayer-le-Lac ausgestellt. Aktuelle Veranstaltungen, Öffnungszeiten und Anfahrtswege finden Sie unter www.sbbhistoric.ch.